AF888484

Frankfurter kriminalwissenschaftliche Studien

Herausgegeben von
Prof. Dr. Peter-Alexis Albrecht
Prof. Dr. Dirk Fabricius
Prof. Dr. Klaus Günther
Prof. Dr. Winfried Hassemer
Prof. Dr. Herbert Jäger
Prof. Dr. Matthias Jahn
Prof. Dr. Walter Kargl
Prof. Dr. Klaus Lüderssen
Prof. Dr. Wolfgang Naucke
Prof. Dr. Ulfrid Neumann
Prof. Dr. Cornelius Prittwitz
Prof. Dr. Ernst Amadeus Wolff †

Bd./Vol. 141

PL ACADEMIC RESEARCH

Die Sicherungsverwahrung – Ausdruck einer zunehmenden Sicherheitsorientierung im Strafrecht?

Florian Conradi

Die Sicherungsverwahrung – Ausdruck einer zunehmenden Sicherheitsorientierung im Strafrecht?

Die Entwicklung der Sicherungsverwahrung im Kontext des Spannungsverhältnisses von Freiheit und Sicherheit

PL ACADEMIC RESEARCH

Bibliografische Information der Deutschen Nationalbibliothek
Die Deutsche Nationalbibliothek verzeichnet diese Publikation in der Deutschen Nationalbibliografie; detaillierte bibliografische Daten sind im Internet über http://dnb.d-nb.de abrufbar.

Zugl.: Frankfurt (Main), Univ., Diss., 2013

Gedruckt auf alterungsbeständigem,
säurefreiem Papier.

D 30
ISSN 0170-6918
ISBN 978-3-631-64469-0 (Print)
E-ISBN 978-3-653-03222-2 (E-Book)
DOI 10.3726/978-3-653-03222-2
© Peter Lang GmbH
Internationaler Verlag der Wissenschaften
Frankfurt am Main 2013
Alle Rechte vorbehalten.
PL Academic Research ist ein Imprint der Peter Lang GmbH.

Peter Lang – Frankfurt am Main · Bern · Bruxelles · New York ·
Oxford · Warszawa · Wien

Das Werk einschließlich aller seiner Teile ist urheberrechtlich geschützt. Jede Verwertung außerhalb der engen Grenzen des Urheberrechtsgesetzes ist ohne Zustimmung des Verlages unzulässig und strafbar. Das gilt insbesondere für Vervielfältigungen, Übersetzungen, Mikroverfilmungen und die Einspeicherung und Verarbeitung in elektronischen Systemen.

www.peterlang.de

Für meine Eltern,
für Kerstin

„La seguridad es, a la vez, una obsesión y una ficción."

Yves Michaud[1]

„Those who would give up essential Liberty, to purchase a little temporary Safety, deserve neither Liberty nor Safety."

Benjamin Franklin[2]

1 Michaud in: El país/Online v. 30.06.2002*.

2 An Historical Review of the Constitution and Government of Pennsylvania, S. 289.

Vorwort

Die rechtswissenschaftliche Fakultät der Goethe Universität Frankfurt am Main hat die vorliegende Arbeit im Wintersemester 2012/2013 als Dissertation angenommen. Tag der mündlichen Prüfung war der 05.02.2013.

Im Zentrum der Arbeit steht die Kritik an der kontinuierlichen Verschärfung des Rechts der Sicherungsverwahrung seit 1998. Diese Entwicklung begreift der Verfasser als Ausdruck einer zunehmenden Sicherheitsorientierung, die das gesamte Strafrecht erfasst hat. Mit ihr geht schleichend eine Zurückdrängung der Grundrechte, insbesondere des Freiheitsrechts der Betroffenen einher. Dabei handelt es sich um kein innerdeutsches Phänomen, wie anhand der Untersuchung von Langzeitsanktionen zum Schutz der Allgemeinheit im Jugendstrafrecht von England, Spanien und den Niederlanden belegt wird.

Im Kontext der kritischen Entscheidung des EGMR vom 17.12.2009 zur Konventionswidrigkeit der nachträglichen Anordnung der Sicherungsverwahrung werden Wege zu einer restriktiveren Gestaltung des Instituts aufgezeigt. Im Ergebnis kann vor allem eine stärkere Beachtung der Strafrechtsprinzipien als begrenzendes Korrektiv fungieren.

Ich danke allen herzlich, die mich bei der Erstellung, der Korrektur und der Veröffentlichung der Arbeit unterstützt haben:

Mein besonderer Dank gilt Herrn Prof. Dr. Peter-Alexis Albrecht, der diese Arbeit betreut hat. Er hat mein Verständnis für eine kritische Kriminologie, den skeptischen Umgang mit Maßregeln und ein rechtsstaatliches, der Freiheit verpflichtetes Strafrecht nachhaltig geprägt.

Herrn Prof. Dr. Wolfgang Naucke danke ich für die überaus zügige Erstellung des Zweitgutachtens.

Frau Ursula Bohn habe ich für die Hilfe bei der Beschaffung von Literatur zu danken, was wahrlich nicht immer einfach war.

Ganz besonderen Dank schulde ich meinen Eltern Gerlinde und Klaus Conradi sowie Frau Kerstin Bohn, die mir stets Mut machten und ohne deren vorbehaltlose Unterstützung die Fertigstellung dieser Arbeit nicht möglich gewesen wäre.

Florian Conradi

Inhaltsverzeichnis

Einleitung 15

Zielsetzung der Arbeit 15

Gang der Darstellung 16

A. Die Gefahr maßloser Anwendung zweckgeleiteter strafrechtlicher Sanktionen – eine rechtsphilosophische und -theoretische Erörterung 19

I. Einleitung 19

II. Grundlagen zweckgeleiteter und -freier Sanktionen in der Rechtsphilosophie der Aufklärung 20

1. Rechtsphilosophie Hobbes und Beccarias 20

2. Rechtsphilosophie Kants und Hegels 22

3. Fazit 25

III. Das Konzept eines zweckgeleiteten Strafrechts nach v. Liszt 27

1. Das zweckstrafrechtliche Konzept 27

2. Der Umgang mit dem Straftäter 28

3. Fehlende Begrenzung des zweckgeleiteten Strafrechts 30

4. Ausblick: Der Kompromiss der Zweispurigkeit 31

IV. Erfahrungen mit dem zweckgeleiteten Strafrecht im Nationalsozialismus am Beispiel der Sicherungsverwahrung 32

1. Die Sicherungsverwahrung nach dem Gewohnheitsverbrechergesetz 32

2. Die Anordnungs- und Entlassungspraxis gegenüber Erwachsenen 34

3. Die Sicherungsverwahrung gegen Jugendliche 36

4. Fazit 38

V. Begrenzung der Maßregel in modernen Maßregelbegründungsansätzen? 39

1. Sozialethischer Ansatz 40

2. Notwehrrecht der Gesellschaft 40

3. Positiv generalpräventiver Ansatz 41

4. Überwiegendes öffentliches Interesse 42

5. Fazit 43

VI. Fazit 43

B. Die Entwicklung der Sicherungsverwahrung – Ausdruck einer zunehmenden Sicherheitsorientierung 45
I. Die Entwicklung der Sicherungsverwahrung zwischen 1945 und 1997 45
1. Die Entwicklung der Sicherungsverwahrung im Erwachsenenstrafrecht 45
2. Die Entwicklung der Sicherungsverwahrung für Jugendliche und Heranwachsende 47
3. Fazit 48
II. Die normative Erweiterung der Sicherungsverwahrung zwischen 1998 und 2008 49
1. Erste Stufe: Verschärfungen durch das „Gesetz zur Bekämpfung von Sexualdelikten und anderen gefährlichen Straftaten" vom 26.01.1998 49
2. Zweite Stufe: Einführung nachträglicher Sicherungsverwahrung im Landesrecht 51
3. Dritte Stufe: Einführung der vorbehaltenen Sicherungsverwahrung 52
4. Vierte Stufe: Einführung der Sicherungsverwahrung für Heranwachsende 53
5. Fünfte Stufe: Einführung der nachträglichen Sicherungsverwahrung auf Bundesebene 54
6. Sechste Stufe: Erweiterung des Anwendungsbereichs der nachträglichen Sicherungsverwahrung 57
7. Siebte Stufe: Erstreckung der nachträglichen Sicherungsverwahrung auf Verurteilungen nach Jugendstrafrecht 57
8. Resümee 59
III. Auswirkungen der normativen Erweiterung auf die Anzahl der Sicherungsverwahrten 60
IV. Mangelnde kriminologische Fundierung der normativen Erweiterung 62
1. Zur realen Kriminalitätsbelastung im Bereich schwerer Delinquenz 63
2. Zur Treffsicherheit von Gefährlichkeitsprognosen 65
3. Fazit 67
V. Feindstrafrechtlicher Charakter des normativ erweiterten Rechts der Sicherungsverwahrung 68
1. Der feindstrafrechtliche Charakter der Sicherungsverwahrung 68
2. Relativierung von Strafrechtsprinzipien in der Rechtsprechung des Bundesverfassungsgerichts 70

3. Fazit ... 73
VI. Zusammenhänge und Ursachen der Erweiterung der Sicherungsverwahrung ... 74
1. Zunehmende Sicherheitsorientierung ... 74
2. Hintergründe der zunehmenden Sicherheitsorientierung ... 75
3. Instrumentalisierung der Verunsicherung ... 78
4. Die normative Erweiterung Sicherungsverwahrung als Teil eines Sicherheitstrends im Strafrecht ... 79
VII. Fazit ... 80
C. Die Grundsatzentscheidung des EGMR vom 17.12.2009 – Auslöser einer Trendwende zum Sicherheitsdenken im Recht der Sicherungsverwahrung? ... 83
I. Einleitung ... 83
II. Erörterung der Entscheidung des EGMR vom 17.12.2009 ... 84
1. Überblick zum Sachverhalt und Verfahrensgang ... 84
2. Die Entscheidung des EGMR ... 84
III. Das Urteil des Bundesverfassungsgerichtes vom 04.05.2011 und seine Bedeutung für den Freiheitsschutz im Recht der Sicherungsverwahrung ... 93
1. Die entscheidungsrelevanten Sachverhalte im Überblick ... 93
2. Darstellung der Entscheidungsgründe ... 94
3. Stärkere Berücksichtigung der Freiheitsinteressen der Sicherungsverwahrten durch das Urteil vom 04.05.2011? ... 97
IV. Stärker freiheitsorientierte Gestaltung der Sicherungsverwahrung durch gesetzliche Neuordnung? ... 101
1. Einleitung ... 101
2. Neukonzeption der Sicherungsverwahrung ... 102
3. Das Gesetz zur Therapierung und Unterbringung psychisch gestörter Gewalttäter (ThUG) ... 119
4. Fazit ... 122
D. Die Entwicklung langer freiheitsentziehender Sanktionen zum Schutz der Allgemeinheit im Jugendstrafrecht anderer europäischer Staaten ... 127
I. Einleitung ... 127
II. Langzeitsanktionen zum Schutz der Allgemeinheit im Jugendstrafrecht von England, Spanien und den Niederlanden ... 128
1. England ... 128

2. Spanien 142
3. Niederlande 150
III. Die Langzeitsanktionen zum Schutz der Allgemeinheit in den übrigen europäischen Staaten im Überblick 156
IV. Fazit 158
E. Schlussbetrachtung 161
I. Ausgangspunkt: Grundsätzliche Bedenken gegenüber der Vereinbarkeit der Sicherungsverwahrung mit dem Schuldprinzip 161
II. Richtungswechsel zu einer vernunftgeleiteten Kriminalpolitik 162
III. Konventionskonformes Gesamtkonzept des Rechts der Sicherungsverwahrung 164
IV. Bewahrung verfassungs- und konventionsrechtlicher Strafrechtsprinzipien durch das Bundesverfassungsgericht 165
V. Fazit 166

Einleitung

Zielsetzung der Arbeit

Das deutsche Strafrecht sieht seit dem Gewohnheitsverbrechergesetz vom 24.11.1933 die Maßregel der Sicherungsverwahrung vor.[3] Sie soll die Gesellschaft durch freiheitsentziehende Unterbringung vor der erneuten Begehung erheblicher Straftaten schützen. Die Sicherungsverwahrung ist die härteste und zugleich umstrittenste strafrechtliche Maßregel:[4] Sie ermöglicht unter Durchbrechung des Schuldgrundsatzes im Anschluss an die Freiheitsstrafe erneuten Freiheitsentzug. Durch die Kumulation von Freiheitsstrafe und Sicherungsverwahrung muss der Betroffene häufig jahrzehntelange Haft erdulden. Die Instrumentalisierung des Verwahrten zum Schutz der Allgemeinheit, die sehr lange Haft, die geringe Chance auf Entlassung und die unzureichenden therapeutischen Angebote im Vollzug setzen die Sicherungsverwahrung immer wieder dem Vorwurf der Menschenunwürdigkeit aus.[5]

Gleichwohl ist die Sicherungsverwahrung seit Mitte der 1990er Jahre kontinuierlich durch eine schwer zu überblickende Zahl von Gesetzesreformen erweitert und verschärft worden.[6] Mit ihnen ging eine Verschiebung des Spannungsverhältnisses zwischen dem Freiheitsanspruch der betroffenen Personen und der Sicherheit der Allgemeinheit zu Lasten der Freiheit einher. Rechtsstaatliche Grenzen, markiert durch abwägungsfeste Strafrechtsprinzipien, wurden trotz überwiegender Bedenken des strafrechtswissenschaftlichen Schrifttums[7] zugunsten vermeintlich größerer Sicherheit der Allgemeinheit überschritten.

Den Anstoß für diese Arbeit gaben die Erstreckung der Sicherungsverwahrung auf Verurteilungen nach Jugendstrafrecht im Jahr 2008[8] sowie gleichermaßen die Entscheidung des EGMR zur nachträglichen Verlängerung der Sicherungsverwahrung vom 17.12.2009.[9] Erstere zeigt in besonders deutlicher Weise die angesprochene Verschiebung des Spannungsverhältnisses, da sie in den im Jugendstrafrecht anerkannten Schonraum für junge Täter eindringt. In der Arbeit wird wegen dieser tendenzanzeigenden Wirkung auf die Erörterung des Um-

3 RGBl I 1933, S. 995ff.

4 Kaiser, Maßregeln in der Krise, S. 32; Feltes, StV 2000, 281, 281; Jescheck/Weigend, Strafrecht AT, § 9 S. 86f.; Kern, ZfStrVo 1997, 19, 19.

5 Köhler, Strafrecht AT, S. 643; Weber/Reindl, NK 2001, H. 1, 16, 19 u. 20; Weichert, StV 1989, 265, 272; Böllinger/Pollähne in: NK, § 66 Rn. 34.

6 Überblick bei: Kinzig, ZJJ 2008, 245, 247.

7 Böllinger/Pollähne in: NK, § 66a Rn. 7 u. § 66b Rn. 7 m.w.N.

8 BGBl I 2008, S. 1212ff.

9 EGMR Urt. v. 17.12.2009, Beschwerde-Nr. 19359/04 (M./.Deutschland).

gangs mit jungen Straftätern einen Schwerpunkt gesetzt. Das Urteil des EGMR verdeutlicht die menschenrechtlichen Grenzen der Sicherungsverwahrung und hat die Diskussion um ihre Zulässigkeit und Gestaltung in Politik, Gesetzgebung und Rechtswissenschaft neu entfacht. Die Erläuterung der Entscheidung stellt einen zweiten Schwerpunkt dar.

Die vorliegende Arbeit hat sich zum Ziel gesetzt, die zunehmende Sicherheitsorientierung im Recht der Sicherungsverwahrung zu erörtern und kritisch zu würdigen. Die Erklärung der Hintergründe und Ursachen dieser Entwicklung sind der Arbeit ebenso ein Anliegen wie die Analyse möglicher Wege zu einer restriktiveren Gestaltung der Sicherungsverwahrung.

Gang der Darstellung

Die Darstellung gliedert sich in fünf Teile.

Der erste Teil der Arbeit setzt sich kritisch mit der grundsätzlichen Gefahr einer maßlosen Anwendung der rein präventiv ausgerichteten Maßregeln auseinander. Aus rechtsphilosophischer und -theoretischer Sicht wird der Mangel der Begrenzbarkeit der Maßregeln nachvollzogen. Es folgt eine Erörterung der Missbrauchsanfälligkeit rein präventiv wirkender Sanktionen für rechtsstaatsfeindliche Zwecke am Beispiel der Anwendung der Sicherungsverwahrung im Nationalsozialismus. Abschließend soll der Frage nachgegangen werden, inwieweit moderne Maßregelbegründungen eine ausufernde Anwendung der Maßregeln verhindern können.

Der zweite Teil befasst sich mit der These, dass die Entwicklung der Sicherungsverwahrung in den letzten Jahren als Ausdruck einer zunehmenden Sicherheitsorientierung anzusehen ist, die das gesamte Strafrecht erfasst hat. Nach einer einleitenden Darstellung der restriktiven Handhabung der Sicherungsverwahrung bis 1997 steht die seit 1998 vollzogene normative Erweiterung der Sicherungsverwahrung im Zentrum der Betrachtung. Die Anlässe der Erweiterung, die mit ihr verbundenen Verschärfungen sowie ihr Einfluss auf die Anzahl der Sicherungsverwahrten werden erörtert. Als wesentliche Kennzeichen der normativen Erweiterung werden ihre mangelnde wissenschaftliche Fundierung sowie die mit ihrer feindstrafrechtlichen Ausrichtung verbundene Relativierung von Strafrechtprinzipien herausgearbeitet. Im Anschluss erfolgt eine Analyse der Ursachen des Bedeutungszuwachses der Sicherungsverwahrung. Eine zunehmende Verunsicherung der Bevölkerung und die Instrumentalisierung dieser durch die Politik werden als wesentliche Gründe ausgemacht. Die Verschärfungen im Recht der Sicherungsverwahrung werden sodann in den Kontext einer zunehmenden Sicherheitsorientierung im gesamten Strafrecht gestellt. Der Abschnitt endet mit der Feststellung, dass in der Erweiterung der Sicherungsverwahrung eine Auflösung des Spannungsverhältnisses von Freiheit und Sicherheit zu Lasten der Freiheit zu sehen ist. Zugleich werden die Gefahren einer Totalisierung der Sicherheit für ein freiheitliches Strafrecht aufgezeigt.

Der dritte Teil der Arbeit beschäftigt sich mit der Frage, ob die Entscheidung des EGMR vom 17.12.2009 eine Trendwende zu der im zweiten Teil erörterten Sicherheitsorientierung einleiten konnte. Zu Beginn wird das Urteil des EGMR in seinen tragenden Erwägungen dargestellt sowie ein Vergleich zur Position des Bundesverfassungsgerichts in der Vergangenheit gezogen. Sodann nimmt die Arbeit die Auswirkungen des Urteils des EGMR auf die verfassungsgerichtliche Rechtsprechung sowie die Gesetzgebung in den Blick. In einem ersten Schritt wird das in Folge der EGMR-Rechtsprechung erlassene Urteil des Bundesverfassungsgerichts vom 05.04.2011[10] in seiner Bedeutung für den Freiheitsschutz im Recht der Sicherungsverwahrung untersucht. Dabei steht die vom EGMR abweichende Position des Verfassungsgerichts in der Frage der Anwendung des Rückwirkungsverbots im Zentrum der Betrachtung. In einem weiteren Schritt werden das am 01.01.2011 in Kraft getretene „Gesetz zur Neuordnung der Sicherungsverwahrung und zu begleitenden Regelungen“ [11] und das noch im Entwurfsstadium befindliche „Gesetz zur bundesrechtlichen Umsetzung des Abstandsgebotes“ dargestellt.[12] Beide Regelwerke werden auf die Frage untersucht, ob sie die Freiheitsinteressen der Sicherungsverwahrten stärker berücksichtigen als vergangene Reformen oder ob sie eine Fortsetzung des Sicherheitstrends im Recht der Sicherungsverwahrung bedeuten. Die Prüfung konzentriert sich insbesondere auf die Konformität der Vorschriften mit der EMRK. Am Ende des Abschnitts erfolgt eine Analyse der Parallelen zwischen den neuen Vorschriften zur Sicherungsverwahrung und den vergangenen Erweiterungen.

Im vierten Teil wird untersucht, ob in anderen Ländern Europas ebenfalls eine Sicherheitsorientierung anhand des Ausbaus langer freiheitsentziehender Sanktionen zum Schutz der Allgemeinheit festzustellen ist. Die Erörterung beschränkt sich auf mehrfach rückfällige junge Täter. Im Schwerpunkt wird der Umgang mit ihnen in England, Spanien und den Niederlanden analysiert. Neben der Darstellung der Regelungen sowie ihrer Entwicklung erfolgt eine Untersuchung der jeweiligen Anordnungspraxis und des Vollzugs der freiheitsentziehenden Maßnahmen. Im Anschluss wird ein Überblick zu den Langzeitsanktionen des Jugendstrafrechts in den übrigen Ländern Europas vermittelt. Abschließend werden die Ergebnisse der Länderanalyse verglichen und zur Frage zunehmender Sicherheitsorientierung Stellung bezogen.

---

10 BVerfG, Urt. v. 04.05.2011, Az. 2 BvR 2365/09 u.a.

11 BGBl I 2010, 2300.

12 BMJ, „Entwurf eines Gesetzes zur bundesrechtlichen Umsetzung des Abstandsgebotes“*.

Der fünfte Teil beinhaltet eine Schlussbetrachtung, die das eingangs skizzierte Spannungsverhältnis zwischen dem Freiheitsanspruch der Betroffenen und der Sicherheit der Allgemeinheit wieder aufnimmt. Im Zentrum steht die Beantwortung der Frage, wie in Zukunft verhindert werden kann, dass im Recht der Sicherungsverwahrung das beschriebene Spannungsverhältnis stets zu Lasten der Freiheit aufgelöst wird. Dazu wird an Kriminalpolitik, Gesetzgebung und Rechtsprechung appelliert, die Strafrechtsprinzipien als begrenzende Korrektive des Rechts der Sicherungsverwahrung stärker zu achten und zu bewahren.

A. Die Gefahr maßloser Anwendung zweckgeleiteter strafrechtlicher Sanktionen – eine rechtsphilosophische und -theoretische Erörterung

I. Einleitung

Das deutsche Strafrecht ist zweispurig ausgerichtet, d.h. es unterscheidet Strafen und Maßregeln der Besserung und Sicherung. Die Strafe ist eine Reaktion auf eine in der Vergangenheit liegende schuldhaft begangene Tat;[13] ihr Ziel ist Schuldausgleich. Sie darf nicht über das Maß des gerechten Schuldausgleichs hinausreichen, lediglich innerhalb dieses Rahmens können nach der vorherrschenden Vereinigungstheorie[14] general- und spezialpräventive Zwecke verfolgt werden.[15]

Die Strafe beinhaltet keine Möglichkeit, die Gesellschaft vor Tätern zu schützen, deren Schuld durch die Strafe ausgeglichen ist, bei denen aber eine Wahrscheinlichkeit für künftige Straftaten besteht.[16] Maßregeln – unter ihnen die Sicherungsverwahrung – ergänzen die Strafe in dieser Hinsicht.[17] Sie sollen den Täter durch rein resozialisierende und sichernde Maßnahmen vorbeugend von der Begehung zukünftiger Straftaten abhalten.[18] In der Reduzierung der Gefährlichkeit des Täters liegt ihr Zweck, so dass Maßregeln als präventive, zweckorientierte Sanktionen bezeichnet werden können.

Die Aufnahme zweckgerichteter Sanktionen in das Strafrecht ist mit dem Problem verbunden, dass die Zwecke wandelbar sind und die Anwendung der Sanktion prinzipiell so lange zulässig ist, bis ihr Zweck erreicht ist. Es besteht daher die Gefahr des Missbrauchs für rechtsstaatsfeindliche Zwecke sowie die

---

13 BVerfGE 109, 133, 173; Eser in: FS Müller-Dietz, S. 213, 214f.; Naucke, Strafrecht, § 3 Rn. 20; Finger, Sicherungsverwahrung, S. 103.

14 BVerfGE 20, 323, 331; Roxin, Strafrecht AT I, § 3A Rn. 33.

15 Hanack in: LK, Vor §§ 61 Rn. 1, Müller-Christmann, JuS 1990, 801, 802; Roxin, Strafrecht AT I, § 3B Rn. 63.

16 Hanack in: LK, Vor §§ 61 Rn. 1; Naucke, Strafrecht, § 3 Rn. 22; BVerfGE 91, 1, 33f.; Jakobs, Strafrecht AT, 1. Abschn. Rn. 53; Roxin, Strafrecht AT I, § 3B Rn. 63.

17 BVerfGE 109, 133, 173f.; Roxin, Strafrecht AT I, § 3B Rn. 63; Naucke, Strafrecht, § 3 Rn. 1.

18 Baumann/Weber/Mitsch, Strafrecht AT, § 35 Rn. 2; Jescheck/Weigend, Strafrecht AT, § 9 S. 83; Eser in: FS Müller-Dietz, S. 213, 215.

der Gefahr maßlosen Anwendung zweckgeleiteter Sanktionen. Anders als bei Strafe kann die vom Täter auf sich geladene Schuld nicht den staatlichen Zugriff begrenzen, da die Maßregel gerade schuldübergreifend wirken soll.[19]

Mit diesem Problemkomplex beschäftigt sich der folgende Abschnitt. Zunächst werden die rechtsphilosophischen Grundlagen eines zweckgeleiteten und eines zweckfreien Sanktionssystems gegenübergestellt und ihre Tragfähigkeit zur Begrenzung staatlicher Sanktionen erörtert. Im Anschluss wird das präventive Strafrechtskonzepts v. Liszt und die Verflechtung zweckorientierter strafrechtlicher Sanktionen mit der aktuellen Kriminalpolitik erörtert. Die Missbrauchsanfälligkeit solcher Sanktionen wird dann am Beispiel der Anwendung der Sicherungsverwahrung in der Zeit des Nationalsozialismus verdeutlicht. Abschließend stellt sich die Frage, ob moderne Legitimationsansätze der Maßregeln dazu geeignet sind, eine ausufernde Anwendung derselben zu verhindern.

II. Grundlagen zweckgeleiteter und -freier Sanktionen in der Rechtsphilosophie der Aufklärung

1. Rechtsphilosophie Hobbes und Beccarias

a) Zweckgeleitete Strafe nach Hobbes

Der Gedanke einer Zweckorientierung der Strafe lässt sich auf die Lehre von Thomas Hobbes (1588-1679) zurückführen.[20] Das von ihm zu Grunde gelegte Ziel des Strafens ist die Herstellung der Sicherheit der Bürger.[21]

Seine Ausführungen sind durch die beginnende Aufklärung im europäischen Raum und die instabilen Verhältnisse während der konfessionellen Bürgerkriege in England (1642-1646, 1648/49) geprägt.[22] Sie zielen auf die dauerhafte Herstellung eines friedlichen Zustands ab. Als Mittel zur Überwindung unsicherer Zustände, die Hobbes als „Naturzustand“ oder „Krieg eines jeden gegen jeden“ bezeichnet,[23] sieht er einen machtvoll ausgestatteten Staat. Dieser soll nach seinem gedanklichen Konstrukt durch Abschluss des sog. „Gesellschaftsvertrages“

19 Neumann in Perspektiven der Strafrechtsentwicklung, S. 57, 64; Mushoff, Strafe, S. 306; Frisch in: Lexikon des Rechts, S. 603, 605; Hanack in: LK, Vor §§ 61, Rn. 14.

20 Naucke, KritV 2010, 129, 129.

21 Hobbes, Leviathan, Kap. 28 S. 262f.

22 Höffe, Kleine Geschichte, S. 159f.; Hofmann, Einführung, S. 126.

23 Hobbes, Leviathan, Kap. 13 S. 104.

entstehen. Darin einigen sich die Individuen wechselseitig auf den endgültigen Verzicht eigener Gewaltausübung und übergeben ihre Gewaltmittel der zentralen Macht des Staates.[24] Dafür wahrt der Staat die Sicherheit derjenigen, die ihre Gewaltmittel ihm überlassen haben. Das Instrument zur Wahrung der Sicherheit ist die Strafe. Die Bürger sind nach Abschluss des Gesellschaftsvertrags der staatlichen Strafgewalt unterworfen, wobei der Inhalt und die Reichweite der Strafe durch Strafgesetze festgelegt werden. Letztere setzt Hobbes allerdings mit dem strikt zu befolgenden Befehl des Souveräns gleich.[25] Dessen Recht zu strafen folgt aus der Notwendigkeit, sichere Zustände herzustellen.[26]

Die Staatsgewalt ist durch die gesellschaftsvertraglich begründete Übergabe der Gewaltmittel ermächtigt, sozial schädliches Verhalten in Abgrenzung zum Zustand der Sicherheit zu definieren.[27] Auch die Härte der einzusetzenden Strafe unterliegt dieser Definitionsmacht. Nach dem Gedankenkonstrukt von Hobbes sind alle Sanktionen so lange zulässig, wie sie der staatlichen definierten Sicherheit dienen. Schutzmechanismen, welche die Bürger vor einem ungerechtfertigten Zugriff des Staates schützen, fehlen in seinem gesellschaftsvertraglichen Modell.[28]

b) Zweckgeleitete Strafe nach Beccaria

Auch nach Cesare Beccaria (1738-1794) ist das Ziel der Strafe die Gewährleistung der Sicherheit der Bürger.[29] Ähnlich wie Hobbes leitet Beccaria das staatliche Recht zu strafen aus einem gesellschaftsvertraglichen Konstrukt ab. Die Bürger opfern einen Teil ihrer individuellen Freiheit und übertragen sie auf einen der Nation vorstehenden Souverän, der dafür sorgen soll, dass sie sich an „Sicherheit und Ruhe erfreuen".[30]

Im Unterschied zu Hobbes ist sich Beccaria der Gefahr der Grenzenlosigkeit und Härte eines zweckmäßigen Strafrechts bewusst. Er führt als Korrektiv das Kriterium der Notwendigkeit ein.[31] Diejenige Strafe, die das Maß des Erforderlichen zur Erhaltung des öffentlichen Wohls überschreitet, „ist Missbrauch und nicht Gerechtigkeit, ist bloße Tatsache aber noch nicht Recht."[32] Aus der Not-

24 Näher dazu Kersting, Die politische Philosophie, S. 83ff.
25 Hobbes, Leviathan, Kap. 28 S. 224.
26 Hobbes, Leviathan, Kap. 28 S. 262f.
27 Naucke, KritV 2010, 129, 129.
28 Vgl. Naucke, KritV 2010, 129, 129.
29 Beccaria, Über Verbrechen und Strafen, S. 176.
30 Beccaria, Über Verbrechen und Strafen, S. 58.
31 Naucke, KritV 2010, 129, 129.
32 Beccaria, Über Verbrechen und Strafen, S. 60.

wendigkeit, die Sicherheit der Untertanen vor dem sozialschädlichem Verhalten einiger Gesetzesbrecher zu bewahren, folgt für Beccaria zugleich die Legitimation der Strafe: „Dies also ist, worauf das Recht (...) zur Bestrafung von Verbrechen gegründet ist: auf die Notwendigkeit.“[33]

Beccaria verbindet die Notwendigkeit der Strafe mit ihrer Geeignetheit zur Abschreckung weiterer Täter.[34] Besonders deutlich wird dies in seinen Ausführungen zur Todesstrafe: Er plädiert für die Abschaffung der Todesstrafe, aber nicht primär aus humanitären Erwägungen, sondern weil das „vorübergehende Schauspiel des Todes“ andere potentielle Täter weniger nachhaltig abschrecke, als lebenslängliche Zwangsarbeit.[35] Er setzt also die Notwendigkeit der Strafe mit ihrer Nützlichkeit zur Abschreckung gleich.[36] Notwendig ist, was nützlich ist; nützlich ist all das, was andere davor abschreckt, den Zustand friedlichen Zusammenlebens zu gefährden, ungeachtet welche Härte für den Betroffenen mit der Sanktion verbunden ist.

Das Kriterium der Notwendigkeit leistet also keine feste Grenze für die Anwendung der Strafe. Es kann argumentativ sowohl Begrenzung als auch die Ausdehnung staatlichen Strafens legitimieren.[37] Welche Richtung das Strafrecht einschlägt, hängt davon ab, welche Verhaltensweisen als sozialschädliche Verbrechenshandlungen, also solche die das friedliche Zusammenleben stören, definiert werden.[38] Die Definition der sozialschädlichen Verhaltensweisen überlässt Beccaria dem Gesetzgeber. Er trifft keine Absicherungen, um zu verhindern, dass dieser Bagatellen oder bloße Belästigungen als abweichendes Verhalten einstuft.[39] Dem Täter droht die Härte des Strafrechts wegen der Offenheit des Begriffs der Sozialschädlichkeit demnach auch bei geringfügigen Überschreitungen.

2. Rechtsphilosophie Kants und Hegels

Auf die ebenfalls zur Zeit der Aufklärung entstandenen Überlegungen der Rechtsphilosophen Immanuel Kant (1724-1804) und Georg Wilhelm Friedrich

33 Beccaria, Über Verbrechen und Strafen, S. 59.

34 Naucke, Zerbrechlichkeit, S. 22; ders. in: Beccaria, Von den Verbrechen und von den Strafen, Einführung, S. XXVIII f.

35 Beccaria, Über Verbrechen und Strafen, S. 124f.

36 Naucke, Zerbrechlichkeit, S. 22; ders. in: Beccaria, Von den Verbrechen und von den Strafen, Einführung, S. XXVIII f.

37 Naucke, Zerbrechlichkeit, S. 20.

38 Naucke, Zerbrechlichkeit, S. 21.

39 Naucke, Zerbrechlichkeit, S. 21.

Hegel (1770-1831) geht die Idee eines zweckfreien Strafrechts zurück.[40] Sie begründeten eine absolute Straftheorie, der zufolge sich eine strafrechtliche Reaktion ausschließlich im Ausgleich individuell festgestellter Schuld erschöpft.

a) Zweckfreie Strafe nach Kant

Die Funktion der Strafe liegt nach Kant nicht in der zweckmäßigen Bekämpfung sozial abweichenden Verhaltens, sondern in der Vergeltung und dem Ausgleich des begangenen Unrechts. Im Unterschied zu Hobbes und Beccaria folgt für ihn aus der Nützlichkeit der Strafgesetze nicht deren Verbindlichkeit (das Verfolgen Sollen).[41] Er formuliert dementsprechend: „Empirische Prinzipien taugen überall nicht dazu, um (…) Gesetze darauf zu gründen. Denn die Allgemeinheit, mit der sie für alle vernünftigen Wesen ohne Unterschied gelten sollen, die unbedingt praktische Notwendigkeit, die ihnen dadurch auferlegt wird, fällt weg, wenn der Grund derselben, von der besonderen Einrichtung der menschlichen Natur, oder den zufälligen Umständen hergenommen wird, darin sie gesetzt ist.“[42] Die Verbindlichkeit der Strafgesetze ergibt sich für Kant vielmehr aus der Vernunft. „Das richtige Recht“ muss sich a priori aus einem allgemeinen, der reinen Vernunft entspringenden und unverrückbaren Rechtsprinzip ergeben:[43] „Alle Rechtssätze sind Sätze a priori, denn sie sind Vernunftgesetze (dictamina rationis).“[44]

Das höchste Vernunftgesetz (Rechtsprinzip) bestimmt Kant anhand der Freiheitsverhältnisse zwischen den Menschen. Recht muss gewährleisten, dass die Ausübung der Freiheit des einen Individuums dort aufhört, wo die Freiheitssphäre eines anderen beginnt:[45] „Eine Handlung ist recht, die oder nach deren Maxime die Freiheit des einen mit der Willkür des anderen, nach einem allgemeinen Gesetze zusammen bestehen kann.“[46] Kant sieht die Freiheit also als den zentralen, verbindlichen und vernünftigen Rechtssatz an.[47] Er betont, sie sei Ausdruck der personalen Würde des Menschen, da sie das „einzige ursprüngliche, jedem Menschen kraft seiner Menschheit zustehende Recht“ sei.[48] Neben

---

40 Albrecht, Die vergessene Freiheit, S. 74.

41 Braun, Einführung, S. 228; Naucke/Harzer, Rechtsphilosophische Grundbegriffe, Rn. 147; Dreier, Rechtsbegriff, S. 19.

42 Kant, Grundlegung zur Metaphysik der Sitten, S. 387, 442.

43 Seelmann, Rechtsphilosophie, § 8 Rn. 11; Braun, Einführung, S. 227; Naucke in: FS Hassemer, S. 559, 561; Dreier, Rechtsbegriff, S. 9.

44 Kant, Metaphysik der Sitten, S. 249.

45 Seelmann, Rechtsphilosophie, § 2 Rn. 64; Kersting, Wohlgeordnete Freiheit, S. 20.

46 Kant, Metaphysik der Sitten, S. 230.

47 Vgl. Naucke/Harzer, Rechtsphilosophische Grundbegriffe, Rn. 152 u. 176.

48 Kant, Metaphysik der Sitten, S. 237.

ihr gibt es keine Zwecke des Rechts, die a priori Geltung entfalten können.[49] Alle Strafgesetze sollen dem unbedingten Freiheitsschutz verpflichtet sein.[50] In Folge dessen ist das Ziel jeder strafrechtlichen Sanktion allein der Schutz der Freiheit. Dort, wo die Freiheit wechselseitig ausgeübt wird und ihr Gebrauch niemandem schadet, darf der Staat keine Zwangsmittel einsetzen.[51]

Die Auswirkungen dieses theoretischen Gedankenkonstrukts werden am Umgang mit dem Straftäter deutlich. Seine Strafbarkeit folgt ausschließlich aus der Verletzung eines Strafgesetzes: „Der Verbrecher darf nur bestraft werden, weil er verbrochen hat, d.i., weil er strafbar ist."[52] Die Berücksichtigung von Zwecken wie die Sicherheit anderer Bürger ist bei der Strafbemessung unzulässig, da der Straftäter nie als Mittel zum Zweck durch den Staat missbraucht werden darf.[53] Dies wäre ein unzulässiger, mit der Würde des Menschen nicht zu vereinbarender, Eingriff in die Freiheit: „Denn der Mensch kann nie bloß als Mittel zu den Absichten eines Anderen gehandhabt und unter die Gegenstände des Sachenrechts gemengt werden, wowider ihn seine angeborene Persönlichkeit schützt."[54] Das Strafgesetz und die Strafe müssen deswegen so beschaffen sein, dass sie sich auf den Ausgleich des begangenen Unrechts beschränken.

Dem absoluten Strafansatz Kants ist das spezielle Freiheitsgesetz zur Begrenzung des staatlichen Strafanspruchs immanent: das Schuldprinzip.[55] Die schuldhaft begangene Straftat wird idealtypisch mit gleichwertiger Strafe ausgeglichen. Die Schuld fungiert als Maß- und Limitierungsprinzip der Strafe.[56]

b) Zweckfreie Strafe nach Hegel

Auch Hegel sieht das Ziel allen Rechts ausschließlich in der Freiheit:[57] Das Recht beschreibt er als das „Dasein der Freiheit" und als die „Wirklichkeit des freien Willens".[58] In Parallele zum Vernunftbegriff Kants setzt er die Freiheit als

49 Seelmann, Rechtsphilosophie, § 2 Rn. 66; Albrecht, Die vergessene Freiheit, S. 30; ders., Kriminologie, § 8 S. 104.

50 Naucke, Kant und die psychologische Zwangstheorie, S. 31.

51 Albrecht, Die vergessene Freiheit, S. 30; Kersting, Wohlgeordnete Freiheit, S. 234; Naucke, ZStW 94 (1982), 525, 536.

52 Kant, Metaphysik der Sitten, S. 331.

53 Naucke, Kant und die psychologische Zwangstheorie, S. 32.

54 Kant, Metaphysik der Sitten, S. 331.

55 Hassemer, Einführung, S. 324; Fornauf, KritV 2010, 217, 219f.

56 Fornauf KritV 2010, 217, 219; Bringewat, Grundbegriffe des Strafrechts, Rn. 44; Braum, KritV 2003, 22, 28f.; Roxin, Strafrecht AT I, § 3A Rn. 51; Jescheck/Weigend, Strafrecht AT, § 4 S. 24.

57 Naucke/Harzer, Rechtsphilosophische Grundbegriffe, Rn. 176.

58 Hegel, Grundlinien, § 29 u. Zusatz zu § 29.

absoluten Maßstab, als „Idee“ des Rechts.[59] Hegel befasst sich stärker als Kant mit der Umsetzung eines freiheitlichen Rechts in der realen Welt.[60] In der weltgeschichtlichen Entwicklung sieht er ein fortschreitendes Sich-Bewusst-werden über die Freiheit und ein sich entwickelndes Umsetzen der Freiheit in Recht.[61] Die verschiedenen historischen Entwicklungsstufen des Rechts sind notwendige Durchgangsstadien zur Entstehung eines absolut gerechten, freiheitsschützenden Rechts.[62] Hegel nimmt somit eine geschichtsphilosophische Begründung des Rechts vor.

Die Funktion der Strafe erblickt Hegel in einer äquivalenten Reaktion auf das Unrecht. Unrecht bedeutet Ausübung von Zwang gegenüber dem Freiheitsrecht einer bestimmten Person. Dieser Zwang ist illegitim und ungerecht.[63] Als Reaktion auf bereits ausgeübten Zwang, ist der staatliche Zwang als zweiter nachfolgender Zwang notwendig und gerecht. Der erste Zwang enthält also die Rechtfertigung und Begrenzung des zweiten Zwangs.[64] Anders formuliert: Das Verbrechen ist Negation des Rechts, die Strafe ist notwendige Negation dieser Negation.[65] Hegel erachtet ebenso wie Kant nur den vergeltenden Zwang als mit der Würde des freien Menschen vereinbar.[66] Die Anerkennung präventiver Zwecke instrumentalisiert nach seiner Ansicht den Menschen und negiert seine Freiheit: „Es ist mit der Begründung der Strafe auf diese Weise, als wenn man gegen einen Hund den Stock erhebt, und der Mensch wird nicht nach seiner Ehre und Freiheit, sondern wie ein Hund behandelt.“[67] Die Strafe muss daher auch nach seiner Lehre von allen Zweckmäßigkeitserwägungen frei gehalten werden.

3. Fazit

In der Rechtsphilosophie Hobbes und Beccarias sowie Kant und Hegels zeigen sich die bis heute im deutschen Strafrecht vertreten Grundkonzepte zur Funktion der Strafe: Einerseits die präventiv ausgerichtete strafrechtliche Sanktion (Maßregel) mit dem Ziel der Vorbeugung vor zukünftigen Straftaten und andererseits die repressiv wirkende, schuldvergeltende Strafe.

---

59 Hegel, Grundlinien, § 29 u. Zusatz zu § 99.

60 Braun, Einführung, S. 330.

61 Primoratz, Banquos Geist, S. 32; Flechtheim, Hegels Strafrechtstheorie, S. 65.

62 Naucke/Harzer, Rechtsphilosophische Grundbegriffe, Rn. 170; Braun, Einführung, S. 341; Flechtheim, Hegels Strafrechtstheorie, S. 65.

63 Primoratz, Banquos Geist, S. 37.

64 Primoratz, Banquos Geist, S. 37; Flechtheim, Hegels Strafrechtstheorie, S. 91.

65 Hegel, Grundlinien, Zusatz zu § 97.

66 Hegel, Philosophische Propädeutik, § 6.

67 Hegel, Grundlinien, Zusatz zu § 99.

In den Konzepten Hobbes und Beccarias zeichnet sich die Schwierigkeit ab, präventive Sanktionsmittel wirksam zu begrenzen.[68] Beccaria ist der Auffassung, die Begrenzung durch den Gedanken der Notwendigkeit leisten zu können. Seine Überlegungen zur Notwendigkeit sind erste Ansätze zur verhältnismäßigen Beschränkung der präventiv wirkenden Sanktion.[69] Das Problem dieses Korrektivs liegt jedoch in seiner Abhängigkeit von der historisch relativen Definition legitimer Ziele. Je nach Zielbestimmung kann das Kriterium der Notwendigkeit daher Begrenzung oder aber Expansion strafrechtlicher Sanktionen fördern.[70] Der Einsatz eines ggf. menschenunwürdigen strafrechtlichen Mittels ist so lange „notwendig“ und damit zulässig bzw. legitim, wie es der Zweckerreichung dient. Aus der Notwendigkeit der Sanktion folgt also zugleich ihre Legitimation.[71] Diese Verschmelzung von Notwendigkeit und Legitimation ist der eigentliche Kern des Problems der Begrenzung präventiv ausgerichteter Sanktionen.

Die mangelnde Begrenzbarkeit strafrechtlicher Sanktionen vermag ein Strafrecht zu vermeiden, das in seiner theoretischen Begründung auf den Schuldausgleich ausgerichtet ist.[72] Auch wenn die Idee einer metaphysischen Gerechtigkeit nicht umsetzbar ist,[73] sind die Gedankengänge Kants unter dem Gesichtspunkt der Begrenzung von hoher Bedeutung. Ziel eines absoluten, auf den Schuldausgleich beschränkten Strafrechts ist nicht Freiheitsbeschränkung zwecks Bekämpfung sozialschädlichen Verhaltens, sondern Wahrung individueller Freiheit durch Begrenzung des staatlichen Strafanspruchs. Die Geschlossenheit des Tat-Schuld-Strafe Zusammenhangs beugt einer ausufernden Anwendung strafrechtlicher Sanktionsmittel wirksam vor. Der strikte Tatbezug leistet die Vorhersehbarkeit der Strafe und die Unabhängigkeit des Strafrechts von wandelbaren Sicherheitsbedürfnissen bzw. politischen Interessen.[74]

In diesem Zusammenhang ist ein weiterer Umstand der Philosophie Kants und Hegels für das heutige Strafrecht von hoher Bedeutung. In ihr zeigt sich ein hoher Respekt vor der Menschenwürde.[75] Freiheit ist nicht die Folge oder das

68 Naucke in: Hauptprobleme der Generalprävention, S. 9, 13.

69 Vgl. Naucke, KritV 2010, 129, 130.

70 Naucke in: Beccaria, Von den Verbrechen, Einführung S. XXIX.

71 Naucke, Zerbrechlichkeit, S. 27.

72 Hassemer, Einführung, S. 324; Fornauf, KritV 2010, 217, 218f.

73 Roxin, Strafrecht AT I, § 3 Rn. 8.

74 Fornauf, KritV 2010, 217, 218f.; Albrecht in: FS Hassemer, S. 3, 3; Braun, Einführung, S. 227; Naucke/Harzer, Rechtsphilosophische Grundbegriffe, Rn. 148; ders. in: FS Hassemer, S. 559, 561; vgl. auch Kersting, Wohlgeordnete Freiheit, S. 234.

75 Bringewat, Grundbegriffe des Strafrechts, Rn. 51; Fornauf, KritV 2010, 217, 218; Hassemer, Einführung, S. 324.

Produkt staatlicher Strafgesetze, sondern der Inbegriff menschlicher Würde.[76] Die Strafrechtspflege muss dem durch eine persönlichkeitsachtende Befassung mit dem Täter als einem Subjekt des Straf- und Strafverfahrensrechts gerecht werden. Aus diesem Grund muss ein modernes Strafrecht auf einer absoluten straftheoretischen Begründung beruhen.[77]

III. Das Konzept eines zweckgeleiteten Strafrechts nach v. Liszt

Im 19. Jahrhundert entwickelte Franz v. Liszt (1851-1919) – Begründer und Wortführer der sog. modernen Strafrechtsschule – die Theorie und Dogmatik eines zweckdienlichen, präventiven Strafrechts (sog. relative Straftheorie).

1. Das zweckstrafrechtliche Konzept

V. Liszt kritisierte im sog. Marburger Programm[78] den unzureichenden Erfolg des vergeltenden Strafrechts bei der Verbrechensbekämpfung.[79] Er forderte deswegen eine spezialpräventiv wirkende Strafe, die dem Schutz der Gesellschaft vor dem Verbrecher dienen sollte.[80]

Die Begründung für das staatliche Recht zu strafen leitete v. Liszt aus der menschlichen Sozialgeschichte ab.[81] Auf allen Entwicklungsstufen der menschlichen Gesellschaft lässt sich nach seiner Auffassung die Strafe als Ausfluss des Strebens nach individueller Selbsterhaltung nachweisen.[82] Strafe ist demnach menschliche Triebhandlung und notwendigerweise mit dem menschlichem Dasein verbunden.[83] Im Laufe ihrer Entwicklungsgeschichte erkennt die Menschheit, dass Strafe als Triebhandlung zu maßloser Rache führen kann.[84] Die Menschen beginnen deshalb, den Straftrieb durch Umformung in eine Willenshand-

76 Braun, Einführung, S. 234.

77 Fornauf, KritV 2010, 217, 218; vg. auch: Hassemer, Einführung, S. 234.

78 Es handelt sich um die berühmte Antrittsrede v. Liszts an der Marburger Universität im Jahr 1882 mit dem Titel: Der Zweckgedanke im Strafrecht, abgedr.: v. Liszt, Strafrechtliche Aufsätze Bd. 1, S. 126ff.

79 V. Liszt, Strafrechtliche Aufsätze Bd. 1, S. 126, 129.

80 Naucke, ZStW 94 (1982), 525, 525; Vormbaum, Einführung, S. 126.

81 Vormbaum, Einführung, S. 126f.

82 V. Liszt, Strafrechtliche Aufsätze Bd. 1, S. 126, 135.

83 V. Liszt, Strafrechtliche Aufsätze Bd. 1, S. 126, 133f.

84 V. Liszt, Strafrechtliche Aufsätze Bd. 1, S. 126, 148.

lung zu mäßigen, was v. Liszt „Objektivierung der Strafe" nennt.[85] Die „objektivierte" Strafe kann nur im und durch den Staat entstehen.[86] Der Straftrieb wandelt sich durch die Verstaatlichung der Strafe von Selbsterhaltung in gezielte Prävention, d.h. in Gesellschaftsschutz.[87] Die Strafe soll die Rechtsgüter der Menschen schützen.[88]

Daraus folgt das Postulat, dass diejenige Strafe verhängt werden muss, welche notwendig ist, um die Rechtsgüter zu sichern. [89] Sie ist richtig und gerecht, wenn sie notwendig ist.[90]

2. Der Umgang mit dem Straftäter

Der von v. List angestrebte wirkungsvolle Rechtsgüterschutz setzt voraus, dass die Bemessung und Vollstreckung der Strafe genau auf den Täter abgestimmt sind.[91] V. Liszt verfolgte also anders als die rechtsphilosophischen Ansätze Kants und Hegels ein Täter- und kein Tatstrafrecht.[92] Er teilte die Täter und die Wirkungen, die von Strafe ausgehen sollten, in drei Kategorien ein: Der besserungsfähige Gelegenheitstäter muss gebessert werden, der abschreckungsfähige Täter muss abgeschreckt werden und der unverbesserliche Gewohnheitstäter muss unschädlich gemacht werden.[93]

V. Listzs Hauptaugenmerk galt dem unverbesserlichen Gewohnheitstäter, den er durch lebenslange Haft auf Dauer aus der bürgerlichen Gesellschaft ausstoßen wollte.[94] Aufgrund vermeintlich hoher Rückfallquoten hielt er das Gewohnheitsverbrechertum für ein gewichtiges soziales Problem.[95] Mindestens die Hälfte aller damals Inhaftierten schätzte er als unverbesserlich ein,[96] ohne dass

---

85 V. Liszt, Strafrechtliche Aufsätze Bd. 1, S. 126, 145.

86 V. Liszt, Strafrechtliche Aufsätze Bd. 1, S. 126, 149 u. 146f.

87 V. Liszt, Strafrechtliche Aufsätze Bd. 1, S. 126, 149.

88 V. Liszt, Strafrechtliche Aufsätze Bd. 1, S. 126, 149 u. 161.

89 Naucke, ZStW 94 (1982), 525, 533; Vormbaum, Einführung, S. 127.

90 V. Liszt, Strafrechtliche Aufsätze Bd. 1, S. 126, 161.

91 Naucke, Zerbrechlichkeit, S. 226; ders., ZStW 94, (1982), 525, 527; Roxin, Strafrecht AT, § 3A Rn. 12.

92 Munoz Conde in: FS Hassemer, S. 535, 544.

93 V. Liszt, Strafrechtliche Aufsätze Bd. 1, S. 126, 166.

94 Munoz Conde in: FS Hassemer, S. 535, 541; Kempe, ZStW 81 (1969), 804, 815.

95 Obwohl v. Liszt die geringe Aussagekraft von Rückfallstatistiken selbst einräumt, ist er überzeugt, dass „die Rückfälligen die Mehrheit der Verbrecher und die Unverbesserlichen die Mehrheit der Rückfälligen ausmachen", v. Liszt, Strafrechtliche Aufsätze Bd. 1, S. 126, 167.

96 V. Liszt, Strafrechtliche Aufsätze Bd. 1, S. 126, 168f.

er die Merkmale des Gewohnheitsverbrechers näher bestimmte:[97] „Der Gewohnheitsverbrecher existiert, auch wenn wir keine gute Definition von ihm haben."[98] Eine Idee seiner Vorstellung über rückfällige Tätern vermitteln seine abwertenden Formulierungen im Marburger Programms:[99] Bei dem Gewohnheitsverbrechertum „handelt es sich doch nur um ein Glied, allerdings um das bedeutendste und gefährlichste, in jener Kette von sozialen Krankheitserscheinungen, welche wir unter dem Gesamtnamen des Proletariats zusammenzufassen pflegen. Bettler und Vagabunden, Prostituierte beiderlei Geschlechts und Alkoholisten, Gauner und Halbweltmenschen im weitesten Sinne, geistig und körperlich Degenerierte – sie alle bilden das Heer der grundsätzlichen Gegner der Gesellschaftsordnung, als dessen Generalstab die Gewohnheitsverbrecher erscheinen."[100]

Nach Liszts Auffassung sollte der Umgang mit diesen Menschen von der Einstellung geprägt sein, dass sie wegen eines angeborenen Defekts zu einem Leben ohne Straftaten unfähig seien.[101] Die Anwendung resozialisierender Maßnahmen lehnte er daher bei dieser Tätergruppe ab. Sie sollten nach dreimaliger Rückfälligkeit in lebenslange bzw. zeitlich unbefristete Schutzhaft, ein Art Sicherungsverwahrung, genommen werden.[102] Den Umgang stelle er sich wie folgt vor: „Sicherungshaft für Gewohnheitsverbrecher: Arbeitshaus mit militärischer Strenge ohne Federlesen und so billig wie möglich, wenn auch die Kerle zugrunde gehen. Prügelstrafe unerlässlich (…). Der Gewohnheitsverbrecher (der Begriff ist nicht ganz unser technischer: ich meine den prinzipiellen Gegner der Rechtsordnung) muss unschädlich gemacht werden, und zwar auf seine Kosten und nicht auf die unseren. Ihm Nahrung, Luft, Bewegung usw. nach seinen rationellen Grundsätzen zumessen, ist Missbrauch der Steuerzahler."[103] Der Sicherungsgedanke stand im Vordergrund, so dass eine Freilassung nur in Ausnahmefällen zugelassen werden sollte.[104]

97 Schewe, Geschichte, S. 18; Kempe, ZStW 81 (1969), 804, 815; Sander, Grenzen instrumenteller Vernunft, S. 95.

98 V. Liszt, Strafrechtliche Aufsätze Bd. 1, S. 166 Fn. 1.

99 Naucke, ZStW 94 (1982), 525, 547; Vormbaum, Einführung, S. 126, 127 m.w.N.

100 V. Liszt, Strafrechtliche Aufsätze Bd. 1, S.126, 167.

101 Munoz Conde in: FS Hassemer, S. 535, 542.

102 V. Liszt, Strafrechtliche Aufsätze Bd. 1, S. 126, 169.

103 Aus einem Brief an Dochow v. 21.11.1880 zit. n. Radbruch, Elegantiae Juris Criminalis, S. 229.

104 V. Liszt, Strafrechtliche Aufsätze Bd. 1, S. 126, 170; vgl. auch Schewe, Geschichte, S. 19.

3. Fehlende Begrenzung des zweckgeleiteten Strafrechts

V. Liszt ging davon aus, dass der Zweckgedanke eine das gerechte „Recht erzeugende Kraft“ ist.[105] Er – Zweckgedanke – binde die Strafgewalt, denn die Strafe solle nicht über das hinausreichen, was notwendig sei, um die Rechtsgüter wirksam zu schützen.[106]

Eine Beschränkung strafrechtlicher Sanktionen ist mit der Idee notwendigen Rechtsgüterschutzes aber nicht zu leisten, da v. Liszt die Definition der schützenswerten Rechtsgüter den wandelbaren Interessen der Kriminalpolitik überließ:[107] „Die Strafgesetzgebung ist unzweifelhaft Sache der staatlichen Kriminalpolitik.“[108] Der Zweckgedanke führt zu einer Verbindung des staatlichen Strafens mit der jeweils aktuellen Innenpolitik. Die Unbegrenzbarkeit des politisierten Strafrechts besteht in der mühelosen Anpassungsfähigkeit gegenüber den wechselnden politischen Zielen.[109]

Der Zweckgedanke wandelt den Charakter des Strafrechts. In der Tradition Kants manifestiert das Strafrecht Eckpunkte und Grenzen zulässigen Verhaltens der Bürger untereinander.[110] Innerhalb dieser Grenzen ist der staatliche Grundrechtseingriff unzulässig; dem Staat werden Grenzen vorgegeben. Durch den Zweckgedanken verliert das Strafrecht diese Funktion. Es wird zum Instrument der Kriminalpolitik für die Bewältigung gesellschaftlicher Problemlagen und zur Organisation gesellschaftlichen Lebens.[111] Das Strafrecht ist nicht mehr dem Freiheitsschutz verpflichtet. Infolgedessen markiert es für den Staat und die Kriminalpolitik keine Grenze mehr, sondern dient der Durchsetzung der gerade herrschenden Interessen.[112]

Der Zweckgedanke legt dem Strafrecht also keine Grenze auf, sondern gibt ihm lediglich die „jeweils zeitangemessene Form“.[113]

Darüber hinaus laufen v. Liszts Vorstellungen über eine präventive Schutzstrafe auf ein Strafrecht hinaus, dass ohne die straflimitierende Schuld auskommt.[114] Als Maßstab für die Strafhöhe sollte nicht die in der Tat zum Aus-

105 V. Liszt, Lehrbuch des deutschen Strafrechts, S. 64.
106 V. Liszt, Strafrechtliche Aufsätze Bd. 1, S. 126, 161, vgl. auch S. 153f.
107 Naucke, ZStW 94 (1982), 525, 539, 563.
108 V. Liszt, Strafrechtliche Aufsätze Bd. 2, S. 25, 71.
109 Naucke, ZStW 94 (1982), 525, 536; Vormbaum, Einführung , S. 131.
110 Kubink, Strafen und ihre Alternativen, S. 76; Naucke, ZStW 94 (1982), 525, 536.
111 Kubink, Strafen und ihre Alternativen, S. 76; Naucke, ZStW 94 (1982), 525, 536.
112 Naucke, ZStW 94 (1982), 525, 538.
113 Naucke, Zerbrechlichkeit, S. 238.
114 Vormbaum, Einführung, S. 129; Naucke, ZStW 94 (1982), 525, 525.

druck kommende Schuld des Täters, sondern seine Besserungsfähigkeit, also seine Gefährlichkeit herangezogen werden.

Hier zeigen sich die Parallelen zum heutigen Maßregelrecht. Die spezialpräventive Zweckstrafe erfüllt alle Funktionen der Maßregel:[115] Verhaltensanpassung des Einzelnen an die Normen der Gesellschaft oder Ausscheiden der Anpassungsunfähigen aus der Gesellschaft.[116] Insoweit begründete v. Liszt die Theorie eines reinen Maßregelrechts, dass das Schuldstrafrecht ablösen sollte.[117]

4. Ausblick: Der Kompromiss der Zweispurigkeit

Das Wirken v. Liszts löste zu Beginn des 20. Jahrhunderts eine Auseinandersetzung zwischen der modernen Strafrechtsschule und Vertretern des klassischen schuldvergeltenden Strafbegriffs aus, den sog. Schulenstreit.[118] Einigkeit beider Lager bestand in der grundsätzlichen Notwendigkeit von Maßnahmen zur Vorbeugung von Straftaten;[119] die klassische Schule sah diese jedoch zunächst nicht als Aufgabe des Straf-, sondern des Polizeirechts an:[120] Die Gleichgesinnung in der Zielsetzung brachte den Kompromiss eines zweispurigen, in Strafen und Maßregeln aufgeteilten Strafrechts hervor. Die Vertreter der klassischen Schule setzen so ihr Ziel der Reinerhaltung der Schuldstrafe formal durch.[121] Durch den Einfluss des lisztschen Zweckstrafrechts änderte sich aber das inhaltliche Verständnis der vergeltenden Schuldstrafe.[122] Die aus Rechtsphilosophie Kants ursprünglich übernommene Absolutheit einer vergeltenden Strafe, wich einer präventiven Prägung der Schuldstrafe.[123] Die Vertreter der klassischen Schule hielten bei Bemessung der Strafe die Berücksichtigung normstabilisierender oder abschreckender Effekte mittels Strafe in den Grenzen des Schuldausgleichs für

115 Frisch, ZStW 94 (1982), 565, 575, vgl. auch: Vornbaum, Einführung, S. 130.

116 Vgl.: V. Liszt, Strafrechtliche Aufsätze, Bd. 2, S. 356, 368.

117 Naucke, ZStW 94 (1982), 525, 525.

118 Vormbaum, Einführung, S. 137; Jescheck/Weigend, Strafrecht AT, S. 76; Mayer, Strafrecht AT, S. 31; Frommel, Präventionsmodelle, S. 42.

119 Naucke in: FS Hassemer, S. 559, 562; Frommel, Präventionsmodelle, S. 113f.; Vormbaum, Einführung, § 5 S. 140; Mushoff; Strafe, S. 13; Eser in: FS Müller-Dietz, S. 213, 224.

120 V. Birkmeyer, Was lässt Liszt vom Strafrecht übrig, S. 52; ders., Strafe und sichernde Maßnahmen, S. 17, Binding, Grundriss, § 92 S. 233; vgl. auch Mushoff, Strafe, S. 13 m.w.N.

121 Schewe, Geschichte, S. 35; Müller, Gewohnheitsverbrechergesetz, S. 22f.

122 Marxen, Der Kampf gegen das liberale Strafrecht, S. 31.

123 Naucke in: FS Hassemer, S. 559, 561; Marxen, Der Kampf gegen das liberale Strafrecht, S. 30; Bohnert, Zu Straftheorie und Staatsverständnis, S. 150.

zulässig.[124] Letztendlich entstand so die Theorie einer zweckmäßigen Vergeltung (klassische Schule) neben der Theorie zweckmäßiger Prävention (moderne Schule).[125]

Beide Konzepte verfolgen gleichermaßen den Rechtsgüterschutz und öffnen das Strafrecht dem Einfluss der wandelbaren Kriminalpolitik.[126] So gesehen hatte sich zu Beginn des 20. Jahrhunderts die relative Straftheorie durchgesetzt. In der weiteren Entwicklung im Rahmen der Weimarer Zeit spielte eine zweckfreie Straftheorie nur eine untergeordnete Rolle: Eduard Kohlrausch (1874-1948) hat diese Entwicklung treffend zusammengefasst: „Kants Wege wurden vorzeitig aufgegeben. Er schien unserer Rechtswissenschaft nichts zu sagen zu haben.“[127]

IV. Erfahrungen mit dem zweckgeleiteten Strafrecht im Nationalsozialismus am Beispiel der Sicherungsverwahrung

Die schwerwiegenden Konsequenzen ungezügelter zweckgeleiteter Sanktionen offenbaren sich in den historischen Erfahrungen aus der Zeit des Nationalsozialismus. Die folgende Erörterung konzentriert sich auf die Sicherungsverwahrung als einschneidenste zweckgeleitete Sanktion.

1. Die Sicherungsverwahrung nach dem Gewohnheitsverbrechergesetz

Das Ziel des „Gesetzes gegen gefährliche Gewohnheitsverbrecher und über Maßregeln der Sicherung und Besserung“[128] vom 24.11.1933 bestand darin, den „Schutz der Volksgemeinschaft gegen verbrecherische Schädlinge“ effektiver als bisher zu gewährleisten.[129] Zu diesem Zweck wurden die Maßregeln als zweite Spur im Strafrecht eingeführt und somit der Kompromiss der Zweispurigkeit umgesetzt. In diesem Zuge etablierte man die schon in diversen Straf-

---

124 Binding, Grundriss des deutschen Strafrechts, § 92 S. 226; vgl. auch Naucke in: FS Hassemer, S. 559, 562; Marxen, Der Kampf gegen das liberale Strafrecht, S. 31, jeweils m.w.N.

125 Frommel, Präventionsmodelle, S. 105f. m.w.N.; Naucke in: FS Hassemer, S. 559, 563.

126 Naucke in: FS Hassemer, S. 559, 562.

127 Kohlrausch, Die geistesgeschichtliche Krise, S. 13.

128 RGBl I 1933, S. 995ff.

129 Deutscher Reichanzeiger, Nr. 277 v. 27.11.1933, S. 2.

rechtsentwürfen der Weimarer Zeit diskutierte Sicherungsverwahrung.[130] Auf eine enge Fassung der Maßregel, die vor der Machtergreifung durch alle Parteien mit Ausnahme der deutschnationalen DNVP aus Angst vor missbräuchlicher Anwendung gefordert wurde,[131] verzichteten die Nationalsozialisten. Sie erleichterten im Vergleich zu den Strafrechtsentwürfen vor 1933 die Anwendungsmöglichkeiten der Sicherungsverwahrung.[132]

Die Sicherungsverwahrung konnte in zwei Konstellationen angewandt werden: Nach § 20a Abs. 1 i.V.m. § 42e RStGB konnte sie bei Vorliegen zweier Vorverurteilungen von mindestens sechs Monaten Gefängnis angeordnet werden, sofern dies die öffentliche Sicherheit erforderte und eine Gesamtwürdigung der Taten den Täter als gefährlichen Gewohnheitsverbrecher erschienen ließ. Nach § 20a Abs. 2 i.V.m. § 42e RStGB konnte die Anordnung auch ohne eine Vorverurteilung vorgenommen werden, wenn stattdessen drei vorsätzliche Anlasstaten vorlagen.

Taten aus dem Bereich einfacher Kriminalität reichten aus, um auf Sicherungsverwahrung zu erkennen. Das Gesetz leistete mit Ausnahme der geforderten Rückfälligkeit keine klare Definition des Gewohnheitsverbrechers.[133] Der in der amtlichen Begründung geforderte Hang zu Verbrechen wurde diffus mit biologischer Vorbestimmtheit oder seelisch veranlagter Neigung zu Straffälligkeit gleichgesetzt,[134] was dem Richter eine nahezu schrankenlose Anwendung erlaubte.[135] Für die Dauer der Sicherungsverwahrung gab es – außer der Erreichung des Schutzzweckes – keine Beschränkung.[136] Eine Entlassung galt als bedingte Aussetzung, die innerhalb der Verjährungsfristen widerrufen werden

---

130 Dabei handelt es sich um die Entwürfe aus den Jahren 1911, 1913, 1919, 1922, 1925 und 1927; Details bei: Jansing, Sicherungsverwahrung, S. 18; Mushoff, Strafe, S. 16f.

131 Plenardebatte v. 21. u. 22.06.1927, ausführlich beschrieben bei Müller, Verbrechensbekämpfung, S. 198ff.; vgl. im Einzelnen etwa: Dr. Johannes Wunderlich (DV), 36. Sitzung des Strafrechtsausschusses v. 01.12.1927; Dr. Johannes Bell und Otto Landsberg (Zentrumspartei), 37. Sitzung des Strafrechtsausschusses v. 02.12.1927; Dr. Kurt Rosenfeld (SPD), 36. Sitzung des Strafrechtsausschusses v. 01.12.1927; Siegfried Rädel (KPD), 36. Sitzung des Strafrechtsausschusses v. 01.12.1927;

Die Sitzungsprotokolle sind abgedruckt bei Schubert/Regge (Hrsg.), Quellen zur Reform des Straf- und Strafprozeßrechts. Bd. 3.1., S. 341, 352, 342 f. und 344.

132 Mushoff, Strafe, S. 18; Werle, Justiz, S. 87; Müller, Gewohnheitsverbrechergesetz, S. 43; Schewe, Geschichte, S. 79; Sprung, Sicherungsverwahrung, S. 20; Jansing, Sicherungsverwahrung, S. 33.

133 Sander, Grenzen instrumenteller Vernunft, S. 93; Mushoff, Strafe, S. 19.

134 RGSt 68, 149, 155; Rietzsch in: Freisler, Sicherungsverwahrung, S. 25, 47.

135 Mushoff, Strafe, S. 19.

136 § 42f Abs. 1 RStGB; Mushoff, Strafe, S. 20; Müller, Gewohnheitsverbrechergesetz, S. 28; Werle, Justiz, S. 97.

konnte.[137] Die Sicherungsverwahrung wurde wie alle Maßregeln vom Schutz des Rückwirkungsverbots ausgenommen.[138] Nach einer zeitgenössischen Untersuchung erfüllten nach Einführung des Gewohnheitsverbrechergesetzes 88,7 % der rückfälligen Täter die Anordnungsvoraussetzungen.[139] Durch das Gewohnheitsverbrechergesetz geriet der Anwendungsbereich mithin so weit, dass nahezu jedem rückfälligen Täter die Sicherungsverwahrung drohte.[140]

2. Die Anordnungs- und Entlassungspraxis gegenüber Erwachsenen

In der Praxis ging man mit der Anordnung der Sicherungsverwahrung exzessiv um.[141] Bereits das Vorliegen einfacher Kriminalität führte zur Anwendung der Sicherungsverwahrung. Eine Studie Hellmers zeigt, dass ca. zwei Drittel aller Anlasstaten zwischen 1934 und 1945 einfache Diebstähle und Betrugsdelikte waren; im Übrigen Drittel überwogen schwerer Diebstahl und Urkundenfälschung.[142] Schwererwiegende Anlasstaten in Form von Gewaltdelikten blieben folglich die Ausnahme.[143] Auch die Vorverurteilungen waren häufig nicht gravierend, so waren 46% der im o.g. Zeitraum inhaftierten Sicherungsverwahrten nicht mit Zuchthaus vorbestraft.[144]

Im Zeitraum von 1934 bis 1942 wurden 14.351 Menschen in der Sicherungsverwahrung untergebracht.[145] Für den Zeitraum nach 1942 bis zum Ende der nationalsozialistischen Herrschaft existieren keine Zahlen, nach Schätzungen wurden aber weitere 1.700 Anordnungen vorgenommen.[146] Hinzukommen Verurteilungen der Sondergerichte, die aufgrund fehlender Dokumentation in der reichsamtlichen Statistik nicht enthalten sind.[147] Um das Ausmaß der Verurtei-

---

137 § 42 h Abs. 1 RStGB, RGBl 1933 I S. 995, 996f.

138 § 2a des RStGB gemäß Art. 3 Nr. 1 GewohnheitsverbrecherG.

139 Wend, Untersuchungen an Straflisten, S. 14 zit. n.: Müller, Gewohnheitsverbrechergesetz, S. 44, Fn. 141.

140 Müller, Gewohnheitsverbrechergesetz, S. 43; Schewe, Geschichte, S. 79; Sprung, Sicherungsverwahrung, S. 20; Jansing, Sicherungsverwahrung, S. 33.

141 Werle, Justiz, S. 97; Müller, Gewohnheitsverbrechergesetz, S. 53f.; Mushoff, Strafe, S. 22.

142 Hellmer, Gewohnheitsverbrecher, S. 30.

143 Kubink, Strafen und ihre Alternativen, S. 276.

144 Hellmer, Gewohnheitsverbrecher, S. 57.

145 Hellmer, Gewohnheitsverbrecher, S. 16; vgl. auch Antrag Bündnis 90/Die Grünen sowie der Abgeordneten Beck u. Häfner v. 05.04.1995, BT-Drs. 13/1095, S. 2.

146 Hellmer, Gewohnheitsverbrecher, S. 16 u. 17.

147 Müller, Gewohnheitsverbrechergesetz, S. 55.

lungen zu Sicherungsverwahrung zu verdeutlichen, sei auf die Anordnungszahl des Jahres 2010 verwiesen; diese betrug 101.[148]

Mit Erlass vom 13.11.1933 trat eine weitere Maßnahme zur Bekämpfung des „Gewohnheitsverbrechertums" in Kraft, die sog. polizeiliche Vorbeugehaft.[149] Ihre materiellen Voraussetzungen waren nahezu identisch wie die der Sicherungsverwahrung.[150] Im Unterschied zur Sicherungsverwahrung musste kein Gericht über die Anordnung der Vorbeugehaft entscheiden. Vielmehr wurde die Polizei ermächtigt, auch solche Personen, die durch ein Gericht freigesprochen oder aus der Haft entlassen worden waren, auf unbestimmte Zeit erneut in eine Haftanstalt oder in ein Konzentrationslager einzuweisen.[151] Das Nebeneinander der Institute bewirkte einen Konkurrenzkampf zwischen Polizei und Justiz, der die Anordnungszahlen weiter nach oben trieb.[152]

Für die Entlassung aus der Sicherungsverwahrung galt, dass sie bei verbleibenden Zweifeln über die Gefährlichkeit des Täters verweigert werden musste; mit Freislers Worten „in dubio contra reum".[153] Bis Ende des Jahres 1936 wurden von insgesamt 3.400 Sicherungsverwahrten nur 244 wieder entlassen.[154] Durch das Gesetz zur Änderung des Reichstrafgesetzbuches vom 04.09.1941 erhielt die weisungsgebundene Generalstaatsanwaltschaft und damit mittelbar das Ministerium die Entscheidungsbefugnis über Entlassungen.[155] Das Reichsjustizministerium forcierte seitdem die Ablehnung aller Entlassungsgesuche, da eine Entlassung in Kriegszeiten „regelmäßig eine Gefahr für die Volksgemeinschaft" darstelle.[156] Ab September 1942 wurden die bis dahin in Strafvollzugseinrichtungen untergebrachten Sicherungsverwahrten gezielt zur „Vernich-

---

148 Statistisches Bundesamt, Rechtspflege, Fachserie 10, Reihe 3, Strafverfolgung 2010, S. 330.

149 Ausführlich Terhorst, Polizeilich planmäßige Überwachung, S. 72ff.

150 Terhorst, Polizeilich planmäßige Überwachung, S. 80; Werle, Justiz, S. 97 spricht von „polizeilicher Sicherungsverwahrung".

151 Terhorst, Polizeilich planmäßige Überwachung, S. 135.

152 Müller, Gewohnheitsverbrechergesetz, S. 57 u. 59f.; Mushoff, Strafe, S. 23.

153 Freisler in: Freisler, Sicherungsverwahrung, S. 1, 10; Schäfer/Wagner/Schaffheutle, Gewohnheitsverbrechergesetz, S. 136.

154 Müller, Gewohnheitsverbrechergesetz, S. 86.

155 RGBl I 1941, S. 549, 550, § 8 i.V.m. § 1 der DurchführungsVO des Gesetzes zur Änderung des RStGB v. 24.09.1941; Müller, Gewohnheitsverbrechergesetz, S. 87; Mushoff, Strafe, S. 24.

156 Freisler an die Generalstaatsanwälte, 4.4.1940, zit. n. Müller, Gewohnheitsverbrechergesetz, S. 87.

tung durch Arbeit“ in Konzentrationslager überstellt.[157] Der Reichsminister der Justiz Otto Georg Thierack begründete diesen Schritt mit den Entbehrungen des deutschen Volkes durch den Krieg: „Der Krieg, der so viel des besten deutschen Blutes vernichtet“, dürfe „nicht an dem asozialen Verbrecher spurlos vorübergehen“, weil ein „starkes Führervolk (...) seine geschichtliche Mission nur erfüllen“ könne, wenn es „durch asoziale Verbrecher“ nicht gestört werde.[158] Bis zum 01.04.1943 gelangten ca. 7.400 Sicherungsverwahrte in Konzentrationslager.[159] Der Großteil der Betroffenen wurde in das KZ Mauthausen deportiert, wo die Sterblichkeitsrate insgesamt sehr hoch war;[160] allein dort verstarben bis Februar 1944 6.736 ehemals Sicherungsverwahrte.[161]

3. Die Sicherungsverwahrung gegen Jugendliche

Das nach der Machtübernahme eingeführte Gewohnheitsverbrechergesetz behielt die Regelung des Jugendgerichtsgesetzes von 1923 bei, so dass Jugendliche zunächst vom Anwendungsbereich der Sicherungsverwahrung ausgenommen waren.[162]

Die „Verordnung zum Schutz gegen jugendliche Schwerverbrecher“ von 1939 öffnete den Anwendungsbereich der Sicherungsverwahrung für Jugendliche über 16 Jahren.[163] Nach § 1 Abs. 2 der Verordnung musste der Täter dazu nach seiner „geistigen und sittlichen Entwicklung einer über 18 Jahren alten Person gleichzuachten“ sein und „die bei der Tat gezeigte, besonders verwerfliche verbrecherische Gesinnung oder der Schutz des Volkes eine solche Bestrafung erforderlich“ machen.[164] Das nunmehr geltende Jugendstrafrecht unterschied zwischen besserungs- und nicht besserungsfähigen Tätern.[165] Der „volks-

157 Terhorst, Polizeilich planmäßige Überwachung, S. 168; Müller, Gewohnheitsverbrechergesetz, S. 92; Pingel, Häftlinge unter SS Herrschaft, S. 186; Rabitsch in: Studien zur Geschichte der Konzentrationslager, S. 50, 69; Werle, Justiz, S. 519.

158 Thierack in: Boberach, Richterbriefe, S. 51, 58.

159 Terhorst, Polizeilich planmäßige Überwachung, S. 168. Für den Zeitraum bis zum Kriegsende existiert kein Datenmaterial zur Deportation der Sicherungsverwahrten.

160 Pingel, Häftlinge unter SS Herrschaft, S. 187; Rabitsch in: Studien zur Geschichte der Konzentrationslager, S. 50, 69.

161 Rabitsch in: Studien zur Geschichte der Konzentrationslager, S. 50, 70.

162 Art. 3 des Ausführungsgesetzes zum Gewohnheitsverbrechergesetz i.V.m. § 9 Abs. 5 JGG, RGBl 1933 I, S. 1000, 1005.

163 RGBl I 1939, S. 2000, § 1 Abs. 1.

164 RGBl I 1939, S. 2000, auch abgedruckt bei Peters, Jugendgerichtsgesetz, S. 116. 117.

165 Dörner, Erziehung durch Strafe, S. 178; Jureit, Erziehen, Strafen, Vernichten, S. 65; Kubink, Strafen und ihre Alternativen, S. 280f.

biologisch abzuschreibende wahrscheinlich verlorene Jugendliche, der Embryo des gemeingefährlichen Gewohnheitsverbrecher" sollte durch Einweisung in eine „Bewahrungsanstalt (...), aus der ein Korridor unmittelbar zur Sicherungsverwahrung führt, (...)" ausgeschaltet werden.[166] Erziehungsbemühungen sollten diese Jugendlichen nicht erfahren, da sie nicht für die Volksgemeinschaft „brauchbar" waren. Zu der Gruppe der als besserungsfähig eingestuften Jugendlichen gehörten fast ausschließlich Ersttäter;[167] für alle anderen bedeutete die Praxis „Auslese, Verwahrung und Vernichtung"[168], um keine Zeit mit „wenig aussichtsvollen Erziehungsversuchen erblich Minderwertiger" zu verschwenden.[169]

1943 wurde ein neues, „rassisch ausgerichtetes"[170] Jugendgerichtsgesetz erlassen.[171] Es führte zu einem noch stärkeren Abbau jugendspezifischer Privilegierungen: Erwachsenenstrafrecht und damit auch die Sicherungsverwahrung konnte nunmehr auf Jugendliche ab 14 Jahren angewandt werden, sofern sie dem „Tätertypus" des „Frühreifen" oder des „charakterlich abartigen Schwerverbrechers" zuzuordnen waren.[172] Als frühreif galt, wer in seiner geistigen oder sittlichen Entwicklung einem Erwachsenen glich, als „charakterlich abartig", von wem auf Grund eines Entwicklungsstillstandes nicht zu erwarten war, dass er den Reifegrad eines Erwachsenen erlangen würde.[173]

Ab 1940 hatte die Polizei die Befugnis, alle Jugendlichen – also auch die Sicherungsverwahrten –, von denen die „Einordnung in die Volksgemeinschaft" nicht zu erwarten war, in Jugendschutzlager einzuweisen.[174] Die dort herrschenden katastrophale Lebens- und Arbeitsbedingungen spiegeln sich in den hohen Todeszahlen wider.[175]

---

166 Freisler, MSchrKrim 1939, 209, 211.

167 Dörner, Erziehung durch Strafe, S. 178.

168 Jureit, Erziehen, Strafen, Vernichten, S. 24.

169 Schaffstein, Die Erneuerung des Jugendstrafrechts, S. 10.

170 So die Forderung Freislers schon im Jahre 1939 in: MschrKrim 1939, 209, 211.

171 RJGG vom 06.11.1943.

172 § 20 RJGG i.V.m. § 1 Abs. 2 Schwerverbrecherverordnung; Wolff, Jugendliche vor Gericht, S. 153.

173 Jureit, Erziehen, Strafen, Vernichten, S. 76f.

174 § 60 RJGG abgedr. bei Kümmerlein, Reichjugendgerichtsgesetz, S. 155f.; Petersen, Jugendbewahrung, S. 27.

175 Einzelheiten bei: Wehner, Kriminalistik 1989, 665, 667; Jureit, Erziehen, Strafen, Vernichten, S. 85f.; Guse in: Der Ort des Terrors, S. 100, 104 u. 107f.; zu den Bedingungen im Lager Mohringen: Pertersen, Jugendbewahrung, S. 32ff.; zum Lager Uckermark: Erpel in: Das Mädchenkonzentrationslager, S. 215, 218 f.

4. Fazit

Die historischen Erfahrungen mit der Sicherungsverwahrung im Nationalsozialismus belegen, wie offen zweckgeleitete strafrechtliche Sanktionen für Missbrauch durch die Politik sind.[176] Dieser Teil der deutschen Geschichte zeigt, dass diese Gefahr nicht nur theoretischer Natur ist, sondern sich tatsächlich verwirklichen kann.[177]

Die Nationalsozialisten griffen die Lisztschen Kategorien der Besserung, Sicherung und Unschädlichmachung auf. So gesehen sind im Gedankengebäude v. Liszt – ungeachtet der schwer vorhersehbaren menschenverachtenden Auswüchse ab 1933 – Grundzüge des NS-Strafrechts angelegt.[178] Aus dem Schutz einzelner Rechtsgüter, als der Kernaufgabe des Strafrechts im Sinne v. Liszt, wurde ein Zweiklassenstrafrecht, das zwischen Volksfeinden und Angepassten unterschied und das die deutsch-nationale Weltanschauung absichern sollte.[179]

Gerade die Entwicklung der Sicherungsverwahrung verdeutlicht, wie sich die inhaltliche Ausrichtung des Strafrechts von der Verbrechensbekämpfung hin zum Schutz von „Rasse“ und „Volk“ wandelte.[180] Durch das Gewohnheitsverbrechergesetz von 1933 wurde die Sicherungsverwahrung von den stark interpretationsfähigen Begriffen der „öffentlichen Sicherheit“ und des „Gewohnheitsverbrecher“ abhängig gemacht. Der Praxis erlaubte die Unbestimmtheit der Voraussetzungen, das Institut zu instrumentalisieren.[181] Taten, deren Unrechtgehalt als gering einzuschätzen war, wurden als Anlass missbraucht, um „volksfeindliche Rassen“ und Abweichler jeder Art mit Hilfe der Sicherungsverwahrung aus der „Volkesgemeinschaft“ zu entfernen.[182] Der fehlende strikte Tatbezug in Kombination mit der fehlenden Bindung der Maßregel an das Prinzip der Strafgesetzlichkeit ermöglichte es, sie gezielt zur Massenvernichtung einzusetzen.[183] Dem Gewohnheitsverbrecher wurde das Recht auf Leben aberkannt, weil die öffentliche Sicherheit, also die „gesunde Volksgemeinschaft“, nicht durch Angriffe „entarteter Verbrecher“, gefährdet werden sollte.[184] Im Jugendstraf-

176 Vgl. Naucke ZStW 94 (1982), 525, 555f.; Munoz Conde in: FS Hassemer, S. 535, 555.

177 Stratenwerth/Kuhlen, Strafrecht AT, § 1 Rn. 41.

178 Sander, Grenzen instrumenteller Vernunft, S. 89f.; Kubink, Strafen und ihre Alternativen, S. 295.

179 Kubink, Strafen und ihre Alternativen, S. 289.

180 Schewe, Geschichte, S. 63; sehr deutlich bei Mezger, Kriminalpolitik, Vorwort.

181 Müller, Gewohnheitsverbrechergesetz, S. 29; Frommel, JZ 1980, 559, 561; Munoz Conde in: FS Hassemer, S. 535, 552.

182 Kubink, Strafen und ihre Alternativen, S. 276; vgl. Marxen, Der Kampf gegen das liberale Strafrecht, S. 144.

183 Müller, Gewohnheitsverbrechergesetz, S. 92.

184 Thierack in: Boberach, Richterbriefe, S. 51, 56.

recht wurden die Zwecke der Sicherungsverwahrung ebenfalls flexibel erweitert. Nachdem eine Anwendung bei Jugendlichen zunächst ausgeschlossen war, sollte sie ab 1939 dem Schutz des Volkes vor der „besonders verwerflichen verbrecherischen Gesinnung“ jugendlicher Täter dienen. Ab 1943 wurden dann der „frühreife“ und der „charakterlich abartige Täter“ als Gefahr für die Volksgemeinschaft definiert.

Die durch v. Liszt vorgenommene Beschränkung des Zwecks des Strafrechts auf die notwendige Verbrechensbekämpfung erwies sich als wirkungslos, weil es keine Mechanismen gab, um diese Fokussierung bei der Sicherungsverwahrung und anderen Sanktionen abzusichern.[185] Öffentliche Sicherheit ließ sich unaufwendig als Ausmerzung volksschädlicher Täter definieren.[186] Die Ausrichtung auf die Verbrechensbekämpfung wurde als überkommenes liberales Element der verweichlichten Weimarer Strafrechtspflege desavouiert und mit dem Ruf nach mehr Härte beseitigt.[187] Das Maßregelrecht und die Sicherungsverwahrung im Besonderen lieferten ein flächendeckendes Konzept, um (vermeintliche) Staats- und Volksfeinde zu beseitigen.

V. Begrenzung der Maßregel in modernen Maßregelbegründungsansätzen?

Nach den Erfahrungen des Nationalsozialismus besteht heute Einigkeit darin, dass die bloße Zweckmäßigkeit einer Sanktion nicht mehr ausreicht, um schwerwiegende Grundrechtseingriffe, wie sie das Maßregelrecht vorsieht, zu verantworten.[188] Im rechtswissenschaftlichen Schrifttum nach 1945 haben sich verschiedene theoretische Begründungsansätze für das rein präventiv ausgerichtete Maßregelrecht entwickelt, die bemüht sind, die Legitimation der Maßregeln auf eine weniger missbrauchanfällige Basis zu stellen.[189] Es ist zu erörtern, inwieweit diese Ansätze das Kernproblem der Gefahr einer uferlosen Anwendung lösen können.

---

185 Vgl. Naucke, ZStW 94 (1982), 525, 557; Kubink, Strafen und ihre Alternativen, S. 296; Wacker, Sicherungsverwahrung und Grundgesetz, S. 13.

186 Kubink, Strafen und ihre Alternativen, S. 291.

187 Kubink, Strafen und ihre Alternativen, S. 295; vgl. die zeitgenössischen Ausführungen von Dahm/Schaffstein, Liberales oder autoritäres Strafrecht, S.11.

188 Kinzig, Die Sicherungsverwahrung auf dem Prüfstand, S. 31; Frisch, ZStW 102 (1990), 343, 364; Stratenwerth/Kuhlen, Strafrecht AT, § 1 Rn. 40; Kammeier, Maßregelrecht, S. 195; Kaiser, Maßregeln in der Krise, S. 4; Nowakowski in: FS v. Weber, S.98, 98f.

189 Einen guten Überblick über die verschiedenen Legitimationsversuche liefert Kammeier, Maßregelrecht, S. 195ff.

1. Sozialethischer Ansatz

Nach einem von Hans Welzel (1904-1977) begründeten Ansatz beruht das Recht zur Anordnung von Maßregeln auf dem sozialethischen Gedanken, dass nur derjenige am Gemeinschaftsleben teilnehmen darf, der sich von den allgemein anerkannten Normen der Gesellschaft leiten lässt.[190] Die Grenze der Maßregelanwendung richtet sich nach der Fähigkeit des Betroffenen zu normgemäßer Freiheitsausübung, was Welzel mit Fähigkeit zur Ausübung der sog. inneren sittlich gebundenen Freiheit gleichsetzt.[191] Die Fähigkeit zur Ausübung der sittlich gebundenen Freiheit soll seiner Ansicht nach Geisteskranken und solchen Personen fehlen, die sie infolge von Anlagen, Gewohnheiten oder Lastern verloren haben.[192] Bei dieser Personengruppe ist der Vollzug der Maßregel so lange zulässig, bis das in der Persönlichkeit des Täters angelegte Defizit normgemäßer Freiheitsausübung kompensiert ist.[193]

Dieser Ansatz kann in zweierlei Hinsicht keine wirksame Schranke gegenüber einem ausufernden Maßregelgebrauch sein.[194] Zum einem ist unbestimmt, was unter sittlich gebundener Freiheit zu verstehen ist und nach welchem Maßstab ihr Dasein beurteilt werden soll. Zum anderen leistet das Präjudiz einer möglichen Unfähigkeit zur Freiheitsausübung der Ausgrenzung und Rechtlosstellung der Betroffenen Vorschub.[195]

2. Notwehrrecht der Gesellschaft

Ein anderer Ansatz betrachtet die Maßregeln als staatliche Notwehrmaßnahmen. Ihre Anwendung soll nur zulässig sein, wenn der Selbstschutz des Staates vor dem gefährlichen Täter sie erforderlich macht.[196]

Die Grenze des zulässigen staatlichen Selbstschutzes ist nach diesem Ansatz aber unbestimmt. Die Schranken, die der Ausübung des bürgerlichen Notwehr-

---

190 Welzel, Deutsches Strafrecht, § 32 S. 245; vgl. auch Bruns, ZStW 71 (1959), 210, 211f.; Bockelmann, Schuld und Sühne, S. 22; Stree, Deliktsfolgen, S. 222f., der von der „Verwirkung" der Freiheit bei gemeinschaftswidrigem Einsatz derselben spricht.

191 Welzel, Deutsches Strafrecht, § 32 S. 245; vgl. auch Bruns, ZStW 71 (1959), 210, 211f.; Bockelmann, Schuld und Sühne, S. 22.

192 Welzel, Deutsches Strafrecht, § 32 S. 245.

193 Welzel, Deutsches Strafrecht, § 32 S. 245.

194 Stratenwerth/Kuhlen, Strafrecht AT, § 1 Rn. 41; Frisch, ZStW 102 (1990), 343, 366; Schroth in: FS Schüler-Springorum, S. 595, 601f.; Mayer, Strafrecht AT, S. 380.

195 Nowakowski in: FS v. Weber, S. 98, 107f.; Frisch, ZStW 102 (1990), 343, 366 Fn. 100; Stratenwerth/Kuhlen, Strafrecht AT, § 1 Rn. 41; Hanack in: LK, Vor §§ 61 Rn. 31; Kinzig, Sicherungsverwahrung auf dem Prüfstand, S. 33.

196 Sax in: Die Grundrechte, Bd. 3.2, S. 909, 963, 965; Hanack in: LK, Vor §§ 61 Rn. 29.

rechts in Form von Geeignetheit, Erforderlichkeit und normativer Gebotenheit des Verteidigungsmittels auferlegt sind, sind auf die Anwendung der Maßregeln nicht übertragbar. Das beruht auf den unterschiedlichen Anknüpfungspunkten des bürgerlichen Notwehrrechts und der staatlich angeordneten Maßregel: Die Zulässigkeit Notwehrrechts lässt sich anhand eine konkreten Ereignisses, nämlich des gegenwärtigen Angriffs beurteilen. Dieser Maßstab fehlt bei der Anordnung der Maßregel, weil sie vorbeugend zukünftige Straftaten bekämpfen soll.[197] Der Ansatz überzeugt auch im Allgemeinen nicht, da das Notwehrrecht ein Recht zur individuellen Verteidigung darstellt, auf welches sich der Staat nicht berufen kann.[198]

3. Positiv generalpräventiver Ansatz

Nach anderer Ansicht ist die Anwendung von Maßregeln so lange zulässig, wie sie zur Erhaltung und Verstärkung des Vertrauens der Bevölkerung in die Unverbrüchlichkeit der Rechtsordnung beitragen.[199] Auch dieser Ansatz vermag dem Maßregelgebrauch keine Schranke zu setzen.[200] Eine exakte Bestimmung der Höhe des gegenwärtigen Normstabilisierungsbedürfnisses der Bevölkerung ist kaum zu leisten.[201] Der Richter muss insofern auf Mutmaßungen und seine persönliche Einstellung zur Tat zurückgreifen. Ungewiss ist ferner wie lange eine Maßregel andauern muss, um das Vertrauen in den Bestand und die Durchsetzungskraft der Rechtsordnung herzustellen.[202] Im Übrigen zeigen empirische Untersuchungen, dass eine positive Wirkung der Anwendung strafrechtlicher Sanktionen auf die gesellschaftliche Normtreue wegen der Vielzahl möglicher Wirkungsfaktoren überhaupt nicht oder in nur ganz geringen Umfang nachzuweisen ist.[203] In Folge stellt das wiederherzustellende Normvertrauen keinen verlässlichen Maßstab bei der Anwendung der Maßregeln dar.

Darüber hinaus vertieft die Interpretation der Maßregel als Mittel zur Einübung von Normtreue die bei den Maßregeln ohnehin latente Durchbrechung

---

197 Jakobs, Strafrecht AT, 1. Abschn. Rn. 54, S. 31; Nowakowski in: FS v. Weber, S. 98, 109; Schroth in: FS Schüler-Springorum, S. 595, 601f.

198 Dannecker, Intertemporales Strafrecht, S. 298, Fn. 53; Frisch, ZStW 102 (1990), 343, 367.

199 Albrecht, Die allgemeinen Voraussetzungen, S. 25; Jakobs, Strafrecht AT, 1. Abschn. Rn. 56, S. 32.

200 Vgl.: Roxin, Strafrecht AT I, § 3A Rn. 32.

201 Mushoff, Strafe, S. 252 u. 134.

202 Mushoff, Strafe. S. 252 u. 134.

203 Schumann, Positive Generalprävention, S. 51f.; Müller-Tuckfeld, Integrationsprävention, S. 127; Bock, ZStW 103 (1991), 636, 654f.

des straflimitierenden Schuldgrundsatzes. Theoretisch könnten auch „Unschuldige“ in den Maßregelvollzug eingewiesen werden, wenn dies aus positiv generalpräventiven Erwägungen erforderlich erscheint.[204] Der Betroffene wird für ein staatliches Bedürfnis (Normtreue) in Anspruch genommen, das außerhalb seines Verantwortungsbereichs liegt[205]. Eine solche Inanspruchnahme degradiert den Bürger zum Objekt staatlichen Handelns und verletzt ihn in seiner Menschenwürde.[206]

4. Überwiegendes öffentliches Interesse

Die heute herrschende Auffassung begründet die Maßregeln mit dem Prinzip des überwiegenden Interesses:[207] Die Anordnung ist zulässig, soweit eine Abwägung zwischen dem Schutz der Allgemeinheit und dem Freiheitsrecht des Betroffenen ein Überwiegen des Sicherheitsinteresses ergibt. Das öffentliche Interesse überwiegt, sofern nach der Gefährlichkeitsprognose eine hohe Wahrscheinlichkeit für die Begehung schwerwiegender Straftaten vorliegt.[208]

Auch nach dem Konzept des überwiegenden Interesses kann eine ausufernde Anwendung der Maßregel nicht ausgeschlossen werden. Die Interessenabwägung ist davon abhängig, welches Gewicht der öffentlichen Sicherheit bzw. der Bedrohung derselben durch den Straftäter beigemessen wird.[209] Solche Einschätzungen sind in hohem Maße kriminalpolitischen Einflüssen ausgesetzt.[210] Was der Kriminalpolitik erforderlich scheint, kann sie durch die Definition der Sicherheitsbedürfnisse in die Interessenabwägung einfließen lassen. Es besteht die Gefahr, dass den scheinbaren Belangen der Mehrheit grundsätzlich der Vorrang vor den Grundrechten des Straftäters eingeräumt wird.

---

204 vgl. Bock, ZstW 103 (1991), 636, 637.

205 Calliess in: FS Müller-Dietz, S. 99, 109; Bock, ZStW 103 (1991), 636, 651; Albrecht, Kriminologie, § 5 S. 63.

206 Calliess in: FS Müller-Dietz, S. 99, 110; Albrecht, Kriminologie, § 5 S. 63, vgl. auch Roxin Strafrecht AT I, § 3A Rn. 32; Mushoff, Strafe, S. 134.

207 Nowakowski in: FS v. Weber, S. 98, 103f.; Frisch, ZStW 102 (1990), 343, 367; Laubenthal, ZStW 116 (2004), 703, 708; Schroth in: FS Schüler-Springorum, S. 595, 602; Roxin, Strafrecht AT I 3B Rn. 66.; Grünwald, ZStW 76 (1964), 633, 639; Baltzer, Die Sicherung, S. 46; Kaiser, Maßregeln in der Krise, S. 48f.; Streng in: FS Lampe, S. 611, 620f.; Stratenwert/Kuhlen, Strafrecht AT, § 1 Rn. 42.

208 Kaiser, Maßregeln in der Krise, S. 48f.; Nowakowski in: FS v. Weber, S. 98, 103; Roxin, Strafrecht AT I, § 3B Rn. 66.

209 Vgl.: Albrecht, Kriminologie, § 9 S. 127.

210 Hassemer, Theorie und Soziologie, S. 200; Albrecht, Die allgemeinen Voraussetzungen, S. 14.

5. Fazit

Die vorstehenden Erörterungen zeigen, dass eine überzeugende Begrenzung des Maßregelrechts auch mit den heutigen theoretischen Begründungsansätzen nicht zu leisten ist.[211] Generell kommt in allen Ansätzen die Forderung zum Ausdruck, durch Hochstufung der Anforderungen, einschränkende Auslegung der Voraussetzungen oder sparsamen Gebrauch eine ausufernde Anwendung der Maßregeln zu verhindern. Sie sind aber über diesen Appell hinaus nicht in der Lage, eine theoriegeleitete Begrenzung der Maßregel zu gewährleisten.[212] Das beruht letztendlich auf dem generellen Problem, dass den Maßregeln im Vergleich zur Strafe der zeitlich rückwärtsgewandte Tatbezug fehlt.[213] Die Maßregeln sind als Gefahrenabwehrmaßnahme zukunftsorientiert. Die zu erwartenden rechtswidrigen Straftaten, also unsichere Prognosen über das Legalverhalten des Täters bestimmen das Ob und Wie ihrer Anwendung.

VI. Fazit

Von zweckgeleiteten strafrechtlichen Sanktionen geht die Faszination aus, dass sich das Strafrecht in den Dienst der Verbrechensbekämpfung stellen lässt. Die Loslösung vom limitierenden Tat-Schuldbezug und die Relativität der verfolgbaren Zwecke verursacht aber die Gefahr einer ausufernden Anwendung zweckgeleiteter Sanktionen. Diese Gefahr ist im strafrechtlichen Konzept v. Liszts angelegt und verwirklichte sich im Nationalsozialismus, wie der Einsatz der Sicherungsverwahrung als Mittel zur Vernichtung von Abweichlern deutlich macht. Das Vertrauen v. Liszts, die Notwendigkeit zur Verbrechensbekämpfung, also letztendlich der Gedanke der Verhältnismäßigkeit, werde eine missbräuchliche Anwendung der Sanktionen verhindern können, erwies sich als falsch. Die Beurteilung der Notwendigkeit einer Sanktion steht in Abhängigkeit des kriminalpolitisch beeinflussbaren Zwecks derselben.

Der heute hauptsächlich vertretene Ansatz, Maßregeln nur dann anzuwenden, wenn ein überwiegendes öffentliches Interesse für sie besteht, ist eine Konkretisierung des Verhältnismäßigkeitsgrundsatzes. Auch danach ist die Gefahr einer ausufernden Anwendung der Maßregeln nicht auszuschließen. Das Ergebnis der Abwägung wird davon vorgezeichnet, wie viel Gewicht dem Freiheits-

211 Vgl.: Mushoff, Strafe, S. 257; Kammeier, Maßregelrecht, S. 200.

212 Streng in: FS Lampe, S. 611, 620; vgl. auch Jescheck, Strafrecht AT, § 9 S. 87.

213 Vgl.: Mushoff, Strafe, S. 257.

grundrecht des Betroffenen bzw. dem Sicherheitsinteresse der Allgemeinheit beigemessen wird.[214]

So lange eine liberale Kriminalpolitik dominiert, die dem Freiheitsrecht hohe Bedeutung zumisst und die Maßregel als ultima ratio ansieht, wird im Rahmen einer idealtypischen Betrachtung eine mäßige, restriktive Anwendung der Maßregeln vorherrschen. Sobald das kriminalpolitische Klima im Zuge gesellschaftlicher Umbrüche, eines Wertewandels oder wachsender Kriminalitätsfurcht zu mehr Repression tendiert, wird die Wahrscheinlichkeit für den vermehrten Einsatz von Maßregeln höher, da dem Sicherheitsinteresse in der Abwägung mehr Bedeutung zugemessen wird.[215] Wolfgang Naucke hat diesen Zusammenhang folgendermaßen formuliert: „Der Täter, dem eine Maßregel droht, muss sich das Maß an Güte, aber eben auch das Maß an Härte gefallen lassen, das der Gesellschaft zur Zeit der Verurteilung gerade richtig erscheint."[216] Die Sicherungsverwahrung nimmt insofern eine Sonderstellung ein. Wegen der mit ihr verbundenen Härten für den Straftäter liefern ihre Gestaltung und ihr Gebrauch in der Praxis einen deutlichen „Tendenzanzeiger" für das gerade vorherrschende kriminalpolitische Klima.[217]

Aus alledem folgt, dass über die Verhältnismäßigkeit hinaus weitere Begrenzungen ins Feld geführt werden müssen, die der politischen Beeinflussbarkeit und der zweckorientierten Ausrichtung der Maßregeln entgegenwirken.[218] Es wird im Verlauf dieser Arbeit aufgezeigt, dass allein eine strikte Einhaltung der Gesamtheit der Strafrechtprinzipien als schützende Formen der Freiheit diese Begrenzung leisten kann.[219]

---

214 Vgl. Albrecht, Kriminologie, § 9 S. 127.

215 vgl. Antrag Bündnis 90/Die Grünen sowie der Abgeordneten Beck u. Häfner v. 05.04.1995, BT-Drs. 13/1095, S. 3.

216 Naucke, Tendenzen in der Strafrechtsentwicklung, S. 27.

217 Naucke, Tendenzen in der Strafrechtsentwicklung, S. 26; vgl. auch: Mushoff, Strafe, S. 8.

218 Volckart in: FS Tondorf, S. 133, 143; vgl. auch Jescheck,/Weigend Strafrecht AT, § 9 S. 87.

219 Volckart in: FS Tondorf, S. 31; Albrecht, Kriminologie, § 8 S. 113; ders., Die vergessene Freiheit, S. 55.

B. Die Entwicklung der Sicherungsverwahrung – Ausdruck einer zunehmenden Sicherheitsorientierung

Der folgende Teil untersucht die Entwicklung der Sicherungsverwahrung als eingreifendste zweckgeleitete Sanktion des deutschen Rechts ab 1945. Im Zentrum der Betrachtung steht die seit 1998 durch zahlreiche Reformgesetze herbeigeführte normative Erweiterung der Sicherungsverwahrung, die als „Renaissance" derselben bezeichnet wird.[220] Es werden die Folgen der Reformgesetze für die Zahl der Sicherungsverwahrten, die kriminologische Fundierung und der Charakter des schrittweise ausgeweiteten Rechts erörtert. Abschließend werden die Zusammenhänge und Ursachen dieser Entwicklung untersucht. In diesem Rahmen wird der Frage nachgegangen, inwieweit die normative Erweiterung der Sicherungsverwahrung Folge und Ausdruck einer Sicherheitspolitik und einer zunehmenden Sicherheitsorientierung ist, die das gesamte Strafrecht erfasst hat. Insoweit wird die im vorangegangenen Teil getroffene Feststellung, die Sicherungsverwahrung sei ein Tendenzanzeiger, wieder aufgegriffen.

I. Die Entwicklung der Sicherungsverwahrung zwischen 1945 und 1997

1. Die Entwicklung der Sicherungsverwahrung im Erwachsenenstrafrecht

Nach dem Ende des Zweiten Weltkrieges hatte der Kontrollrat der Alliierten die Absicht, die Regelungen zur Sicherungsverwahrung aufzuheben und löste damit auf deutscher Seite Entrüstung aus.[221] Man argumentierte, in Zeiten steigender Kriminalität habe die Abschaffung katastrophale Folgen für die Sicherheit der Bevölkerung und gefährde den Aufbau der Demokratie.[222] Die Siegermächte beurteilten die Sicherungsverwahrung demgegenüber als typisch für die im Nationalsozialismus etablierte Missachtung von Freiheitsrechten und erinnerten daran, dass kein anderes Institut derart missbrauchsanfällig sei.[223] Die geforderte

220 So der Aufsatztitel von Laubenthal in ZStW 116 (2004), 703ff.

221 Etzel, Aufhebung von Gesetzen, S. 178 m.w.N.

222 Etzel, Aufhebung von Gesetzen, S. 179 m.w.N.

223 Etzel, Aufhebung von Gesetzen, S. 177 m.w.N.

Aufhebung scheiterte letztlich an den sich verschiebenden Interessenlagen unter den Vorzeichen des Kalten Krieges, die den Abbruch der Zusammenarbeit im Kontrollrat nach sich zogen.[224] In der Folge wurden die nationalsozialistischen Regelungen zur Sicherungsverwahrung in den westlichen Besatzungszonen weitgehend unverändert übernommen.[225]

Die Strafrechtsreformgesetze ab Ende der 1960er Jahre schränkten die Sicherungsverwahrung ein.[226] Anlass waren empirische Untersuchungen, die belegten, dass hauptsächlich vielfach rückfällige Täter leichterer Betrugs- bzw. Diebstahlsdelikte von der Sicherungsverwahrung betroffen waren.[227] Ziel der Reformgesetze war, die Sicherungsverwahrung stärker als ultima-ratio Maßnahme zu gestalten.[228] Sie sollte deswegen in Zukunft nur noch auf gefährliche Gewaltverbrecher Anwendung finden können.[229] Dementsprechend wurde das Strafmaß der Anlasstat von sechs Monaten auf zwei Jahre angehoben und die Sicherungsverwahrung ohne vorherige Verurteilung von mindestens drei schweren Vortaten abhängig gemacht.[230] Aus Gründen der Verhältnismäßigkeit wurde die erstmalig angeordnete Sicherungsverwahrung außerdem auf die Dauer von zehn Jahren begrenzt.[231]

1995 wurden diese mit Ausnahme kleinerer Anpassungen nicht veränderten Regelungen auf die neuen Bundesländer erstreckt und galten bis 1998 fort.[232]

---

224 Etzel, Aufhebung von Gesetzen, S. 200; Ursache war eine Auseinandersetzung in der Sitzung des Kontrollrates vom 20.03.1948, die der sowjetische Vertreter aus Protest gegen die Londoner Sechsmächtekonferenz verließ.

225 Mushoff, Strafe, S. 26; vgl. auch Drittes Strafrechtsänderungsgesetz v. 04.08.1953, BGBl I 1953, 735, 738.

226 Erstes Strafrechtsreformgesetz v. 25.06.1969, BGBl I 1969, S. 645, 649f. und 2. Strafrechtsreformgesetz v. 04.07.1969, BGBl 1969 I, S. 717, 729; zu den Details der Reformen: Jansing, Sicherungsverwahrung, S. 60ff.; Kinzig, Sicherungsverwahrung auf dem Prüfstand, S. 21ff.

227 Hellmer, Gewohnheitsverbrecher, S. 30; Schachert, Kriminologische Untersuchungen, S. 15 u. 133; Binnewies, Kriminologische Untersuchungen, S. 100.

228 Mushoff, Strafe, S. 27 m.w.N.

229 Jescheck, ZStW 80 (1968), 54, 81; Grünwald, ZStW 76 (1964), 633, 643.

230 § 42e StGB, BGBl I 1969, S. 645, 649f.

231 § 67d Abs. 1 StGB, BGBl 1969 I 717, 730.

232 Vgl. Gesetz zur Rechtsvereinheitlichung der Sicherungsverwahrung v. 16.06.1995, BGBl I 1995, S. 818.

In der DDR existierte keine Sicherungsverwahrung, weil das Oberste Gericht diese 1952 für unzulässig erklärte; ausführl. zur Rechtslage der DDR: Schewe, Die Geschichte der Sicherungsverwahrung S. 84-86; Kinzig, Die Sicherungsverwahrung auf dem Prüfstand, S. 23-25; Wacker, Sicherungsverwahrung und Grundgesetz, S. 17.

2. Die Entwicklung der Sicherungsverwahrung für Jugendliche und Heranwachsende

Ab 1945 wandten die Jugendgerichte aus eigenem Ermessen die nationalsozialistischen Elemente des Jugendstrafrechts, insbesondere die „Verordnung zum Schutz gegen jugendliche Schwerverbrecher“ nicht mehr an.[233] Nach Inkrafttreten des JGG am 01.10.1953, welches die nationalsozialistischen Regelungen offiziell aufhob,[234] konnte gegen Jugendliche als freiheitsentziehende Maßregel einzig die Unterbringung in einer Heil- und Pflegeanstalt angeordnet werden.[235] Gegenüber den erstmals miteinbezogenen Heranwachsenden kam eine Anordnung der Sicherungsverwahrung in Betracht, der Richter konnte aber nach seinem Ermessen ausnahmsweise davon absehen.[236] Der Gesetzgeber berücksichtigte, „dass die Entwicklung eines Heranwachsenden noch nicht als so hoffnungslos angesehen werden“ könne, „daß (…) die Anordnung einer Sicherungsverwahrung in allen nach dem allgemeinen Strafrecht vorgesehenen Fällen gerechtfertigt wäre. Den Angehörigen dieser Altersgruppe“ müsse „eine Chance für ihre spätere Resozialisierung gegeben werden.“[237] Die gerichtliche Praxis kehrte das Regel-Ausnahmeverhältnis um und wendete die Sicherungsverwahrung auf Heranwachsende nicht und auf Personen unter 25 Jahren kaum an.[238]

Folgerichtig schloss der Gesetzgeber im 1. Strafrechtsreformgesetz die Heranwachsenden vom Anwendungsbereich der Sicherungsverwahrung aus, § 106 Abs. 2 JGG.[239] Zu einem gesetzlichen Ausschluss junger Erwachsener im Alter von 21 bis 25 Jahren kam es dagegen nicht.[240] Jene sollten nach einer im 2. Strafrechtsreformgesetz verankerten Entwurfsfassung des § 65 Abs. 2 StGB ausschließlich in sozialtherapeutischen Anstalten untergebracht werden können (sog. Maßregellösung).[241] Das Inkrafttreten dieser Vorschrift wurde allerdings mehrmals verschoben und 1985 endgültig verworfen.[242] Die sozialtherapeutische Behandlung wurde dem Strafvollzug überantwortet (sog. Vollzugslösung).

233 Laubenthal/Baier, Jugendstrafrecht, Rn. 36; Eisenberg, JGG, Einleitung Rn. 4; Schaffstein/Beulke, Jugendstrafrecht, § 5 III S. 40; Wüstenhagen, Sicherungsverwahrung, S. 103.

234 § 122 JGG, BGBl I 1953, S. 751, 768.

235 § 7 JGG, BGBl I 1953, S. 751.

236 § 106 Abs. 2 JGG, BGBl I 1953, S. 751, 766.

237 Bt-Drucks. I/3264, § 20 a S. 44.

238 Kinzig, RdJB 2007, 155, 156, Petersen, Jugendbewahrung, S. 51.

239 BGBl 1969, S. 645, 662.

240 BGBl 1969, S. 717, 729.

241 BGBl 1969, S. 717, 729.

242 Vgl. Neufassung des StGB v. 01.01.1975, BGBl I 1975, S 1, 21 in der Fn; Kinzig, RdJB 2007, 155, 157.

Die Rechtsprechung wendete aber auch ohne gesetzliche Ausschlussreglung die Sicherungsverwahrung weiterhin kaum auf junge Erwachsene an, weil sie hohe Skepsis gegenüber der Treffsicherheit von Gefährlichkeitsprognosen bei Tätern dieser Altersgruppe hegte.[243]

3. Fazit

Nach dem Ende der nationalsozialistischen Herrschaft wurde die Sicherungsverwahrung im Wesentlichen unverändert übernommen. Erst die von gesellschaftlichen Liberalisierungsprozessen beeinflusste Kriminalpolitik der späten 1960er Jahre führte zu wesentlichen Einschränkungen der Sicherungsverwahrung im Erwachsenenstrafrecht.[244] Die Strafrechtsreformen ab 1969 zeigen das Bestreben der Politik, die Sicherungsverwahrung auf einen engen Kern hochgefährlicher Straftäter zu beschränken. Die Sicherungsverwahrung sollte „letztes Mittel" zum Schutz der Gesellschaft sein. Im Jugendstrafrecht wurde auf die Anwendung für Heranwachsende verzichtet, um die noch in der Entwicklung befindlichen Verurteilten nicht durch Prisonierungseffekte lebenslang zu schädigen.[245] Die liberale Kriminalpolitik lässt sich auch an der gerichtlichen Praxis ablesen. Bis Anfang der 1990er Jahre sank die Verwahrtenzahl in Folge einer moderaten Anordnungspraxis drastisch von 902 (1965) auf 182 (1990) Personen.[246] Die Quote der reinen Eigentums- und Vermögensstraftäter im Vollzug der Sicherungsverwahrung nahm infolge der Konzentration auf Fälle schwerer Gewaltkriminalität kontinuierlich ab.[247]

Auf dem Höhepunkt dieser liberalen Entwicklung in der Mitte der 1990er Jahre wurden Bedarf und Berechtigung der Sicherungsverwahrung im rechtswissenschaftlichen Schrifttum und durch Teile der Politik grundsätzlich angezweifelt.[248] Die Frage, ob es rechtens sei, die Sicherheit der Allgemeinheit durch

243 Vgl. BGH NJW 1975, 1666, 1666; Beschl. v. 06.08.1997, Az.: 2 StR 199/97 Rn. 13; NStZ 1989, 67, 67.

244 Mushoff, Strafe, S. 44.

245 Hanack in: LK, § 66 Rn. 47; Kinzig, RdJB 2007, 155, 157f.; Streng, Jugendstrafrecht, § 8 Rn. 12a; Bubnoff, JR 1976, 423, 423.

246 Bartsch, Sicherungsverwahrung, S. 34; Kinzig, ZStW 109 (1997), 122, 131; Kern, ZFStrVO 1997, 19, 19.

247 Kinzig, ZStW 109 (1997), 122, 134 Schaubild 2 mit Angaben zur Deliktsart; Kern, ZFStrVO 1997, 19, 19 Tab. 1; Bartsch, Sicherungsverwahrung, S. 34.

248 Blau in: FS Schneider, S. 759 ff. wirft die Frage nach einem „Nekrolog" auf die Sicherungsverwahrung auf.

bloße Verwahrung herzustellen, war Gegenstand kontroverser Debatten.[249] Verschiedentlich wurde die Einschränkung der Anlasstaten, die Verkürzung richterlicher Prüfungsfristen auf ein halbes Jahr, die Reduzierung der Höchstdauer auf fünf Jahre oder eine resozialisierungsfreundlichere Vollzugestaltung gefordert.[250] Zum Teil wurde in politischen Kreisen sogar der Verzicht auf das Institut wegen der gravierenden Belastungen für den Betroffenen und der Etikettenschwindelproblematik verlangt.[251]

Die politische Mehrheit trug diese Forderungen aber nicht mit, sondern veranlasste die Renaissance der Sicherungsverwahrung. Das Gesetz zur Bekämpfung von Sexualdelikten und anderen gefährlichen Straftaten" (SexBG) vom 26.01.1998 leitete das Ende der liberalpolitischen Bestrebungen ein.[252] Die Chance, Alternativen zur oder Einschränkungen der problematischsten deutschen Maßregel zu etablieren, wurde verpasst.

II. Die normative Erweiterung der Sicherungsverwahrung zwischen 1998 und 2008

Von 1998 bis 2008 wurde die Sicherungsverwahrung in sieben Schritten erweitert. Die wesentlichen Züge der gesetzlichen Veränderungen und die Umstände, die den Anstoß zu den Reformgesetzen lieferten, werden im folgenden Abschnitt dargestellt und erörtert.

1. Erste Stufe: Verschärfungen durch das „Gesetz zur Bekämpfung von Sexualdelikten und anderen gefährlichen Straftaten" vom 26.01.1998

Die Einführung des SexBG[253] ist eng mit den Namen Marc Dutroux, Armin Schreiner und Rolf Diesterweg verknüpft, jeweils einschlägig vorbestrafte Täter,

249 Antrag Bündnis 90/Die Grünen sowie der Abgeordneten Beck u. Häfner v. 05.04.1995, BT-Drs. 13/1095, S. 1 u. 3; Streng in: Kritik des Feindstrafrechts, S. 181, 189.

250 vgl. Antrag Bündnis 90/Die Grünen sowie der Abgeordneten Beck u. Häfner v. 05.04.1995, BT-Drs. 13/1095, S. 1 u. 3; Tagung des Max-Plank-Instituts für ausländisches und internationales StrafR v. 23.02.1996, Kolloqiumsdiskussion, ZStW 109 (1997), 122, 165ff.

251 vgl. Antrag der Gruppe PDS und der Abgeordneten Heuer und Jelpke v. 03.11.1995, BT-DRs 13/2859, S. 1; Kinzig, ZStW 109 (1997), 122, 163f.

252 Mushoff, Strafe, S. 29.

253 BGBl I 1998, S. 160ff.

die sich in den Jahren 1994 bis 1997 wegen Tötungsdelikte an Kindern mit sexuellem Hintergrund schuldig machten.[254] Über alle drei Fälle wurde in den Medien in einer Weise berichtet, die in der Öffentlichkeit ein realitätsfremdes Bild über das Ausmaß der tatsächlichen Bedrohung durch Sexualdelinquenz entstehen ließ.[255] Der Gesetzgeber reagierte darauf mit der Einführung des SexBG, ohne jedoch die Notwendigkeit des Gesetzes in empirischer Hinsicht zu reflektieren.[256] Bei Straftaten gegen das Leben oder die sexuelle Unversehrtheit von Kindern handelt es sich ohne Zweifel jeweils um dramatische und traurige Fälle. Die Anzahl der bekannt gewordenen Fälle sexuell motivierter Kindstötungen und des sexuellen Missbrauchs an Kindern hat jedoch, im Verhältnis zur Einwohnerzahl, seit 1970 stetig abgenommen.[257] Obwohl die genannten Einzelfälle den Rückschluss auf eine zunehmende Bedrohung der Gesamtsicherheitslage nicht zulassen,[258] stützte sich der Gesetzgeber gleichwohl auf sie. Die Gesetzesbegründung geht davon aus, dass „die in letzter Zeit bekannt gewordenen schweren Straftaten, insbesondere an Kindern begangene Sexualdelikte" gezeigt hätten, dass „der Schutz der Bevölkerung vor Sexualdelikten und anderen gefährlichen Straftaten verbessert werden muss".[259]

Das am 31.01.1998 in Kraft getretene Gesetz führte zur Verschärfung der Sicherungsverwahrung in drei Punkten:[260]

Die ehemals im § 67d Abs. 1 StGB geregelte Höchstunterbringungsfrist von zehn Jahren für Fälle erstmalig angeordneter Sicherungsverwahrung wurde gestrichen. Diese Änderung galt auch für Fälle, die vor dem Inkrafttreten des Gesetzes in die Sicherungsverwahrung gelangt waren, Art. 1a Abs. 3 EGStGB. Seitdem kann die Sicherungsverwahrung nur unter dem Vorbehalt einer positiven Gefahrenprognose für erledigt erklärt werden, wenn sie zehn Jahre vollstreckt wurde, § 67d Abs. 3 StGB.

---

254 Details der Fälle bei: Milde, Entwicklung der Normen, S. 39f; Kinzig, Legalbewährung, S. 9f.

255 Laubenthal, ZStW 116 (2004), 703, 704; Bartsch, Sicherungsverwahrung, S. 37; Leygraf, DRiZ 2003, 331, 333; Sánchez Lázaro, ZIS 2008, 195, 197; Kreuzer, ZIS 2006, 145, 146; Streng, ZStW 111 (1999), 827, 858.

256 Laubenthal, ZStW 116 (2004), 703, 704; Kreuzer, ZIS 2006, 145, 145f.; Bartsch, Sicherungsverwahrung, S. 38.

257 Einzelheiten dazu bei: Albrecht, ZStW 111 (1999), 863, 872; Gazeas, StraFO 2005, 9, 12; Düx, ZRP 2006, 82, 82; Laubenthal, ZStW 116 (2004), 703, 705; zur rückläufigen Entwicklung der Sexualmorde insgesamt Mushoff, Strafe, S. 31.

258 In den 1990er Jahren handelte um sich 2-6 Fälle sexuell motivierter Tötungen von Kindern pro Jahr, Albrecht, ZStW 111 (1999) 863, 872; Düx, ZRP 2006, 82, 82.

259 Bt-Drs. 13/8586, S. 1.

260 Vgl. zu den Änderungen Kinzig, Legalbewährung, S. 12ff.; Milde, Entwicklung der Normen, S. 44ff.; Mushoff, Strafe, S. 29ff.

Die formalen Anordnungsvoraussetzungen wurden vorwiegend bei Sexualstraftaten abgesenkt, § 66 Abs. 3 StGB. Im Vergleich zu § 66 Abs. 1 StGB benötigt man nur zwei statt drei Vorverurteilungen, sofern der Täter wegen eines Sexualdelikts zu mindestens zwei Jahren Haft verurteilt wurde. Ganz auf Vorverurteilungen verzichtete das Gesetz, sofern der Täter zwei Sexualstraftaten begangen hatte und nun zu einer Freiheitsstrafe von mindestens drei Jahren verurteilt wurde, § 66 Abs. 3 S. 2 StGB. Letzteres führte dazu, dass tendenziell auch jüngere Täter in den Anwendungsbereich der Maßregel hineinfielen.

Die Voraussetzungen für die Aussetzung der Sicherungsverwahrung zur Bewährung wurden angehoben, § 67d Abs. 2 StGB: Die Erprobungsklausel wurde abgeschafft und die Bewährung davon abhängig gemacht, dass die künftige Legalbewährung zu „erwarten" sei. Das stellte eine Verschärfung der Prognoseanforderungen dar, die einen Rückgang der Aussetzungen zur Bewährung und infolge dessen die Verlängerung der Unterbringungsdauer nach sich zog.[261]

2. Zweite Stufe: Einführung nachträglicher Sicherungsverwahrung im Landesrecht

Im Laufe des Jahres 2001 schufen die Länder Baden-Württemberg,[262] Bayern,[263] Sachsen-Anhalt,[264] Thüringen[265] und Niedersachsen[266] Straftäterunterbringungsgesetze.[267] Die Vorstöße wurden mit dem begrenzten Anwendungsbereich der originären Sicherungsverwahrung begründet, der nur solche Straftäter erfasse, deren Gefährlichkeit zum Zeitpunkt der Verurteilung feststehe. Dementspre-

261 Zahlen bei Bartsch, Sicherungsverwahrung, S. 291 u. 293 Tab. 25. Die Befürchtung einer restriktiven Praxis äußerten schon früh: Boetticher, MschKrim 81 (1998) 354, 365; Müller-Isberger/Schöch/Hortskotte/Schüler-Springorum, MschKrim 81 (1998), 47, 48; Nedopil, MschrKrim 81 (1998), 44, 46; Streng, ZStW 111 (1999), 827, 834.

262 Gesetz zur Unterbringung besonders rückfallgefährdeter Straftäter, Baden Württembergisches Gesetzblatt Nr. 5/2001, S. 188-189.

263 Bayerisches Gesetz zur Unterbringung besonders rückfallgefährdeter hochgefährlicher Straftäter, Bayerisches Gesetz- und Verordnungsblatt Nr. 26/2001, S. 978-979.

264 Gesetz über die Unterbringung besonders rückfallgefährdeter Täter zur Abwehr erheblicher Gefahren für die öffentliche Sicherheit, Sachsen-Anhalt Gesetz- und Verordnungsblatt Nr. 12/2002, S. 80-81.

265 Thüringer Gesetz über die Unterbringung besonders rückfallgefährdeter Straftäter, Thüringer Gesetz und Verordnungsblatt Nr. 5/2001 S. 195-197.

266 Gesetz über die Unterbringung besonders gefährlicher Personen zur Abwehr erheblicher Gefahren für die öffentliche Sicherheit, Niedersächsisches Gesetz- und Verordnungsblatt 5/2003, S. 368.

267 Details bei: Kinzig, Legalbewährung, S. 18ff.; Rzepka, R&P 2003, 127, 130ff.

chend ermöglichten die Unterbringungsgesetze die nachträgliche Anordnung der Sicherungsverwahrung, wenn vor Ende des Vollzuges Tatsachen erkennbar wurden, die eine solche zu rechtfertigen schienen.[268] Die Gesetzesbegründungen stützten sich darauf, dass die schweren Sexualverbrechen der jüngsten Vergangenheit jetzt die Notwendigkeit bewiesen hätten, die Allgemeinheit vor Tätern zu schützen, deren Gefährlichkeit sich erst im Strafvollzug herausstelle.[269] Eine Auseinandersetzung mit dem Problem, wie aus dem Vollzugsverhalten sichere Rückfallprognosen abgeleitet werden sollen, fand bei der Verabschiedung der Gesetze nicht statt.[270]

3. Dritte Stufe: Einführung der vorbehaltenen Sicherungsverwahrung

Das „Gesetz zur Einführung der vorbehaltenen Sicherungsverwahrung"[271] vom 29.08.2002 sollte der Besorgnis begegnen, „dass in seltenen Ausnahmefällen die Entlassung eines (immer noch) hochgefährlichen Straftäters nach dem Vollzug der Freiheitsstrafe nicht ausgeschlossen" werden könne, weil die Maßregelverhängung bis zu diesem Zeitpunkt nur im tatrichterlichen Urteil erfolgen konnte.[272]

Deswegen wurde § 66a StGB eingeführt, der den Ausspruch des Vorbehaltes der Anordnung der Sicherungsverwahrung im Ausgangsurteil ermöglicht, wenn zum Zeitpunkt der Verurteilung nicht mit hinreichender Sicherheit festgestellt werden kann, ob der Täter für die Allgemeinheit gefährlich ist. In einem Nachverfahren kann die Sicherungsverwahrung angeordnet werden, wenn die Entwicklung des Verurteilten während des Strafvollzuges eine weiterhin bestehende Gefährlichkeit aufzeigt. Anlässlich einer Straftat kann also durch zwei konstitutive Entscheidungen nacheinander Freiheitsentzug verfügt werden. Das war mit Blick Art. 103 Abs. 3 GG ein folgenschweres Novum im Recht der Sicherungsverwahrung.

268 Die Rechtsprechung wendete die Regelungen nur in wenigen Fällen an, bevor das Bundesverfassungsgericht sie für verfassungswidrig erklärte, vgl. Baier, Jura 2004, 552, 554; Kinzig, StV 2002, 500, 502.

269 Vgl. BVerfGE 109, 190, 194; Gesetzesantrag Bayerns, BR-Drs. 699/97. S. 1.

270 Kritisch dazu: Schneider, StV 2006, 99, 103; Adams, StV 2003, 51, 53.

271 BGBl I 2002, S. 3344ff.

272 Bt-Drs.: 14/9041, S. 1.

Auch in dieser Gesetzesbegründung fehlte eine Auseinandersetzung mit empirischen Erkenntnissen zu der Frage, ob treffsichere Gefährlichkeitsprognosen aus dem Vollzugsverhalten abgeleitet werden können.[273]

Das Gesetz beseitigte bei der originären Sicherungsverwahrung ferner das Erfordernis der Vorverurteilung zu einer „zeitigen" Freiheitsstrafe. Seitdem kann die Sicherungsverwahrung zusätzlich zur lebenslangen Freiheitsstrafe angeordnet werden.

4. Vierte Stufe: Einführung der Sicherungsverwahrung für Heranwachsende

Im nächsten Schritt wurde mit dem „Gesetz zur Änderung der Vorschriften über die Straftaten gegen die sexuelle Selbstbestimmung" vom 27.09.2003 die Sicherungsverwahrung auf Heranwachsende erweitert.[274] Die Begründung für die Notwendigkeit der Regelung bediente sich ähnlicher Wortwahl wie die Argumentationstexte zu den bisherigen Verschärfungen.[275] So hätten „furchtbare Verbrechen aus jüngster Zeit", von teilweise einschlägig vorbestraften Heranwachsenden, „deutlich gemacht, dass der Schutz der Allgemeinheit vor schweren Straftaten der Verbesserung bedürfe".[276] Der Gesetzgeber gab anlässlich dieses Gesetzes die seit dem 1. Strafrechtsreformgesetz (1969) bestehende Zurückhaltung gegenüber dem Institut der Sicherungsverwahrung im JGG auf.[277] Eine Auseinadersetzung mit der Verlässlichkeit von Legalprognosen bei Heranwachsenden erfolgte nicht, [278] obwohl empirische Erhebungen zeigen, dass es bei einem im Reifeprozess befindlichen Jungerwachsenen nahezu ausgeschlossen ist, eine intensive Neigung zu Rechtsbrüchen sicher festzustellen.[279]

---

273 kritisch Schneider, StV 2006, 99, 103; Adams, StV 2003, 51, 53; Asbrock, Betrifft Justiz 2002, 371, 373.

274 § 106 Abs. 3 S. 2 u. 3, Abs. 4 JGG, BGBl 2003, S. 3007, 3010.

275 Goerdeler, ZJJ 2003, 185, 186 spricht zutreffend von „Begründungsarmut"; Rzepka, KrimJ 2003, 234, 234.

276 Bt-Drs. 15/1311, S. 2.

277 Kinzig, RdJB 2007, 155, 156 u. 160; ders., NStZ 2004, 655, 658; Duttge/Hörnle/Renzikowski, NJW 2004, 1065, 1072.

278 Goerdeler, ZJJ 2003, 185, 186.

279 Duttge/Hörnle/Renzikowski, NJW 2004, 1065, 1072; Laubenthal/Baier, Jugendstrafrecht, Rn. 436; Kinzig, Legalbewährung, S. 39; Goerdeler, ZJJ 2003, 185, 186f.

5. Fünfte Stufe: Einführung der nachträglichen Sicherungsverwahrung auf Bundesebene

Durch das am 29.07.2004 in Kraft getretene „Gesetz zur Einführung der nachträglichen Sicherungsverwahrung" wurde sowohl für Erwachsene (§ 66b StGB) als auch für Heranwachsende (§ 106 Abs. 5 u. 6 JGG) die Anordnung der Maßregel ohne Vorbehalt derselben nachträglich, d.h. nach Verbüßung der Freiheitsstrafe möglich.[280]

a) Vorausgehende Verfassungsurteile

Der Verabschiedung des Gesetzes gingen zwei Grundsatzurteile des Bundesverfassungsgerichts aus dem Februar 2004 voraus: Eines vom 05.02. zur verfassungsrechtlichen Zulässigkeit der rückwirkenden Aufhebung der Höchstunterbringungsfrist von zehn Jahren[281] und eines vom 10.02. zur Vereinbarkeit der landesrechtlichen Unterbringungsgesetze mit der kompetenzrechtlichen Ordnung des Grundgesetzes.[282] In der zweiten Entscheidung urteilte das Gericht, dass die Materie der Straftäterunterbringungsgesetze der Gesetzgebungskompetenz des Bundes nach Art. 74 Abs. 1 Nr. 1 GG (Strafrecht) unterfalle.[283] Mit einer Mehrheit von 5:3 Stimmen ordneten die Verfassungsrichter gleichzeitig die Weitergeltung der Unterbringungsgesetze bis zum 30.09.2004 an, weil überragende Belange des Gemeinwohls verletzt seien, wenn hochgefährliche Täter umgehend entlassen werden müssten.[284] Ferner äußerte die Senatsmehrheit, dass eine künftige bundesrechtliche Regelung der nachträglichen Sicherungsverwahrung „bei entsprechend enger Fassung nicht von vornherein unter dem Verdikt der Verfassungswidrigkeit" stehe.[285]

Nach Auffassung der dissentierenden Richter kam die Weitergeltungsanordnung einer Aufforderung an den Bundesgesetzgeber gleich, nun auf Bundesebene die nachträgliche Sicherungsverwahrung einzuführen.[286] Auf diese Art werde „ein Weg zur Durchsetzung politischer Anliegen der Länder auf Bundesebene honoriert, der nicht nur mit dem verfassungsrechtlich geordnetem Gesetzgebungsverfahren unvereinbar" sondern auch geeignet sei, die Gewaltenteilung zu

280 BGBl I 2004, S. 1838 ff.

281 BVerfGE 109, 133ff.

282 BVerfGE 109, 190ff.

283 BVerfGE 109, 190, 211f.

284 BVerfGE 109, 190, 237f.

285 BVerfGE 109, 190, 238f.

286 BVerfGE 109, 190, 246, so auch Goerdeler, ZJJ 2004, 191, 192; Dünkel, NK 2004, 42, 46; a.A. Horstkotte in: Egg, Gefährliche Straftäter, S. 15, 22.

beeinträchtigen.[287] Die Einschätzung der Senatsminderheit bestätigte sich, fast alle Parteien des Bundestages und einige Bundesländer legten kurz nach dem Urteil hektisch erarbeitete Entwurfsvorschläge[288] vor.[289] Der Urteilsspruch wirkte wie eine „Unbedenklichkeitsbescheinigung“ für die nachträgliche Sicherungsverwahrung.[290]

b) Nachträgliche Sicherungsverwahrung im Erwachsenenstrafrecht

Wie bei den vorherigen Verschärfungen der Sicherungsverwahrung begründete der Gesetzgeber die Einführung der nachträglichen Sicherungsverwahrung (§ 66b StGB) mit überragenden Interessen der Allgemeinheit, welche einen effektiven Schutz vor hochgefährlichen Straftätern über das Ende der Strafhaft hinaus verlangten.[291] Obwohl Experten darauf hinwiesen, dass es sich bei der nachträglichen Variante der Sicherungsverwahrung um eine Maßregel handele, für die im gesamten europäischen Ausland keine Notwenigkeit gesehen werde, wurde das Gesetz verabschiedet.[292]

Nach der Grundvariante des § 66b Abs. 1 StGB – die durch das Gesetz zur Neuordnung der Sicherungsverwahrung zum 01.01.2011 aufgehoben wurde – konnte im Falle von schwerwiegenden Vorverurteilungen die Sicherungsverwahrung angeordnet werden, wenn vor Ende des Strafvollzugs neue Tatsachen erkennbar wurden, die auf eine erhebliche Gefährlichkeit hindeuteten und die anschließende Gesamtwürdigung ergab, dass von dem Betroffenen auch künftig schwerste Straftaten zu erwarten waren. Ein Novum der nachträglichen Sicherungsverwahrung lag in der Ablehnung einer doppelten Gefährlichkeitsprüfung:

287 BVerfGE 109, 190, 246.

288 vgl. „Entwurf eines Gesetzes zum Schutz der Bevölkerung vor schweren Wiederholungstaten durch nachträgliche Anordnung der Unterbringung in der Sicherungsverwahrung“ v. 02.03.2004 der CDU/CSU Fraktion, BT Drs.-15/2576; „Entwurf eines Gesetzes zur Einführung der nachträglichen Sicherungsverwahrung“ der Bundesregierung v. 02.04.2004, BT-Drs. 15/2887; „Entwurf eines Gesetzes zum Schutz der Bevölkerung vor schweren Wiederholungstaten durch nachträgliche Anordnung der Unterbringung in der Sicherungsverwahrung“ des Bundesrates v. 14.05.2004, BT-Drs. 15/3146.

289 Mushoff, Strafe, S. 41, spricht von Hektik; ebenso Bartsch, Sicherungsverwahrung, S. 49f.; Braum, ZRP 2004, 105, 105.

290 Laubenthal, ZStW 116 (2004), 703, 747 spricht von Persilschein; Streng, StV 2006, 92, 96; Dünkel NK 2004, 42, 46 und 48; Sander, Grenzen instrumenteller Vernunft, S. 223; Boetticher in: „... weil er für die Allgemeinheit gefährlich ist!“, S. 87, 89f.; Rosenau/Peters, JZ 2007, 584, 585.

291 BT-Drs. 15/2887, S. 1 u. 10.

292 Kinzig in der Öffentlichen Anhörung des Rechtsausschusses v. 5.5.2004, Bt-Drs. 15/3346, S. 15; so auch Renzikowski, JR 2004, 271, 275.

Im Unterschied zu originärer und vorbehaltener Sicherungsverwahrung musste die Prüfung nicht bei der Verurteilung und am Ende des Strafvollzugs, sondern nur noch am Ende des Strafvollzugs erfolgen.

Der auch zum 01.01.2011 aufgehobene § 66b Abs. 2 StGB sah die Unterbringung von Ersttätern im Anschluss an nur eine Verurteilung zu einer Freiheitsstrafe von mindestens fünf Jahren vor. Da die originäre Form der Sicherungsverwahrung mindestens zwei Vortaten verlangt, bedeutete die Ersttäterregelung einen „Systembruch". Sie ermöglichte nachträglich die Anordnung in solchen Fällen, in denen sie dem Ausgangsgericht gemäß § 66 StGB verwehrt war.[293]

Der jetzt in § 66b Abs. 1 StGB aufgegangene Absatz 3 der Vorschrift erlaubte es, als gefährlich eingeschätzte Personen in die Sicherungsverwahrung zu überführen, deren Unterbringung in einem psychiatrischen Krankenhaus (§ 63 StGB) zuvor für erledigt erklärt wurde (§ 67d Abs. 6 StGB). Diese Personen mussten bis dato in analoger Anwendung des § 67c Abs. 2 S. 5 StGB entlassen werden.[294] Diese Variante der nachträglichen Sicherungsverwahrung ermöglichte erstmals eine Anordnung der Sicherungsverwahrung ohne die bisher zwingende Schuldfeststellung. Das beruht auf dem Umstand, dass § 63 StGB die Einweisung in ein psychiatrisches Krankenhaus u.a. im Falle der Schuldunfähigkeit zulässt.

c) Nachträgliche Sicherungsverwahrung gegenüber Heranwachsenden

Die Einführung der nachträglichen Sicherungsverwahrung für nach dem Erwachsenstrafrecht verurteilte Heranwachsende wurde mit der Ergänzung der bereits installierten vorbehaltenen Sicherungsverwahrung begründet.[295] Das Schutzbedürfnis der Allgemeinheit wiege auch „gegenüber Heranwachsenden, bei denen sich die Gefährlichkeit erst im Laufe des Strafvollzugs herausstelle (...), nicht geringer als gegenüber Heranwachsenden, die schon zur Zeit ihrer Verurteilung offensichtlich gefährlich waren und bei denen die Sicherungsverwahrung deshalb bereits mit dem ursprünglichen Urteil vorbehalten wurde."[296] Die großen Schwierigkeiten hinsichtlich der Erstellung einer verlässlichen Prognose bei jungen Menschen werden zwar in der Entwurfsbegründung eingestanden, jedoch unter Bezugnahme auf den notwendigen Schutz der Allgemeinheit

---

293 Kritisch dazu: Böllinger/Pollähne in: NK 66b Rn. 19; Kreuzer, ZIS 2006, 145, 150; Kinzig, NStZ 2004, 655, 659.

294 Näheres dazu bei: Kinzig, NStZ 2004, 655, 659.

295 BT-Drs. 15/2887 S. 18.

296 BT-Drs. 15/2887 S. 18.

hinten angestellt.[297] Die Regelungen der §§ 106 Abs. 5 und Abs. 6 JGG lehnen sich sachlich an die Regelungen des §§ 66b Abs. 2 und Abs. 3 StGB an.

6. Sechste Stufe: Erweiterung des Anwendungsbereichs der nachträglichen Sicherungsverwahrung

Knapp drei Jahre nach der Einführung des § 66b StGB wurde mittels des „Gesetzes zur Reform der Führungsaufsicht und zur Änderung der Vorschriften über die nachträgliche Anordnung der Sicherungsverwahrung" vom 18.04.2007 der Anwendungsbereich der Vorschrift auf sog. DDR-Altfälle erweitert, § 66b Abs.1 S. 2 StGB.[298] Dabei handelte es sich um Fälle, in denen mangels Rechtsgrundlage in den neuen Bundesländern bis 1995 die originäre Sicherungsverwahrung nicht angeordnet werden konnte und die nachträgliche Sicherungsverwahrung scheiterte, weil die Gefährlichkeit des Täters schon zum Zeitpunkt der Anlassverurteilung bekannt war.[299] Ausschlaggebend für die Gesetzesinitiative waren zwei Fälle, die mit den Namen Frank O. und Uwe K. eng verbunden sind und großes mediales Interesse hervorriefen.[300] Es handelte sich um mehrfach vorbestrafte Gewalt- u. Sexualstraftäter, die vom Bundesgerichtshof auf Grund der beschriebenen Problematik aus der schon angeordneten nachträglichen Sicherungsverwahrung entlassen wurden.[301] Obwohl ein Bedarf für das Gesetz wegen der geringen möglichen Fallzahlen im Vorfeld angezweifelt wurde, bewog schließlich die öffentliche Empörung über die Freilassung den Gesetzgeber zur Verschärfung der Rechtslage.[302]

7. Siebte Stufe: Erstreckung der nachträglichen Sicherungsverwahrung auf Verurteilungen nach Jugendstrafrecht

Das „Gesetz zur Einführung der nachträglichen Sicherungsverwahrung bei Verurteilungen nach Jugendstrafrecht", welches am 08.07.2008 in Kraft trat, erweiterte den Anwendungsbereich nachträglicher Sicherungsverwahrung auf Täter,

297 BT-Drs. 15/2887 S. 18f.

298 BGBl. I 2007, S. 513ff.

299 Zu den Details: Kinzig, Legalbewährung, S. 64 f; Peglau, NJW 2007, 1558, 1561f, Bartsch, Sicherungsverwahrung, S. 51f.

300 Kinzig, Legalbewährung, S. 61ff m.w.N.

301 Frank O.: BGH NJW 2006, 1446; BGH NStZ RR 2008, 40, 40f; Uwe K.: BGH StV 1998, 480, 481.

302 Vgl. Peglau, NJW 2007, 1558, 1562.

die zu einer Jugendstrafe verurteilt wurden, §§ 7 Abs. 2 u. Abs. 3 JGG.[303] Anlass zu dieser Verschärfung gaben wiederum zwei Einzelfälle. Martin P. hatte 1994 einen elfjährigen Jungen und nach seiner Entlassung aus der Jugendhaft im Februar 2005 einen neunjährigen Jungen missbraucht und getötet.[304] Patrick E. war im Alter von 16 Jahren wegen Mordes zu einer Jugendstrafe verurteilt und bei seiner Entlassung im Februar 2007 von Psychologen weiterhin als gefährlich und therapieresistent eingestuft worden.[305] Die Politik begründete mit Hilfe dieser Ereignisse die Notwendigkeit des Gesetzes. In der Gesetzbegründung heißt es, „Beispiele der jüngeren Vergangenheit" hätten gezeigt, „dass auch junge Straftäter trotz Verbüßung einer mehrjährigen Jugendstrafe wegen schwerer Verbrechen weiterhin in hohem Maße für andere Menschen gefährlich sein" könnten.[306] Eine Auseinandersetzung mit empirischen Daten zur Kriminalitätsbelastung durch jugendliche Schwerkriminelle erfolgte nicht. Die altersbedingten Prognoseschwierigkeiten bei Jugendlichen[307] wurden unter Hinweis darauf, dass an „Inhalt und Qualität der Prognose" „jedenfalls strengste Anforderungen" zu stellen seien, nicht weiter erörtert.[308] Von insgesamt acht Experten, die der Rechtsauschuss anhörte, sprachen sich sechs wegen tiefgreifender verfassungsrechtlicher Bedenken gegen eine Sicherungsverwahrung im Jugendstrafrecht aus.[309] Dennoch gab der Rechtsausschuss die Empfehlung ab, den Gesetzesentwurf „unverändert anzunehmen".[310]

§ 7 Abs. 2 JGG stellt nicht nur wegen der Ausdehnung auf jugendliche Verurteilte, sondern auch im Vergleich mit der mittlerweile aufgehobenen nachträglichen Sicherungsverwahrung des Erwachsenenstrafrechts eine Verschärfung der Rechtslage dar.[311] Zwar sind die Anlasstaten im Vergleich enger definiert und die Anforderungen an die Vorverurteilung schärfer.[312] Jedoch kann die Gefährlichkeitsprognose sowohl auf Tatsachen gestützt werden, die neu, also erst während des Vollzuges erkennbar sind (sog. Nova) als auch auf solche, die schon bei der Verurteilung vorlagen. Im Erwachsenenstrafrecht durfte die Anordnung nur auf Nova gestützt werden, was eine restriktive Anwendung des § 66 b StGB

303 BGBl I 2008, S. 1212ff.

304 Ullenbruch, NJW 2008, 2609, 2609; Schneider in: FS Schwind, S. 413, 429.

305 Einzelheiten bei Schneider in: FS Schwind, S. 413, 429.

306 BT-Drs. 16/6562 v. 4.10.2007, S. 1.

307 dazu: Ullenbruch, NJW 2008, 2609, 2612f.; Graebsch, ZJJ 2008, 284, 286; Eisenberg, DRiZ 2009, 219, 219.

308 BT-Drs.: 16/6562, S. 9.

309 Vgl. dazu Bartsch, Sicherungsverwahrung, S. 53, Fn. 162 m.w.N.

310 Beschlussempfehlung des Rechtsausschusses vom 18.06.2008, BT-Drs. 16/9643, S. 3.

311 Kinzig, ZJJ 2008, 245, 246; Graebsch, ZJJ 2008, 284, 285.

312 Sieben Jahre Jugendstrafe statt fünf Jahre Freiheitsstrafe, § 66b Abs. 2 StGB.

a.F. in der Praxis bedingte.[313] Im Jugendstrafrecht fehlt dieses begrenzende Korrektiv.

Die Vorschrift des § 7 Abs. 3 JGG entspricht im Kern dem § 66b Abs. 3 StGB und begründet im Jugendstrafrecht die Möglichkeit einer Sicherungsverwahrung ohne schuldhaft begangene Anlasstat.

8. Resümee

Der Gesetzgeber hat die Sicherungsverwahrung innerhalb von zehn Jahren in sieben Schritten verschärft und erweitert. Dabei hat die Grundsatzentscheidung des Bundesverfassungsgerichts vom 10.02.2004 die letzte große Reform – die Einführung der nachträglichen Sicherungsverwahrung – faktisch gefördert. Im Laufe der Entwicklung wurden die formellen und materiellen Hürden, die für die Anordnung der Sicherungsverwahrung noch bis Mitte der 1990er Jahre bestanden, sukzessive herabgesetzt.[314] Die gesetzlichen Erweiterungen haben sich in vier Richtungen ausgewirkt:[315]

Erstens wurde die Anzahl der notwendigen Vortaten reduziert. Waren für die Verhängung der originären Sicherungsverwahrung bis 1998 noch wenigstens drei Anlasstaten erforderlich, reicht seit der Einführung der nachträglichen Sicherungsverwahrung eine – allerdings schwerwiegende Straftat – aus.[316] Die Basis für die Beurteilung von Hang und Gefährlichkeit wurde dadurch kleiner und die Prognose infolge unsicherer.[317] Nach beendeter Unterbringung in einem psychiatrischen Krankenhaus kann die Sicherungsverwahrung sogar ohne schuldhaft begangene Vortat angeordnet werden.[318]

Zum zweiten wurde der Anwendungsbereich der Sicherungsverwahrung schrittweise auf jüngere Täter ausgedehnt. 2003 wurden die Heranwachsenden in den Anwendungsbereich einbezogen und somit der Zustand vor dem 1. Strafrechtsreformgesetz wiederhergestellt. Seit 2008 genügen Anlasstaten, die zeitlich nach der Strafmündigkeitsgrenze von 14 Jahren begangen werden.[319]

Eine dritte schwerwiegende systematische Veränderung erfuhr die Sicherungsverwahrung mit der Einschränkung des Konzepts der doppelten Gefährlichkeitsprüfung. Anstelle der beiden bisherigen zum Zeitpunkt der Verurteilung

313 Kinzig, ZJJ 2008, 245, 246; Graebsch, ZJJ 2008, 284, 285.
314 Kinzig, RdJB 2007, 155, 167.
315 Vgl. dazu: Kinzig, Legalbewährung, S. 293; ders ZJJ 2008, 245, 247.
316 Vgl. §§ 66b Abs. 2 StGB, 7 Abs. 2 u. 106 Abs. 5 JGG
317 Boetticher in: „… weil er für die Allgemeinheit gefährlich ist!“, S. 87, 88.
318 Vgl. §§ 66b Abs. 3 StGB, 7 Abs. 3 u. 106 Abs. 6 JGG
319 Vgl. § 7 Abs. 2, 3 JGG.

und zum Ende des Vollzugs der Freiheitsstrafe stattfindenden Prüfungen, erfolgte nun für alle Varianten der nachträglichen Sicherungsverwahrung die Prüfung und Feststellung der Gefährlichkeit am Ende des Vollzugs.[320]

Die vierte und wohl einschneidendste Umwälzung ist durch die Entfristung der erstmaligen Sicherungsverwahrung eingetreten. Die Aufgabe einer zeitlichen Begrenzung führt zur Möglichkeit lebenslangen Freiheitsentzuges.

Im Zuge dieser Entwicklung hat die Sicherungsverwahrung ihren restriktiven Charakter als „letzte Notmaßnahme der Kriminalpolitik"[321] verloren.[322] Dies zeichnet sich in der Veränderung der Inhaftiertenzahlen seit 1998 deutlich ab.

III. Auswirkungen der normativen Erweiterung auf die Anzahl der Sicherungsverwahrten

Nachdem die Gesamtzahl der Sicherungsverwahrten nach dem 1. Strafrechtsreformgesetz kontinuierlich abgenommen hatte, verblieb sie in den Jahren 1990 bis 1997 auf dem konstant niedrigen Niveau von 180 bis 200 Personen. Seit die Sicherungsverwahrung verstärkt in die politische Diskussion geriet und ihr Anwendungsbereich ausgedehnt wurde, steigen die Zahlen der Inhaftierten erheblich an. Im Zeitraum von 1998 bis 2010 vergrößerte sich die Anzahl der Verwahrten von 202 auf 536.[323] In 12 Jahren ist folglich eine Steigerung um 165 % eingetreten. Die folgenden Schaubilder verdeutlichen diese Entwicklung:

320 Laubenthal, ZStW 116 (2004), 703, 736.

321 So aber noch: BGHSt 24, 153, 154; OLG Nürnberg, MDR 1975, 779, 780.

322 Laubenthal, ZStW 116 (2004), 703, 736; Graebsch, ZJJ 2008, 284, 284.

323 Stat. Bundesamt, Rechtspflege, Fachserie 10, Reihe 4.1, Demographische und kriminologische Merkmale der Strafgefangenen (zuletzt 2010 S. 12).

Anzahl jährlicher Sicherungsverwahrungsanordnungen

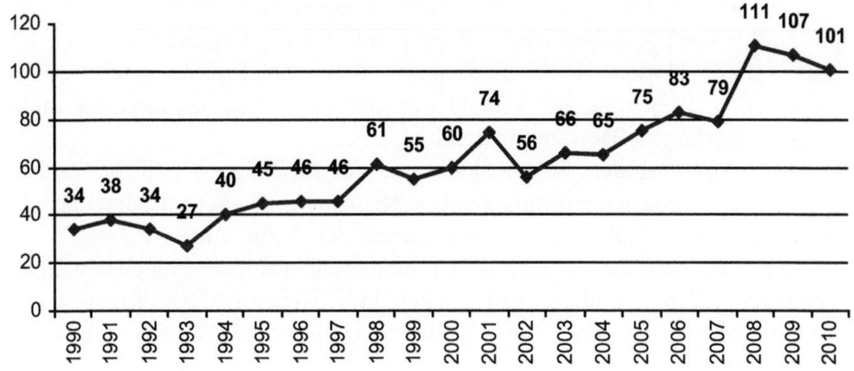

Quelle: *Stat. Bundesamt, Rechtspflege, Fachserie 10, Reihe 4.1, Demographische und kriminologische Merkmale der Strafgefangenen (zuletzt 2010 S. 12).*

Gesamtzahl der Sicherungsverwahrten jeweils zum 31.03.

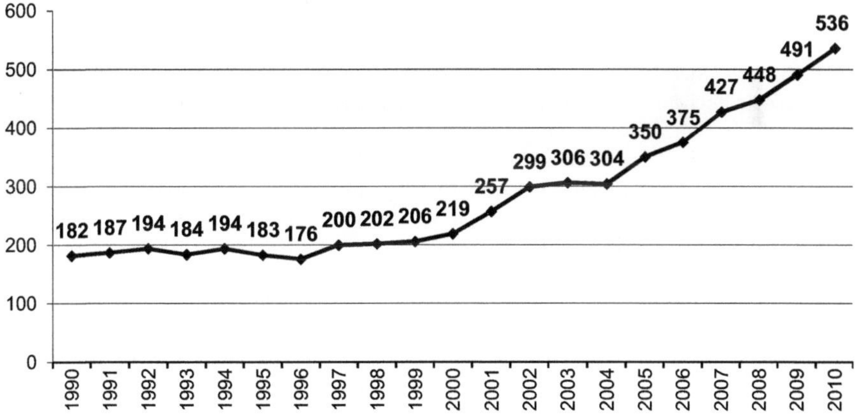

Quelle: *Stat. Bundesamt, Rechtspflege, Fachserie 10, Reihe 3, Strafverfolgung (zuletzt 2010, S. 330).*

Untersuchungen zeigen, dass der erhebliche Anstieg seit 1998 v.a. auf die Veränderungen durch das SexBG zurückzuführen ist.[324] Zum einen hat die Reduzierung der Anlasstaten (von drei auf zwei Taten) in § 66 Abs. 3 StGB zur Zunahme der Sicherungsverwahrungsanordnungen stark beigetragen.[325] Zum anderen hat nach Angaben von Vollzugspraktikern die Verschärfung des § 67d Abs. 2 StGB (Austausch der Erwartungs- durch die Erprobungsklausel) zur deutlichen Verringerung der Anzahl der jährlichen Aussetzungen der Sicherungsverwahrung zur Bewährung geführt.[326]

Die Einführung der vorbehaltenen und der nachträglichen Sicherungsverwahrung übte hingegen auf die Anordnungen und die Gesamtzahl der Verwahrten nur geringen Einfluss aus.[327] Die Anzahl der Anordnungen dieser Formen der Sicherungsverwahrung blieb bisher gering. Die wenigen verfügbaren Untersuchungen gehen von nicht mehr als fünf bzw. sieben rechtskräftigen Anordnungen nach § 66a[328] bzw. § 66b StGB[329] seit Einführung der Maßnahmen bis Juli 2010 aus.[330]

IV. Mangelnde kriminologische Fundierung der normativen Erweiterung

Der Gesetzgeber nahm Einzelfälle schockierender Verbrechen zum Anlass für die normativen Erweiterungen der Sicherungsverwahrung.[331] Dementsprechend lauteten die Gesetzesbegründungen fast identisch. Sie vermittelten den Eindruck jeder Schritt der Erweiterung sei angesichts der Zunahme von Gewalt- und Se-

---

324 Bartsch, Sicherungsverwahrung, S. 291; vgl. auch die Auswertungen von Robles-Garcia, Sicherungsverwahrung, S. 17; Kinzig, Legalbewährung, 319f.

325 Bartsch, Sicherungsverwahrung, S. 291.

326 Vgl. dazu die Auswertungen von Bartsch, Sicherungsverwahrung, S. 292f. m.w.N.

327 Bartsch, Sicherungsverwahrung, S. 303; a.A. Robles-Garcia, Sicherungsverwahrung, S. 17 allerdings ohne Belege für den Kausalzusammenhang.

328 Ullenbruch in: StPO, § 275a Rn. 150f. der zum Stichtag 15.07.2010 in der Rspr. des BGH nur eine bestätigte Vorbehaltsanordnung ermitteln konnte; ders., NStZ 2008, 5, 6; Bartsch, Sicherungsverwahrung, S. 303 geht von fünf rechtskräftigen Anordnungen bis zum 31.03.2008 aus; so auch Römer, JR 2006, 5, 5; Böllinger/Pollähne in: NK, § 66a Rn. 8.

329 Böllinger/Pollähne in: NK, § 66b Rn. 8; Ullenbruch, NStZ 2007, 62, 63 spricht von 6 rechtskräftigen Anordnungen bis 30.06.2006.

330 Zu weiteren Auswirkungen der §§ 66a, 66b StGB auf den Vollzug: vgl. Bartsch, Sicherungsverwahrung, S. 303-313.

331 Schneider in: FS Schwind, S. 413, 415; Bammann u.a., DVJJ 2002, 194, 194; Mushoff, Strafe, S. 541.

xualdelinquenz in den letzten Jahren erforderlich. Ferner thematisierte der Gesetzgeber die Treffsicherheit von Gefährlichkeitsprognosen kaum, sondern unterstellte, dass ausreichende Möglichkeiten zur Identifikation gefährlicher Straftäter vorhanden seien. Eine Zunahme schwerer Delinquenz und eine ausreichende Treffsicherheit von Gefährlichkeitsprognosen sind aber nicht zu belegen.

1. Zur realen Kriminalitätsbelastung im Bereich schwerer Delinquenz

Nach der Polizeilichen Kriminalstatistik (PKS) ist die Zahl der registrierten Straftaten wegen Mordes, Vergewaltigung/sexueller Nötigung und Raubdelikten von 1997 bis 2008 gesunken. Wurden 1997 noch 1.036 Taten wegen Mordes erfasst, so waren es 2008 noch 694.[332] Die Anzahl der registrierten Fälle von sexueller Nötigung/Vergewaltigung sank im gleichen Zeitraum von 11.979 auf 7.292[333] und die der Raubdelikte von 69.569 auf 49.913.[334] Die absoluten Zahlen der PKS lassen zwar verbindliche Aussagen nur über den Umfang polizeilicher Ermittlungstätigkeit zu und spiegeln somit, wegen statistischer Ausleseprozesse wie z.B. dem Anzeigeverhalten, polizeilicher Ermittlungsmethodik oder der Dunkelfeldbelastung, kein reales Bild der Kriminalität wider.[335] In jedem Falle lassen sich aber aus ihr rückläufige Tatverdächtigenbelastungsziffern errechnen.[336] Unter Zugrundelegung der zwischen 1997 und 2008 fast konstant gebliebenen Zahl von insgesamt ca. 82 Mio. Bundesbürgern,[337] davon ca. 3,6 Mio. (1997)[338] bzw. 3,3 Mio. (2008)[339] Jugendliche, ergeben sich folgende Belastungsziffern:

---

332 BKA, PKS 1997 u. 2008, Grundtabelle 01, Schlüsselzahl 0100 bzw. 010000.

333 BKA, PKS 1997 u. 2008, Grundtabelle 01, Schlüsselzahl 1110 u. 1120.

334 BKA, PKS 1997 u. 2008, Grundtabelle 01, Schlüsselzahl 2100; mit Raubdelikten sind die Straftatbestände der §§ 249f., 255 u. 316a StGB gemeint.

335 ausführlich dazu: Albrecht, Kriminologie, § 14 S. 173ff.

336 Diese berechnet sich aus einer Division der Zahl der Tatverdächtigen bezogen auf 100.000 Personen und der Einwohnerzahl.

337 Stat. Bundesamt, Fachserie 1, Reihe 1.3, Bevölkerung und Erwerbstätigkeit 2010, Tab. 1.1., S. 10.

338 Stat. Bundesamt, Fachserie 1, Reihe 1.3, Bevölkerung und Erwerbstätigkeit 2006, Tab. 1.1., S. 15,

Die Zahl wurde unter Rückrechnung der statistischen Angaben von 2006 ermittelt, da länger zurückreichendes Datenmaterial des Statistischen Bundesamtes nicht erhältlich ist.

339 Stat. Bundesamt, Fachserie 1, Reihe 1.3, Bevölkerung und Erwerbstätigkeit 2010, Tab. 2.1., S. 18.

	Anzahl der Tatverdächtigen in abs. Zahlen				**Tatverdächtigenbelastungsziffer**			
	Gesamtzahl		Jugendliche		Gesamtbevölkerung		Jugendliche	
Jahr	1997	2008	1997	2008	1997	2008	1997	2008
Mord	1300	853	80	76	1,6	1,04	2,2	2,3
Sexualdel.	8795	6364	955	814	10,7	7,8	26,5	24,7
Raubdelikte	43.769	35.203	14.124	10.065	53,3	42,9	392,3	305,7

Quelle Tatverdächtigenzahl: BKA, Polizeiliche Kriminalstatistik 1997 und 2008, Tabelle 20

Der Vergleich zeigt, dass die Belastungszahlen im Bereich schwerer Delinquenz in Hinblick auf die Gesamtbevölkerung und bezogen auf Jugendliche tendenziell zurückgegangen sind. Die Belastungsziffern bei Jugendlichen sind äußerst gering. Von 100.000 Jugendlichen erfüllten 1997 und auch 2008 statisch ca. 2,3 Personen (also 0,023 $^{0}/_{00}$) den Tatbestand des Mordes und ca. 25 Personen (also 0,25 $^{0}/_{00}$) den Tatbestand eines schweren Sexualdelikts. Von einer zunehmenden „Bedrohung durch schwerwiegende Straftaten", die in der Gesetzesbegründung zur Einführung der Sicherungsverwahrung im Jugendstrafrecht genannt ist, kann folglich nicht die Rede sein.[340]

Es gibt auch keine Anhaltspunkte dafür, dass die rückläufigen Belastungszahlen den Aktivitäten des Gesetzgebers zu verdanken sind. Die Belastungszahlen der Gesamtkriminalität im Zeitraum von 1984 bis 2008 zeigen vielmehr, dass die Kriminalitätsbelastung auch zuvor auf gleich bleibend niedrigem Niveau zwischen 2,1% und 2,7% der Gesamtbevölkerung lag.[341]

Die Existenz von Gewaltkriminalität soll nicht verharmlost werden; eine Zunahme selbiger ist im Zeitraum von 1997 bis 2008 jedoch nicht zu belegen.[342] In Folge dessen lässt sich gesetzgeberischer Handlungsbedarf zur Erweiterung

340 so aber die Gesetzesbegründung, Bt-Drs. 16/6562, S. 7.

341 Albrecht, Kriminologie, § 14 S. 175, Schaubild 13.

342 Egg in: FS Wagner, S. 261, 269; Ostendorf, BewHi 2005, 57, 61; zur Kriminalität von Heranwachsenden und Jugendlichen: Gazeas, StrafFO 2005, 9, 12; zur rückläufigen Entwicklung der Sexualdelinquenz an Kindern: Albrecht, ZStW 111 (1999), 863, 872; zur rückläufigen Sexualdelinquenz insgesamt: Mushoff, Strafe, S. 30f. und Horstkotte in: Egg, Gefährliche Straftäter, S. 15, 21.

der Sicherungsverwahrung aus den realen Zahlen zur Kriminalitätsbelastung nicht ableiten.[343] Ein empirisch abgesicherter Grund für die Verschärfungen bestand also nicht.

2. Zur Treffsicherheit von Gefährlichkeitsprognosen

Untersuchungen zeigen, dass die Ergebnisse von Gefährlichkeitsprognosen mit hohen Fehlerquoten behaftet sind.[344] Die Ursachen dafür sind vielfältig:

Schwere Delinquenz ist wegen ihres recht seltenen Auftretens (geringe Basisrate) schwierig vorherzusehen. Die Vielzahl der Vorhersagevariablen wie z.B. die bisherige Entwicklung, die soziale Einbindung und die Persönlichkeit des Täters mindern die Aussagekraft psychiatrisch-psychologischer Diagnosen zur Rückfallquantität und –qualität.[345] Das Haftverhalten, welches v.a. Anknüpfungspunkt für die Prognose im Rahmen der nachträglichen und vorbehaltenen Sicherungsverwahrung ist, lässt wegen der Eigendynamik der „totalen Institution" des Gefängnisses kaum schlüssige Aussagen über das Legalverhalten zu.[346] Unkooperative Verweigerungshaltung oder ein Therapieabbruch lassen nicht den Rückschluss auf eine hohe Gefährlichkeit zu, sondern können ebenso gut Ausdruck einer in der Haft entwickelten Überlebensstrategie sein. Umgekehrt folgt aus einer Therapiebereitschaft nicht zwangsläufig eine geringe Gefährlich-

343 Kreuzer, ZIS 2006, 145, 145f.; Boetticher, NStZ 2005, 417, 417; Gazeas, StraFo 2005, 9,12; Mushoff, Strafe, S. 541.

344 Pollähne in: „...weil er für die Allgemeinheit gefährlich ist!", S. 221, 245; Cornel in: Neue Kriminalpolitik und soziale Arbeit, S. 97, 101ff.; Kunz, Kriminologie, § 35 Rn. 25ff.; Nedopil, NStZ 2002, 344, 346f.; Rasch, Forensische Psychiatrie, S. 294; Kögler, Die zeitliche Unbestimmtheit freiheitsentziehender Sanktionen, S. 223; Mayer, Strafrecht AT, S. 382; Kinzig, Sicherungsverwahrung auf dem Prüfstand, S. 37, 85ff. u. 596; ders., NJW 2002, 3204, 3206; Eisenberg, JR 2006, 57, 61; Streng in: FS Lampe, S. 611, 622; ders., Strafrechtliche Sanktionen, Rn. 611; ders., StV 2006, 92, 97; Kaiser, Maßregeln in der Krise, S. 49; Freund, GA 2010, 193, 199; Meier, Strafrechtliche Sanktionen, S. 101.

345 Nedopil, NStZ 2002, 344, 346f.; Rasch, Forensische Psychiatrie, S. 294; Alex, Nachträgliche Sicherungsverwahrung, S. 97; Alex/Feltes, Forum Strafvollzug 2010, 159, 161; Meier, Strafrechtliche Sanktionen, S. 101.

346 Ullenbruch, StraFo 2010, 438, 443; Graebsch, ZJJ 2008, 284, 285; Rzepka, R&P 2003, 191, 206; Schneider, StV 2006, 99, 103; Streng, StV 2006, 92, 97; Böllinger/Pollähne in NK, StGB, § 66a Rn. 7 S. 2146f.; Adams, StV 2003, 51, 53; Dünkel/Kunkat, NK 2001, Heft 3, 16, 17f.

keit, da es sich hierbei um eine scheinbare Anpassung zum Zwecke des Erhalts von Haftbegünstigungen oder vorzeitiger Entlassung handeln kann.[347]

Entscheidend ist auch das Alter der Betroffenen. Bei jungen Menschen ist die Erstellung treffsicherer Gefährlichkeitsprognose wegen ihrer größeren Prägbarkeit und Änderungsfähigkeit im Vergleich zu Erwachsenen nahezu unmöglich.[348] Straftaten im jungen Alter müssen nicht Symptom einer persönlichkeitsbedingten Neigung zur Kriminalität sein.[349] Die Mehrzahl der Straftaten junger Menschen hat entwicklungsbedingt nur episodenhaften Charakter.[350] Nach neueren Langzeitstudien kann dies auch auf junge Mehrfach oder Intensivtäter – also die Zielgruppe der Sicherungsverwahrung – zutreffen.[351] Zwar ist frühe Devianz ein Risikofaktor für eine kriminelle Karriere, sie ist aber kein fester Kausalfaktor.[352] Stärkere soziale Einbindung, Ehe bzw. Familie und eine feste Arbeitsstelle können nach der Jugendphase Verläufe schwerer Straffälligkeiten beenden.[353] Dementsprechend kommt den Anlasstaten im jungen Alter nur eine sehr eingeschränkte Aussagekraft für die Legalprognose zu.[354]

Sachverständige schätzen wegen dieser umfangreichen Schwierigkeiten häufig ungefährliche Personen fälschlicherweise als gefährlich ein (sog false positives).[355] Eine aktuelle Studie von Michael Alex belegt dies. Er überprüfte das Legalverhalten von Haftentlassen, bei denen die nachträgliche Sicherungsver-

---

347 Schneider, StV 2006, 99, 103; Rzepka, R&P 2003, 191, 206; Dünkel/Kunkat, NK 2001, Heft 3, 16, 17f.; Ullenbruch, NStZ 2001, 292, 295; Bammann u.a., DVJJ 2002, 194, 195.

348 Graebsch, ZJJ 2008, 284, 285; Kinzig, ZJJ 2008, 245, 249; Ostendorf/Bochmann, ZRP 2007, 146, 148; Ostendorf, JGG, § 7 Rn. 18; Nestler/Wolf, NK 2008, 156; Eisenberg JGG, § 7 Rn. 29; ders., ZJJ 2006, 124, 127 u. 128; Bruhn, Sicherungsverwahrung im Jugendstrafrecht, S. 209f.

349 Bruhn, Sicherungsverwahrung im Jugendstrafrecht, S. 208; Graebsch, ZJJ 2008, 284, 285.

350 Egg in: FS Tondorf, 15, 15; Meier in: Jugendstrafrecht, § 3 Rn. 6.; Stelly/Thomas, ZJJ 2006, 45, 45; Ostendorf/Bochmann, ZRP 2007, 146, 148.

351 Laub/Sampson, Shared Beginnings, Divergent Lives, S. 16f. u. 114ff.; Hartmann, Lebenswege nach Heimerziehung, S. 386-389.

352 Egg in: FS Tondorf, 15, 22; Bruhn, Sicherungsverwahrung im Jugendstrafrecht, S. 208.

353 vgl. die Erfahrungsberichte der Probanden bei Laub/Sampson, Shared Beginnings, Divergent Lives, S. 114ff.

354 Bruhn, Sicherungsverwahrung im Jugendstrafrecht, S. 209; Eisenberg, ZJJ 2006, 124, 129.

355 Kinzig, Legalbewährung, S. 306; ders, Sicherungsverwahrung auf dem Prüfstand, S. 37, 85ff. u. 596; Alex, Nachträgliche Sicherungsverwahrung, S. 97 u. 134; Cornel in: Neue Kriminalpolitik und soziale Arbeit, S. 97, 101ff.; Kunz, Kriminologie, § 35 Rn. 25ff.

wahrung beantragt, aber letztlich vom Gericht nicht angeordnet wurde.[356] Von 46 Personen, denen Sachverständige auf Grund des Vollzugsverhaltens ein hohes Rückfallrisiko attestiert hatten, wurden 30 (65 %) nicht mehr und 6 (13 %) nicht mehr einschlägig auffällig.[357] Die bei ca. 80 % der Entlassenen festgestellten dissozialen Persönlichkeitsstörungen äußerten sich nicht oder nicht in gravierender Delinquenz.[358] Die Geeignetheit der Gefährlichkeitsprognose zur sicheren Identifikation gefährlicher Täter ist mithin als gering einzuschätzen.

3. Fazit

Die normative Erweiterung der Sicherungsverwahrung ist ohne eingehende kriminologische Fundierung erfolgt. Der Gesetzgeber hat sich weder mit der realen Kriminalitätsentwicklung noch mit der Treffsicherheit von Prognosen tiefgehend auseinandergesetzt. Dies wäre jedoch notwendig gewesen, weil von einer fundierten empirischen Grundlage die Seriösität und Legitimität eines Gesetzes abhängt. Im Ersten Periodischen Sicherheitsbericht der Bundesregierung wird zwar gefordert, dass „eine sachgerechte Sicherheitspolitik (…) auch die von der Bevölkerung wahrgenommenen und empfundenen Bedrohungen durch Kriminalität stärker berücksichtigen“ müsse.[359] Dieses Anliegen ist auch nachvollziehbar, da Verunsicherung mit einem erheblichen Verlust an Lebensqualität verbunden ist.[360] Ungeachtet seines weiten Entscheidungsspielraums hat der Gesetzgeber aber bei Erlass eines grundrechtsverkürzenden Gesetzes empirische Fakten zu beachten und darf nicht subjektive Sicherheitsbedürfnisse sowie die gesteigerte Sensibilität der Bevölkerung zur Grundlage seiner Entscheidung machen.[361] Die kriminelle Wirklichkeit muss Basis für Begründung gesetzgeberischen Handelns sein.[362] Dies ist für die Wahrung der Allgemeinverbindlichkeit

356 Alex, Nachträgliche Sicherungsverwahrung, S. 2; Alex/Feltes, Forum Strafvollzug 2010, 159, 160.

357 Alex, Nachträgliche Sicherungsverwahrung, S. 95.

358 Alex, Nachträgliche Sicherungsverwahrung, S. 97.

359 BMI/BMJ, Erster Periodischer Sicherheitsbericht, S. 605.

360 Ostendorf, BewHi 2005, 57, 60.

361 Mushoff, Strafe, S. 567; Braum, ZRP 2005, 105, 105; Ostendorf, BewHi 2005, 57, 60; Rzepka, KrimJ 2004, Beih. 8, 136, 142; Boers, NK 2001, 10, 10.

362 Anders: Schneider in: FS Schwind, S. 413, 418; Jakobs, Strafrecht AT, S. 10 und Hassemer, NStZ 1989, 553, 555, ders., HRRS 2006, 1310, 140 die meinen, die Funktion der Strafgesetze liege unabhängig von der tatsächlichen Kriminalitätsentwicklung in der Normstabilisierung.

und Verhältnismäßigkeit des Gesetzes unerlässlich.[363] Die Anforderungen des Verhältnismäßigkeitsprinzips sind nur dann gewahrt, wenn die Erforderlichkeit des Gesetzes und die Geeignetheit der gesetzgeberischen Mittel (Gefährlichkeitsprognose) empirisch nachgewiesen sind. Dem Unsicherheitsgefühl der Bevölkerung ist nicht mit Sicherheits- sondern mit konsequenter Aufklärungspolitik zur realen Kriminalitätsbelastung zu begegnen.[364]

Die Vernachlässigung erfahrungswissenschaftlicher Erkenntnisse bei der Erweiterung der Sicherungsverwahrung zeigt, dass es dem Gesetzgeber dabei kaum um die Prävention von Verbrechen, sondern um die Bekämpfung in der Bevölkerung verspürter Bedrohung ging.[365] Er täuschte vor, angstauslösende Kriminalitätsformen wirksam eindämmen zu können, um die Bürger zu beruhigen.[366] Eine solche Gesetzgebung ist lediglich symbolischer Natur, da sie im Sinne einer effektiven Verminderung von Straftaten wirkungslos ist.[367]

V. Feindstrafrechtlicher Charakter des normativ erweiterten Rechts der Sicherungsverwahrung

1. Der feindstrafrechtliche Charakter der Sicherungsverwahrung

Die normative Entwicklung der Sicherungsverwahrung verstärkte die feindstrafrechtliche Ausprägung des Rechts der Sicherungsverwahrung.[368] In der Rechtswissenschaft, zuvorderst durch Günther Jakobs, werden zum Teil feindstraf-

363 Braum, ZRP 2005, 105, 105; Ostendorf, BewHi 2005, 57, 60; Rzepka, KrimJ 2004, Beih. 8, 136, 142.

364 Mushoff, Strafe, S. 567.

365 Mushoff, Strafe, S. 567f; vgl auch: Naucke, KritV 1999, 336, 353; Bammann u.a., DVJJ 2002, 194, 194 für die Erweiterungen durch das SexBG u. die vorbehaltene Sicherungsverwahrung; Gazeas, StraFO 2005, 9, 12 für die nachträgliche Sicherungsverwahrung; Braum, ZRP 2004, 105, 108; Braum, ZRP 2005, 105, 105; Boers, NK 2001, 10, 14.

366 Seelmann, KritV 1992, 452, 461f.; Hassemer, NStZ 1989, 553, 556; Müller, KrimJ 1993, 82, 87; Walter in: FS Hirsch, S. 897, 902.

367 Seelmann, KritV 1992, 452, 455f. u. 461; Müller, KrimJ 1993, 82, 86f.; Prittwitz, Strafrecht und Risiko, S. 258; Kubink, Strafen und ihre Alternativen, S. 647; Frehsee, StV 1996, 223, 226; Albrecht in: FS Hassemer, S. 3, 15; Bammann u.a., DVJJ 2002, 194, 194; Gazeas, StraFO 2005, 9, 12; unkritisch: Hassemer, NStZ 1989, 553, 556; ders., HRRS 2006, 1310, 140.

368 Hörnle, GA 2006, 80, 87f.

rechtliche Regelungen befürwortet, die in einem rechtlich geordneten Verfahren gefährliche Täter dauerhaft „kalt (...) stellen" sollen.[369] Der hartnäckige Verbrecher verliert durch ihren Einsatz den Status des Bürgers und wird zur gesellschaftlichen „Unperson" degradiert.[370] Typische Kennzeichen feindstrafrechtlicher Regelungen sind die Vorverlagerung der Strafbarkeit und die Relativierung zentraler Freiheitsgarantien.[371] Das bedeutet, sie sanktionieren potenziell gefährliches Verhalten, auch wenn es zeitlich weit vor einer die Rechtsgüter verletzenden Handlung liegt. Zudem führen sie zu einer Entrechtung bestimmter Tätergruppen.

Die Sicherungsverwahrung trägt feindstrafrechtliche Züge, weil sie präventiv die Gefährlichkeit des Täters durch dauerhaften Freiheitsentzug bekämpft und für sie zentrale Freiheitsgarantieren wie z.B. das Schuldprinzip im Unterschied zur Strafe nicht gelten.[372] Jakobs selbst bestätigt diese Einschätzung. Er fordert, dass derjenige, der „das Leben im gemeinschaftlich-gesetzlichen Zustand nicht mitmacht, (...) weichen", also aus der Gesellschaft „hinausgeworfen (oder in die Sicherungsverwahrung hineingeworfen)" werden muss.[373]

Die dargestellte Entwicklung der Sicherungsverwahrung hat dazu geführt, dass eine zunehmende Zahl von Straftätern zu Feinden der Gesellschaft erklärt werden konnte.[374] Die Zahl der Personen, welche von der Sicherungsverwahrung bereits betroffen sind und die der Personen, die vom Anwendungsbereich der Sicherungsverwahrung erfasst werden können, ist wie erörtert gestiegen.

Dieser Prozess war vor allem möglich, weil zentrale freiheitsschützende Strafrechtsprinzipien auf die Sicherungsverwahrung nicht angewendet werden. Sie werden dem Sicherheitsdenken untergeordnet.[375] Besonders deutlich wird die Rückstellung der Prinzipien in der Interpretation des Rückwirkungs- und Doppelbestrafungsverbots durch das Bundesverfassungsgericht, dessen Rechtsprechung die normative Erweiterung der Sicherungsverwahrung begleitet und gefördert hat.[376]

369 Jakobs in: Deutsche Strafrechtswissenschaft, S. 47, 53.

370 Jakobs in: Deutsche Strafrechtswissenschaft, S. 47, 53; ähnlich Pawlik, GA 1998, 378, 380.

371 Jakobs in: Deutsche Strafrechtswissenschaft, S. 47, 52f.

372 Streng in: Kritik des Feindstrafrechts, S. 181, 183; Hörnle, GA 2006, 80, 87.

373 Jakobs, HRRS 2004, 88, 90.

374 Vgl. Albrecht, Vorgänge 2/2007, 27, 31.

375 Mushoff, Strafe, S. 551.

376 Vgl. Sander, Grenzen instrumenteller Vernunft, S. 213ff.

2. Relativierung von Strafrechtsprinzipien in der Rechtsprechung des Bundesverfassungsgerichts

a) Zur freiheitssichernden Funktion von Strafrechtsprinzipien

Die Strafrechtsprinzipien begrenzen die Ausübung staatlicher Strafgewalt und gewährleisten dadurch ein rechtsstaatliches Strafrecht. In diesem Sinne sind sie eine „ideelle Tiefenstruktur“ des Strafrechts, welche den Zweck verfolgen, die individuelle Freiheit der Bürger zu schützen und ein menschenwürdiges Strafverfahren zu gewährleisten.[377] Wie alle Prinzipien gebieten sie innerhalb der gegebenen tatsächlichen oder rechtlichen Möglichkeiten ein hohes Maß an Realisierung ihres Schutzzwecks.[378] Sie streben nach optimaler Wirkungskraft, also nach möglichst weitreichender Durchsetzung.[379] Dies folgt aus ihrer ideengeschichtlichen Verwurzelung in der europäischen Aufklärung und den historischen Unrechtserfahrungen aus den freiheitsverzehrenden totalitären Herrschaftssystemen in Europa.[380] Ihre freiheitsschützende Funktion üben die Prinzipien nicht isoliert, sondern im Verbund miteinander aus.[381] In dieser Gesamtheit bilden sie einen unverfügbaren Kernbereich des rechtsstaatlichen Strafrechts.[382]

b) Zur Anwendung des Rückwirkungs- und Doppelbestrafungsverbot

aa) Formale Betrachtung durch das Bundesverfassungsgericht

Das Bundesverfassungsgericht wertete den nachträglichen Wegfall der Befristung und die nachträgliche Anordnung der Sicherungsverwahrung nicht als Verstoß gegen das Rückwirkungsverbot nach Art. 103 Abs. 2 GG.[383] Ferner sah es

377 Bohn, Der gesetzliche Richter, S. 25; Merten in: Handbuch der Grundrechte II, S. 145, § 27 Rn. 40; Albrecht, Kriminologie, § 8 S. 112f.; vgl. für Funktion und Prinzipiencharakter der Menschenrechte, Höffe, Politische Gerechtigkeit, S. 461f. und 465.

378 Alexy, Theorie der Grundrechte, S. 75; Dworkin, Bürgerrechte, S. 55; Sieckmann, Regelmodelle, S. 62f.; Bohn, Der gesetzliche Richter, S. 25; ähnlich Hesse für die gesamte Verfassungsinterpretation, Grundzüge des Verfassungsrechts, § 2 Rn. 75 S. 29.

379 Alexy, Theorie der Grundrechte, S. 76; Dreier, NJW 1986, 890, 892.

380 Albrecht, Die vergessene Freiheit, S. 28ff u. 38ff; ders., Kriminologie, § 9 S. 119, 129, dezidiert für das Prinzip der Strafgesetzlichkeit sowie das Legalitätsprinzip.

381 Merten in: Handbuch der Grundrechte II, S. 145, § 27 Rn. 40; Bohn, Der gesetzliche Richter, S. 25; vgl. auch das Schaubild 4 bei: Albrecht, Kriminologie, § 9 S. 114.

382 Albrecht, Die vergessene Freiheit, S. 12; ders., Weg in die Sicherheitsgesellschaft, S. 931; zum Absolutheitsanspruch von Prinzipien vgl. auch Llompart, Geschichtlichkeit, S. 83.

383 BVerfGE 109, 133, 167; BVerfG, Beschl. v. 22.10.2008, Az. 2 BvR 749/08, Rn. 25; Beschl v. 05.08.2009, Az. 2 BvR 2098/08, 2 BvR 2633/08, Rn. 21.

weder in der vorbehaltenen noch in der nachträglichen Sicherungsverwahrung eine Missachtung des Doppelbestrafungsverbots nach Art 103 Abs. 3 GG.[384] Das Gericht begründete seinen Standpunkt mit der „hergebrachten dogmatischen Grenzziehung" zwischen repressiver schuldsühnender Strafe und präventiver, gefahrvorbeugender Maßregel.[385] Die genannten Prinzipien gelten nach Ansicht des Gerichts nur für die Strafe, nicht aber für die Maßregeln, da letzteren der missbilligende schuldausgleichende Charakter fehle.[386] Diese Betrachtung ist insofern konsequent, als der Gesetzgeber die Sicherungsverwahrung der zweiten Spur des Strafrechts zugeordnet und die Maßregeln grundsätzlich vom Rückwirkungsverbot ausgenommen hat, § 2 Abs. 6 StGB.

bb) Vorzugswürdigkeit einer materiellen Betrachtung

Diese formale Sichtweise misst dem Freiheitsschutz, welcher durch die Prinzipien vermittelt werden soll, aber weitaus weniger Bedeutung bei, als eine materielle Betrachtung der Sicherungsverwahrung.[387] Anknüpfungspunkt einer materiellen Betrachtung ist der wirkliche Gehalt einer Maßnahme. Die Sicherungsverwahrung ist in ihren Voraussetzungen und Wirkungen eng mit der Strafe verbunden. Sie wird, wie die Strafe, prinzipiell durch eine schuldhaft begangene Straftat ausgelöst, sie überschneidet sich in der präventiven Zielsetzung mit der Strafe, verursacht einen mindestens so intensiven Freiheitsentzug und ähnelt ihr im Vollzug.[388] Die Strafähnlichkeit der Sicherungsverwahrung spricht also dafür, den Schutz des Art. 103 Abs. 2 und Abs. 3 auf die Sicherungsverwahrung

---

384 BVerfG, Beschl. v. 22.10.2008, Az. 2 BvR 749/08, Rn. 25; Beschl v. 05.08.2009, Az. 2 BvR 2098/08, 2 BvR 2633/08, Rn. 21.

385 Jung, GA 2010, 639, 643.

386 BVerfGE 109, 133, 167, BVerfG, Beschl. v. 22.10.2008, Az. 2 BvR 749/08, Rn. 25; Beschl v. 05.08.2009, Az. 2 BvR 2098/08, 2 BvR 2633/08, Rn. 21; NStZ-RR 1996, 122, 122.

387 Waterkamp, StV 2004, 267, 268; Streng, StV 2006, 92, 96; ders. in: FS Lampe, S. 611, 640; ders. in: JZ 2011, 827, 831; Kreuzer, StV 2011, 122, 125; Jähnke, ZIS 2010, 463, 465; Jung, GA 2010, 639, 642ff.; Ullenbruch, NStZ 1998, 326, 329; Möllers, ZRP 2010, 153, 155.

388 Zu Ähnlichkeiten beider Sanktionstypen: Kinzig, StV 2000, 330, 334; ders., Sicherungsverwahrung auf dem Prüfstand, S. 588ff. (spricht von Einebnung der Unterschiede); Blau in: FS Schneider, S. 759, 763; Weber/Reindl, NK 2001, Heft 1, 16, 20; Finger, Sicherungsverwahrung, S. 104; Frisch, ZStW 102 (1990), 343, 345; Mushoff, KritV 2004, 137, 145; Weichert, StV 1989, 265, 270; Nedopil, MschrKrim 2002, 208, 209; Roxin, Strafrecht AT I, § 3B Rn. 68 nimmt eine Annäherung an die Einspurigkeit an.

auszudehnen.[389] Der Strafbegriff des Art. 103 Abs. 2 und Abs. 3 GG sollte deswegen nicht mit dem des StGB gleichgesetzt werden.[390]

Beide Prinzipien wurzeln im philosophischen Gedankengut der Aufklärung[391] und streben deswegen nach einer möglichst weitreichenden Geltung ihres Schutzzwecks.[392] Das Rückwirkungsverbot soll über das Rechtsstaatsprinzip hinaus die Vorhersehbarkeit staatlicher Sanktionsgewalt gewährleisten. Es bindet die Judikative an das zur Tatzeit geltende Gesetz und verbietet der Legislative, rückwirkende Strafgesetze zu erlassen, die eine nachträgliche Neubewertung der Tat zu Lasten des Bürgers erlauben.[393] Das Doppelbestrafungsverbot vermittelt Rechtssicherheit.[394] Der Verurteilte soll nicht in ständiger Angst leben müssen, wegen derselben Tat erneut Freiheitsentzug zu erleiden.[395] Sie sind kraft ihrer Verwurzelung in der Philosophie der Aufklärung Abwehrrechte gegen alle Formen staatlicher Strafgewalt. Dies gilt unabhängig davon, auf welcher gesetzlichen Grundlage der Freiheitsentzug erfolgt.[396] Die Anwendung der Strafrechtsprinzipien darf also nicht allein von der gesetzlichen Klassifizierung abhängig sein.[397] Andernfalls läge es in der Hand des Gesetzgebers, durch die blo-

---

389 Jung, GA 2010, 639, 643; dies. in: FS Wassermann, S. 875, 884; Gaede, HRRS 2010, 329, 335; Mushoff, KritV 2004, 137, 141; Ullenbruch, NStZ 1998, 326, 330; Laubenthal, ZStW 116 (2004), 703, 724 u. 750; Waterkamp, StV 2004, 267, 270; Kreuzer, StV 2011, 122, 125; Naucke in: FS Coing Bd. 1, S. 225, 242; Best, ZStW 114 (2002), 88, 105; Streng, StV 2006, 92, 96; Kinzig, NJW 2002, 3204, 3206; Böllinger/Pollähne in: NK, § 66a Rn. 7; Dünkel/Kunkat, NK 2001, Heft 3, 16, 18.

390 Streng, StV 2006, 92, 97; im Ergebnis ebenso: Kinzig, NJW 2002, 3204, 3206; Rzepka, R&P 2003, 191, 198.

391 Vgl.: Schreiber, Gesetz und Richter, S. 38ff. u. 217; Dannecker, Das intertemporale Strafrecht, S. 63ff.; Sax in: Die Grundrechte, Bd. III/2, S. 909, 992f.; Schulze-Fielitz in: Dreier, GG, Art. 103 Abs. 3, Rn. 1; Mushoff, Strafe, S. 226; Albrecht, Die vergessene Freiheit, S. 63.

392 Rzepka, R&P 2003, 191, 198; Streng, StV 2006, 92, 96f; Asbrock, Betrifft Justiz 2002, 371, 372 u. 374; Trechsel in: FS Burgstaller, S. 201, 209, a.A. Peglau, ZRP 2000, 147, 150f.

393 Zum Schutzzweck: Schulze-Fielitz in: Dreier, GG; Art 103 II, Rn.12 u. 50; Schreiber, Gesetz und Richter, S. 214; Jung in: FS Wassermann, S. 875, 884; Ullenbruch, NStZ 1998, 326, 329.

394 Schulze-Fielitz in: Dreier, GG, Art. 103 Abs. 3, Rn. 12 m.w.N.

395 Kinzig, NJW 2002, 3204, 3206; Rzepka, R&P 2003, 191, 198.

396 Naucke, Zerbrechlichkeit, S. 359; ders. in: FS Coing Bd. 1, S. 225, 245f.; Mushoff, KritV 2004, 137, 140; Ullenbruch, NStZ 1998, 326, 330; Mushoff, Strafe, S. 227.

397 Mayer, Strafrecht AT, S. 379; Hellmer, Gewohnheitsverbrecher, S.291; Stree, Deliktsfolgen, S. 219; Kinzig, StV 2000, 330, 333; Jung, Was ist Strafe, S. 37 u. 40; Baier, Jura 2004, 552, 553; Best, ZStW 114 (2002), 88, 103; Mushoff, KritV 2004, 137, 142.

ße Bezeichnung einer Sanktion die Geltung schützender Prinzipien auszuschalten.[398]

3. Fazit

Der Abbau der Hürden für die Anordnung der Sicherungsverwahrung führt dazu, dass die Zahl der Bürger (die Sicherungsverwahrten), welche für die vermeintliche Sicherheit der Mehrheit in Anspruch genommen werden, wächst. Obwohl der mit der Sicherungsverwahrung verbundene Eingriff in die Freiheit der Verurteilten von erheblichem Gewicht ist, sind die rechtsstaatlichen Sicherungen im Verhältnis zur Strafe gering.[399] Der Sicherungsverwahrte muss auf den formalisierten Schutz der genannten Strafrechtsprinzipien verzichten.[400] Darin wird der verstärkte feindstrafrechtliche Charakter des Rechts der Sicherungsverwahrung deutlich.

Die Nichtgeltung der Prinzipien beruht auf der gesetzlichen Konzeption der Zweispurigkeit und der Regelung des § 2 Abs. 6 StGB. Hierin wird deutlich, dass die Ausnahme vom Rückwirkungs- und Doppelbestrafungsverbot letztendlich politisch gewollt ist.[401] Der Strafjurist soll „freier" als bei der Strafe das „Zweckmäßigste gegen den Täter unternehmen können".[402] Die Zweckmäßigkeitserwägung soll nicht durch den Einwand verbotener nachträglicher oder doppelter Sanktionierung gehemmt sein.[403] So gesehen ist der Zweckgedanke der maßgebliche Grund für die Ausnahme der Sicherungsverwahrung von dem Schutz der genannten Strafrechtsprinzipien.[404] Hierin zeigt sich erneut die in der Rechtstheorie v. Liszts angelegte Abhängigkeit des Strafrechts von politischen Zwecken.

Das Bundesverfassungsgericht hat auf Grund seiner formalen Betrachtungsweise die mehrfach bestehende Gelegenheit vertan, der Kriminalpolitik

398 Mayer, Strafrecht AT, S. 379: Sonst könnte ein totalitärer Staat Konzentrationslager dadurch abschaffen, dass er sie in Sanatorien umbenennt; vgl. auch: Sander, Grenzen instrumenteller Vernunft, S. 217; Jung, Was ist Strafe, S. 40; Hellmer, Gewohnheitsverbrecher, S.291.

399 Neumann in: Perspektiven der Strafrechtsentwicklung, S. 57, 64; Mushoff, Strafe, S. 258.

400 Streng in: Kritik des Feindstrafrechts, S. 181, 199; Albrecht, Vorgänge 2/2007, 27, 31.

401 Mushoff, Strafe, S. 227; vgl. auch, Naucke, Strafjuristische Privilegierung, S. 52, ders., JuS 1989, 862, 864f.

402 Naucke, Strafrecht, § 3 Rn. 7; ders., Strafjuristische Privilegierung, S. 51f; Mushoff, Strafe, S. 227.

403 Naucke, Strafrecht, § 3 Rn. 7.

404 Mushoff, Strafe, S. 227; Sander, Grenzen instrumenteller Vernunft, S. 216.

durch Anwendung von Art. 103 Abs. 2 und Abs. 3 GG eine Grenze für die normative Erweiterung der Sicherungsverwahrung zu setzen.[405] Die Erfahrungen mit dem Missbrauch der Sicherungsverwahrung im Nationalsozialismus mahnen aber, die Strafrechtsprinzipien als Garant für ein rechtsstaatliches Strafrecht auch auf die Sicherungsverwahrung anzuwenden.[406]

VI. Zusammenhänge und Ursachen der Erweiterung der Sicherungsverwahrung

Der folgende Abschnitt geht der Frage nach, weshalb es zu dem Bedeutungszuwachs der Sicherungsverwahrung gekommen ist. Es ist zu klären, warum die rechtsstaatlichen Bedenken gegen das Institut, die noch bis Mitte der 1990er Jahre bestanden, beiseite geschoben wurden.

1. Zunehmende Sicherheitsorientierung

Die Ursachen für die normative Erweiterung der Sicherungsverwahrung sind in der derzeit in Deutschland vorherrschenden breiten gesellschaftlichen Sicherheitsorientierung zu suchen.[407] Das nach den Erfahrungen des Nationalsozialismus noch präsente Misstrauen gegenüber dem Zuwachs staatlicher Eingriffsbefugnisse scheint weitgehend verschwunden zu sein.[408] Nicht der Missbrauch staatlicher Zwangsmittel, sondern das kriminelle Verhalten anderer Bürger wird zunehmend als Bedrohung der Freiheit empfunden.[409] Große Teile der Bevölkerung begrüßen mehr Kontrolle, weil ihnen die Sicherheit dies wert ist.[410] Die erfolgreiche Volksabstimmung zur Einführung der nachträglichen Sicherungsverwahrung in der Schweiz ist ein anschauliches Beispiel für diese Bereitschaft.[411] Dass verstärkte Überwachung sowohl totalitären Tendenzen Vorschub

405 Sander, Grenzen instrumenteller Vernunft, S. 217, ähnlich Naucke, JuS 1989, 862, 865.

406 Albrecht, Vorgänge 2/2007, 27, 36.

407 Haffke, KritJ 2005, 17, 19; Garland, KrimJ 2004, 3, 5f.; Hansen KritJ 1999, 231, 231; Waechter JZ 2002, 854, 854; Mushoff, Strafe, S. 542; allgemein zur zunehmenden Sicherheitsorientierung im Strafrecht: Albrecht, Die vergessene Freiheit, S. 11.

408 Naucke, KritV 1993, 135, 139; Hassemer, ZIS 2006, 266, 269; ders., StraFo 2005, 312, 314; Sofsky, Das Prinzip Sicherheit S. 84.

409 Waechter, JZ 2002, 854, 854; Mushoff, Strafe, S. 543.

410 Albrecht, KritV 2004, 123, 124; ders., Kriminologie, § 10, S. 148; Hassemer, StraFo 2005, 312, 312; Kunz KrimJ 2006, 82, 94; Mushoff, Strafe, S. 545; Roxin in: Kritik und Rechtfertigung, S. 175, 186.

411 Kinzig in: FS Tondorf, S. 157.

leisten kann als auch zugleich Grundrechtseinschränkungen nach sich zieht, verliert an Bedeutung.[412]

2. Hintergründe der zunehmenden Sicherheitsorientierung

Die Ursachen für die zunehmende Sicherheitsorientierung lassen sich angesichts der Komplexität gesellschaftlicher Prozesse nicht lückenlos nachvollziehen. Dennoch sind Leitlinien auszumachen.

a) Verunsicherung durch Zunahme sozialer Risiken

Eine Ursache für höhere Sicherheitsbedürfnisse dürfte in der Zunahme sozialer Risiken zu sehen sein. Diese sind unmittelbar mit dem Abbau des Wohlfahrtstaates seit Mitte der 1980er Jahre verbunden.[413] Die moderne Industriegesellschaft gerät zunehmend in die Abhängigkeit weltökonomischer Entwicklungen, welche der Achtung des einzelnen weniger Bedeutung schenken.[414] Mit dem Abflauen des Wirtschaftswachstums, der Notwendigkeit, deutsche Märkte zu öffnen, zu deregulieren und zu globalisieren, sowie dem Abbau sozialpolitischer Maßnahmen entstehen bisher unbekannte ökonomische und soziale Risiken für das Individuum.[415] Die fortschreitende technische Entwicklung zu automatisierten Arbeitsabläufen führt zu einer Verringerung des Arbeitskräftebedarfs und einer Absenkung des Lohnniveaus.[416] Der Verlust von Teilhabemöglichkeiten am Konsumwarenmarkt und Kulturangebot durch Arbeitslosigkeit, fehlende Altersabsicherung und Abbau staatlicher Unterstützung bewirkt einen sozialen Spaltungsprozess und provoziert einen Konkurrenzkampf um Ressourcen.[417] Im Zuge dieser Entwicklung nehmen Unsicherheit und Orientierungslosigkeit breiter Bevölkerungsteile zu.[418] Ausdruck dieser Verunsicherung ist eine steigendes

412 Roxin in: Kritik und Rechtfertigung, S. 175, 186; Kunz, Kriminologie, § 26 Rn. 10.

413 Kunz, NK 2005, 151, 151; Albrecht, Kriminologie, § 6 S. 68; ders. in: FS Hassemer, S. 3, 7.

414 Herzog in: Kritik und Rechtfertigung, S. 117, 120; Albrecht, Vorgänge 2/2007, 27, 38.

415 Zu den Risiken, die den Fortbestand bisheriger Gesellschaftssysteme gefährden: Beck, Risikogesellschaft, S. 220ff.; Singelnstein/Stolle, Sicherheitsgesellschaft, S. 23; Kunz, NK 2005, 151, 152.

416 Albrecht, Kriminologie, § 6 S. 83.

417 Mansel, KrimJ 2004, Beih. 8, 104, 109; Singelnstein/Stolle, Sicherheitsgesellschaft, S. 19; Walter in: FS Hirsch, S. 897, 902; Beck, Risikogesellschaft, S. 220 bezeichnet Erwerbsarbeit und Beruf als „Achse der Lebensführung“ in Industriegesellschaften.

418 Althoff, KrimJ 2004, Beih. 8, 203, 204; Albrecht, Kriminologie, § 6 S. 83; Walter in: FS Hirsch, S. 897, 902.

Strafbedürfnis und eine mit der tatsächlichen Bedrohung nicht in Relation stehende Kriminalitätsfurcht.[419]

b) Höheres Strafbedürfnis

Im Zuge der zunehmende Verunsicherung wachsen der Wunsch nach festen gesellschaftlichen Leitlinien und somit die Zahl der Befürworter radikaler Politik- und Gesellschaftsmodelle.[420] Gleichzeitig nimmt die moralische Bewertung gesellschaftlicher Stellung und wirtschaftlicher Not zu.[421] Letztere wird zunehmend als das Resultat persönlichen Versagens, Ablehnung von gesellschaftlicher Integration und mangelnder Leistungsbereitschaft angesehen.[422] In einer unter Undifferenziertheit leidenden Betrachtung werden Täter gesellschaftlich und moralisch abqualifiziert und ihnen wird die alleinige Verantwortung für Delinquenz zugeschrieben.[423] Damit nehmen die Bereitschaft zur Resozialisierung und zur Bewilligung (pekuniärer) Mittel für entsprechende Angebote ab. Zugleich wächst die Skepsis gegenüber Vollzugslockerungen und vorzeitiger Entlassung auf Bewährung.[424] Die Forderung, durch Wegsperren Kriminalitätsprobleme vermeintlich unkompliziert zu lösen, wird lauter.

Eine Untersuchung von Franz Streng, die aus Befragungen von Studienanfängern der Rechtswissenschaften im Zeitraum von 1989 bis 2001 hervorging, belegt diese Entwicklung. Noch bis 1995 benannten die Befragten die Resozialisierung als wichtigsten Strafzweck.[425] In der Zeit danach maßen sie dem Strafzweck der Sicherung das größte Gewicht bei. In gleichem Maße zeigten sich zum Ende des Befragungszeitraums eine Abnahme des Respekts vor der Rechtsposition der Sanktionierten und eine hohe Anfälligkeit der Befragten zur Befürwortung schneller rechtsstaatsferner Umgangsweisen mit Straftätern.[426] Zwar ist die Aussagekraft solcher Studien wegen ihrer Abhängigkeit von der Art

---

419 Althoff, KrimJ 2004, Beih. 8, 203, 204; Voß in: Verdeckte Gewalt, 138, 142f.; Kunz, NK 2005, 151, 154; Streng, BewHi 2000, 422, 432f.; skeptisch: Reuband, KrimJ 2004, Sonderh. 8, S. 89, 90f.

420 Singelnstein/Stolle, Sicherheitsgesellschaft, S. 22; Loch in: Schattendasein der Globalisierung, S. 463, 469.

421 Garland, KrimJ 2004, 3, 7.

422 Kunz, Kriminologie, § 38 Rn. 8; Garland, KrimJ 2004, 3, 7; Günther, Kursbuch 136 (1999) 159, 161f.

423 Günther, Kursbuch 136 (1999) 159, 160; Garland, KrimJ 2004, 3, 9; Rzepka, KrimJ 2004, Beih. 8, 136, 142.

424 Boetticher in: „... weil er für die Allgemeinheit gefährlich ist!", S. 87, 91; Garland, KrimJ 36 (2004), 3, 8; Kunz, NK 2005, 151, 152; ders., Kriminologie, § 38, Rn. 3.

425 Streng, BewHi 2000, 422, 425f.; ders. in: FS Lampe, S. 611, 613.

426 Streng, BewHi 2000, 422, 426f.; ders. in: FS Lampe, S. 611, 616.

der Fragestellung der Sozialisation und dem Vorwissen der Befragten als begrenzt anzusehen.[427] Sie können aber als Indiz dafür angesehen werden, dass Strafbereitschaft mit zunehmender sozialer Verunsicherung wächst.[428]

c) Kriminalitätsfurcht

Übersteigerte Kriminalitätsfurcht beruht zu einem Gutteil auf der Überbewertung globaler Bedrohungsereignisse und einer Überzeichnung von Kriminalität durch die Medien.[429] Spätestens mit den Terroranschlägen des 11.09.2001 wurde deutlich, dass die demokratischen Gesellschaften in ihren Grundfesten angreifbar sind. Diese, das menschliche Bedürfnis nach Sicherheit heftig erschütternde Begebenheit, führte in der Bevölkerung zu einer Verunsicherung bezüglich der Gesamtlage der öffentlichen Sicherheit und zu Fehleinschätzungen hinsichtlich Wahrscheinlichkeit und Häufigkeit solcher Ereignisse.[430] In Folge dieser Verunsicherung wird auch die Bedeutung gewöhnlicher Alltagskriminalität trotz nicht nachweisbarer Zunahme der Delinquenzbelastung überschätzt.[431]

Die Darstellung von Kriminalität ist innerhalb der Boulevardmedien überwiegend durch Dramatisierung charakterisiert.[432] Die Art der Präsentation zielt darauf ab, im medialen Konkurrenzkampf möglichst hohe Marktanteile zu erreichen,[433] so dass Ursachen und Hintergründe von Delinquenz kaum präsentiert werden.[434] Die Darstellung betrifft häufig extreme Gewaltdelikte und suggeriert eine ubiquitäre Bedrohung durch Kriminalität.[435] Diese Umstände erhöhen die Sensibilität der Bevölkerung für Kriminalität. Wie Erhebungen zeigen, haben

---

427 Zu den methodischen Schwierigkeiten solcher Studien: Kury/Kania/Obergfell-Fuchs, KrimJ 2004 Beih. 8, 51, 55.

428 Für diesen Zusammenhang eintretend: Althoff, KrimJ 2004, Beih. 8, 203, 204; skeptisch Reuband, KrimJ 2004, Beih. 8, S. 89, 90f.

429 Hassemer, StraFo 2005, 312, 316; Kunz., NK 2005, 151, 154; Pfeiffer/Windzio/Kleinmann, MschKrim 2004, 415, 418; Albrecht, Kriminologie, § 40 S. 366.

430 Kunz, Kriminologie, § 38 Rn. 9; Hassemer, StraFo 2005, 312, 316.

431 Kunz, Kriminologie, § 38 Rn. 9; Pfeiffer/Windzio/Kleinmann, MschKrim 2004, 415, 418.

432 Pfeiffer/Windzio/Kleinmann, MschKrim 2004, 415, 420f.; Baumann, Das Bild des Opfers, S. 9.

433 Pfeiffer/Windzio/Kleinmann, MschKrim 2004, 415, 420.

434 Kreissl, KritV 2008, 322, 324; Baumann, Das Bild des Opfers, S. 11.

435 Baumann, Das Bild des Opfers, S. 10; Obermöller/Gosch, KritJ 1995, 45, 54; Boers, NK 1994 H. 2, 27, 30.

die Boulevardmedien einen deutlichen Einfluss auf die Einschätzung der Bedrohung durch Kriminalität:[436]

Nach einer Studie des Kriminologischen Forschungsinstituts Niedersachsen überschätzten im Jahr 2005 die Befragten die Anzahl der Sexualmorde im Vergleich zur tatsächlich registrierten Zahl (PKS) um 168 %.[437] Beim Autodiebstahl gaben die Befragten mehr als das Fünfeinhalbfache und bei vollendeter Körperverletzung mehr als das Doppelte der tatsächlich registrierten Delikte an.[438] Das Medienverhalten hat entscheidende Bedeutung für die Überschätzung.[439] Befragte, die mindestens mehrmals wöchentlich eine anspruchsvolle deutschlandweite Tageszeitung lasen, vermuteten in allen Kriminalitätsbereichen geringere Deliktszahlen als die übrigen Befragten.[440] Der Konsum von Nachrichtensendungen des Privatfernsehens wirkte sich tendenziell steigernd auf den Grad der Überschätzung aus. Je häufiger Personen TV Nachrichten privater Sender anschauten, desto höher schätzen sie die Zunahme dort genannter Delikte.[441]

3. Instrumentalisierung der Verunsicherung

Statt über reale Kriminalitätsbelastung aufzuklären, greift die Politik die Verunsicherung der Bevölkerung bzw. die mitunter irrationale Kriminalitätsfurcht auf und instrumentalisiert sie zur Begründung und Stabilisierung von Sicherheitsgesetzen.[442] Mittels der Sicherheitsgesetze lässt sich wahlwirksam ein geschlossenes Auftreten, Handlungsfähigkeit und Aktivität nach außen präsentieren.[443] Der „politische Gebrauchswert"[444] der Sicherheitsgesetzgebung ist gerade bei dem mit vielen Ängsten besetzten Thema der schweren Kriminalität hoch.[445] Alle Erweiterungsstufen der Sicherungsverwahrung wurden mit einer überzeichneten

436 Windzio/Simonson/Pfeiffer/Kleimann, Kriminalitätswahrnehmung, S. 21; Pfeiffer/Windzio/Kleinmann, MschKrim 2004, 415, 422; Boers, Kriminalitätsfurcht, S. 175; ders., NK 1994 Heft 2, 27, 28f.; Dörmann/Remmers, Sicherheitsgefühl, S. 116ff.

437 Windzio/Simonson/Pfeiffer/Kleimann, Kriminalitätswahrnehmung, S. 20, Tab. 3.

438 Windzio/Simonson/Pfeiffer/Kleimann, Kriminalitätswahrnehmung, S. 20.

439 Windzio/Simonson/Pfeiffer/Kleimann, Kriminalitätswahrnehmung, S. 21.

440 Windzio/Simonson/Pfeiffer/Kleimann, Kriminalitätswahrnehmung, S. 22 u. Abb. 2.

441 Windzio/Simonson/Pfeiffer/Kleimann, Kriminalitätswahrnehmung, S. 26, Abb. 8-10.

442 Kreissl, KritV 2008, 322, 323 u. 328; Stehr, NK 1989, Heft 3, S. 30, 31f.; Obermöller/Gosch, KritJ 1995, 45, 54 u. 58;.Wächter, JZ 2002, 854, 855; Weber/Reindl, NK 2001, Heft 1, 16, 19; Albrecht, Vorgänge 2/2007, 27, 31f.

443 Frehsee, StV 1996, 222, 227; Hassemer, NStZ 1989, 553, 558f.; Albrecht in: FS Hassemer, S. 3, 10; Weber/Reindl, NK 2001, Heft 1, 16, 19.

444 Albrecht in: FS Hassemer, S. 3, 10.

445 Weber/Reindl, NK 2001, H. 1, 16, 19.

Darstellung der Kriminalität begründet. Einzelfälle schwerer Straftaten wurden aufgegriffen und als Symptom einer normativen Sicherheitslücke präsentiert, welche dann durch die Reformgesetze wahlwirksam geschlossen wurde. Die Konsequenz dieser Vorgehensweise ist eine nicht enden wollende Spirale neuer Sicherheitsgesetze, da sich aus schweren Straftaten fortlaufend Sicherheitslücken ableiten lassen, welche die Politik scheinbar zwingen, neue Gesetze vorzuschlagen.[446]

4. Die normative Erweiterung Sicherungsverwahrung als Teil eines Sicherheitstrends im Strafrecht

Sicherheit genießt in Kriminalpolitik, Medien und öffentlicher Meinung wie erörtert einen hohen Stellenwert.[447] Vom Strafrecht wird erwartet, adäquate Mittel zur Verfügung zu stellen, um Sicherheit herzustellen und die Ursachen der Sicherheitsprobleme zu bekämpfen. Das Strafrecht rückt in die Rolle eines Problemlösungsinstruments für schwierige soziale Situationen auf.[448] Es muss sich in dieser Funktion auf ständige neue Sicherheitsrisiken einstellen. Dies führt zu einer kontinuierlichen Ausweitung und Verschärfung strafrechtlicher Regelungen.[449] Die normative Erweiterung der Sicherungsverwahrung ist ein Baustein dieser Sicherheitsgesetzgebung.[450] Sie tritt neben eine ganze Reihe von Strafgesetzen, die Folge der kriminalpolitisch forcierten Sicherheitsorientierung im Strafrecht sind.[451] Die Zunahme von Gefährdungsdelikten und Versuchsstrafbarkeiten sowie der Ausbau heimlicher Ermittlungsbefugnisse im Strafprozessrecht seien hier als Beispiele anderer Zugriffsfelder der Sicherheitsgesetzgebung

446 Kinzig, Legalbewährung, S. 296; Haffke, KritJ 2005, 17, 29; Kreissl, KritV 2008, 322, 326.

447 vgl. aus dem umfangreichen Schrifttum: Barton in: „... weil er für die Allgemeinheit gefährlich ist", S. 11, 11; Baldus, KritV 2005, 364, 369; Callies, JZ 2006, 321, 322; Albrecht, KritV 2003, 125, 125; Limbach, Die Demokratie und ihre Bürger, S. 97f.; Kubink, Strafen und ihre Alternativen, S. 535; Stübinger in: Irrwege der Strafgesetzgebung, S. 141, 154.

448 Naucke, KritV 1999, 336, 353; Baratta, KritV 2003, 210, 219; Kunz, NK 2005, 151, 155f; Hassemer, StraFo 2005, 312, 314.

449 Naucke, KritV 1999, 336, 354; Baratta, KritV 2003, 210, 219; Albrecht, Kriminologie, § 6 S. 82ff.; Kunz, NK 2005, 151, 155f.

450 Sander, Grenzen instrumenteller Vernunft, S. 245; Mushoff, Strafe, S. 545; Barton in: „... weil er für die Allgemeinheit gefährlich ist", S. 11, 11; Kunz in: „... weil er für die Allgemeinheit gefährlich ist", S. 71, 71; Ostendorf, BewHi 2005, 57, 58.

451 siehe dazu die Aufstellung bei: Albrecht, Weg in die Sicherheitsgesellschaft, S. 813f.

benannt.[452] Das Strafrecht verliert infolge dessen seinen fragmentarischen Charakter und den Bezugspunkt der Tat.[453] Statt konkreter Straftaten werden anlassunabhängig bloße Sicherheitsrisiken bekämpft.[454] Damit ist ein Abbau von Strafrechtsprinzipien, welche die Schranken rechtsstaatlicher Strafrechtspflege markieren, verbunden.[455] Sie werden als „formale Spitzfindigkeiten" abgetan, die den Zugriff auf den Straftäter nur erschweren.[456]

VII. Fazit

Die normative Entwicklung der Sicherungsverwahrung zeigt, dass das Spannungsverhältnis von Sicherheit der Allgemeinheit und Freiheit des Individuums zu Lasten des Individualrechts aufgelöst wurde. Der fortschreitende Abbau der Hürden zur Anordnung der Sicherungsverwahrung erfolgte ohne die notwendige wissenschaftliche Fundierung und war mit einer Nichtachtung zentraler Strafrechtsprinzipien verbunden.[457] Das ohnehin mit der Verwahrung verbundene „Sonderopfer"[458], nach verbüßter Strafe über das Maß der Schuld hinaus weiteren Freiheitsentzug erleiden zu müssen, wurde einer größer werdenden Zahl von Betroffenen auferlegt. Den Gedanken eines sparsamen Gebrauchs der Maßregel, der noch bis in die Mitte der 1990er Jahre als Gegengewicht der besonderen Belastung galt[459], gaben Politik und Gesetzgeber auf.

Die normative Erweiterung der Sicherungsverwahrung steht im Kontext einer kaum noch überschaubaren Sicherheitsgesetzgebung.[460] Handlungsleitende Parameter dieser Gesetze sind „Risiko" und „Risikovorsorge".[461] Die gesellschaftlichen und ökonomischen Veränderungen, die Beck mit dem Begriff „Ri-

452 Hassemer, StraFo 2005, 312, 313f; Mushoff, Strafe, S. 543, Naucke, KritV 1993, 135, 145; ders., KritV 1999, 336, 340f; Singelnstein/Stolle, Sicherheitsgesellschaft, S. 62ff.

453 Kunz, NK 2005, 151, 155; Baratta, KritV 2003, 210, 219, Hassemer, StraFo 2005, 312, 314.

454 Singelnstein/Stolle, Sicherheitsgesellschaft, S. 62; Kunz, NK 2005, 151, 152.

455 Ausführlich: Albrecht, Kriminologie, § 9 S. 145; ders, Die vergessene Freiheit, S. 52f.; ders., StV 1994, 265, 266; ders., Vorgänge 2/2007, 27, 33; Herzog in: Kritik und Rechtfertigung, S. 117, 118; Baratta, KritV 2003, 210, 221; Naucke, KritV 1999, 336, 340; Ostendorf, BewHi 2005, 57, 64.

456 Limbach, Die Demokratie und ihre Bürger, S. 101.

457 Abrecht, Vorgänge 2/2007, 27, 33f.

458 Hanack in: LK, Vor §§ 61ff., Rn. 14 u. 22; Mushoff, Strafe, S. 254f.

459 Jeschek, Strafrecht AT, § 9 II 2. S. 87.

460 siehe dazu die Aufstellung bei: Albrecht, Der Weg in die Sicherheitsgesellschaft, S. 813f.

461 Sander, Grenzen instrumenteller Vernunft, S. 245.

sikogesellschaft“ gekennzeichnet hat,[462] korrelieren mit dem Wandel des Strafrechts zu einem „Risikostrafrecht“.[463] Dieses Risikostrafrecht hat die Ebene des präventiven, rechtsgüterbezogenen Strafrechts, wie es v. Liszt begründete, verlassen und bekämpft abstrakte Gefahren im Vorfeld der Gefahrentstehung.[464] Es ist durch eine Relativierung von Grundrechten, also einer Einschränkung der Freiheit geprägt.[465]

Die Politik relativiert die Gefahren für den Rechtsstaat, die mit dem Ausbau kriminalrechtlicher Eingriffsinstrumentarien einhergehen, mit dem Argument, ohne Sicherheit könne es keine Freiheit geben.[466] Diese Argumentation zeugt von einer Verzerrung des Verhältnisses von Freiheit und Sicherheit.[467] Ein (Grund)Recht auf Sicherheit[468] rückt den Staat in eine Beschützerrolle, die es ihm erlaubt, in Wahrnehmung von Schutzpflichten Grundrechte Dritter zu beschränken. Dadurch verlieren die Grundrechte ihre abwehrrechtliche Funktion; letztere wird von den Schutzpflichten des Staates überlagert.[469] Von der Politik wird der Staat als Garant der Sicherheit und damit als Beschützer der Freiheit dargestellt, weswegen die Bürger ihn nicht abwehren müssen, sondern ihm die Wahrnehmung ihrer Freiheitsrechte bedingungslos überlassen können.[470] Diese Darstellung verdunkelt, dass die Herstellung von Sicherheit gerade individuelle Freiheit kosten kann.[471] Freiheit ist nicht das Produkt staatlicher Sicherheitsgesetzgebung und/oder Sanktionierung, sondern Inbegriff menschlicher Würde.[472]

---

462 Beck, Risikogesellschaft.

463 Seelmann, KritV 1992, 452, 452f.; Müller, KrimJ 1993, 82, 86; Sander, Grenzen instrumenteller Vernunft, S. 245; Albrecht in: FS Hassemer, S. 3, 10; Frehsee, StV 1996, 222, 227.

464 Naucke, KritV 1999, 336, 353f. bezeichnet dieses Strafrecht als „nach-präventiv“; Albrecht in: FS Hassemer, S. 3, 11; ders., Weg in die Sicherheitsgesellschaft, S. 810; ders., Kriminologie, § 10, S. 146; Frehsee, StV 1996, 222, 227; Singelnstein/Stolle, Sicherheitsgesellschaft, S. 62.

465 Zur allgemeinen Erosion von Strafrechtsprinzipien: Albrecht, KritV 1993, 163, 165ff.; Denninger, StV 2002, 96, 101; Krauß, StV 1989, 315, 325; Naucke, KritV 1993, 135, 157ff.; Frehsee, StV 1996, 222, 227 spricht vom Verlust von Systemgrundsätzen.

466 So der ehemalige bayerische Innenminister Beckstein in: FR v. 26.03.2004, zit. nach Mushoff, Strafe, S. 550; Goll/Wulf, ZRP 2001, 284, 287.

467 Albrecht, Vergessene Freiheit, S. 26; Rzepka, KrimJ 2004, Beih. 8, 136, 137f.

468 dazu Isensee, Das Grundrecht auf Sicherheit.

469 Albrecht, KritV 2006, 295, 299.

470 Rzepka, KrimJ 2004, Beih. 8, 136, 138.

471 Hassemer, StraFo 2005, 312, 315; Rzepka, KrimJ 2004, Beih. 8, 136, 137, Albrecht, Die vergessene Freiheit, S. 27.

472 Albrecht, Kriminologie, § 8 S. 112f.; ders., Die vergessene Freiheit, S. 35.

Sie gilt es durch abwägungsfeste, untastbare Prinzipien gegenüber dem Staat zu bewahren.[473]

Bei der normativen Erweiterung der Sicherungsverwahrung sind diese Zusammenhänge zu Gunsten einer Sicherheitsorientierung weitgehend unbeachtet geblieben.

473 Albrecht, Die vergessene Freiheit, S. 12.

C. Die Grundsatzentscheidung des EGMR vom 17.12.2009 – Auslöser einer Trendwende zum Sicherheitsdenken im Recht der Sicherungsverwahrung?

I. Einleitung

Der Europäische Gerichtshof für Menschenrechte (EGMR) wertete im Fall Mücke gegen die Bundesrepublik Deutschland mit Urteil vom 17.12.2009 die rückwirkend angeordnete Verlängerung der Sicherungsverwahrung als Verstoß gegen die Europäische Menschenrechtskonvention (EMRK).[474] In einem weiteren Urteil vom 13.01.2011 konkretisierte der EGMR im Verfahren Haidn gegen die Bundesrepublik Deutschland seine Rechtsposition und erklärte auch die 2004 eingeführte und in der Folgezeit mehrfach verschärfte nachträgliche Sicherungsverwahrung für nicht konventionskonform.[475] Als Reaktion auf die weitreichende Kritik des EGMR an der Sicherungsverwahrung schuf der Gesetzgeber das „Gesetz zur Neuordnung der Sicherungsverwahrung und zu begleitenden Regelungen", das am 01.01.2011 in Kraft trat.[476] Das Bundesverfassungsgericht setzte sich im Urteil vom 04.05.2011 mit diesen Entscheidungen auseinander und erklärte in der Folge weite Bereiche des Rechts der Sicherungsverwahrung für verfassungswidrig.[477]

Im folgenden Teil der Arbeit wird untersucht, inwieweit die vom EGMR geäußerten menschenrechtlichen Bedenken den Sicherheitstrend im Recht der Sicherungsverwahrung beschränken oder sogar umkehren konnten. Nach einer erörternden Darstellung der Entscheidung des EGMR vom 17.12.2009 wird in einem ersten Schritt die Entscheidung des Bundesverfassungsgerichts vom 04.05.2011 einer Analyse unterzogen. Untersucht wird, inwiefern das Gericht von seiner Position aus dem Jahr 2004 abgewichen und zu einer stärkeren Beachtung der Freiheitsinteressen der Betroffenen gefunden hat. In einem zweiten Schritt wird untersucht, in welchem Maße der Gesetzgeber die kritischen Impulse des EGMR in einer stärker freiheitsorientierten Gestaltung des Rechts der Sicherungsverwahrung umgesetzt hat.

474 EGMR Urt. v. 17.12.2009, Beschwerde-Nr. 19359/04 (M./.Deutschland).

475 EGMR Urt. v. 13.01.2011, Beschwerde-Nr. 6587/04 (H./.Deutschland).

476 BGBl I 2010, 2300.

477 BVerfG Urt. v. 04.05.2011, Az. 2 BvR 2365/09 u.a.

II. Erörterung der Entscheidung des EGMR vom 17.12.2009

1. Überblick zum Sachverhalt und Verfahrensgang

Der mehrfach wegen versuchten Mordes vorbestrafte Reinhard Mücke (Beschwerdeführer) wurde 1991 in die Sicherungsverwahrung eingewiesen.[478] Als 2001 die zum Zeitpunkt der Verurteilung gültige Höchstgrenze von zehn Jahren erreicht war, ordnete das Vollstreckungsgericht auf Grundlage der durch das SexBG geänderten Fassung des § 67d StGB die Fortdauer der Sicherungsverwahrung an.

Die dagegen eingelegte Verfassungsbeschwerde wurde mit Grundsatzurteil vom 05.02.2004 wegen fehlender Geltung des Rückwirkungsverbots zurückgewiesen.[479]

Der Beschwerdeführer legte beim EGMR Individualbeschwerde ein, die mit dem hier relevanten Urteil vom 17.12.2009 erfolgreich beschieden wurde. Die von der Bundesregierung dagegen beantragte Verweisung an die Große Kammer des EGMR wurde am 10.05.2010 als unzulässig zurückgewiesen, wodurch das Urteil rechtskräftig wurde.[480] Der Beschwerdeführer wurde daraufhin aus der Sicherungsverwahrung entlassen.

2. Die Entscheidung des EGMR

Der EGMR beurteilte den durch das SexBG vom 26.11.1998[481] geschaffenen rückwirkenden Wegfall der Höchstunterbringungsfrist von zehn Jahren bei der erstmalig angeordneten Sicherungsverwahrung als Verstoß gegen Art. 5 Abs. 1 und Art. 7 Abs. 1 EMRK. In weiteren Urteilen vom 13.01.2011,[482] 14.04.2011[483] sowie 24.11.2011[484] hat der EGMR seine Rechtsprechung mittlerweile bestätigt und auf die nachträgliche Sicherungsverwahrung[485] ausgedehnt.

---

478 ausführlich zu den Vorverurteilungen des M., vgl. BVerfGE 109, 133, 141ff.

479 BVerfGE 109, 133ff.

480 Pressemitteilung Nr. 382 der Kanzlei des EGMR v. 11.05.2010.

481 BGBl 1998, 160ff.

482 EGMR Urt. v. 13.01.2011, Beschwerde-Nr. 17792/07 (K./.Deutschland); Beschwerde-Nr. 20008/07 (M./.Deutschland); Beschwerde-Nr. 27360/04 u.a. (S./.Deutschland).

483 EGMR Urt. v. 14.04.2011, Beschwerde-Nr. 30060/04 (J./.Deutschland).

484 EGMR Urt. v. 14.04.2011, Beschwerde-Nr. 4646/08 (H./.Deutschland).

485 EGMR Urt. v. 13.01.2011, Beschwerde-Nr. 6587/04 (H./.Deutschland).

a) Verstoß gegen Art. 5 Abs.1 EMRK

Der EGMR sah im rückwirkenden Wegfall der Zehnjahresfrist einen Verstoß gegen Art. 5 EMRK.[486] Dieser bezweckt den Schutz vor willkürlichem Verlust der Fortbewegungsfreiheit[487] und verlangt die Existenz eines ordnungsgemäß zu Stande gekommenen nationalen Gesetzes, das bestimmte und vorhersehbare Voraussetzungen des Freiheitsentzuges festlegen muss.[488] Außerdem hat der Freiheitsentzug den Anforderungen der abschließend aufgezählten Haftgründe nach Art. 5 Abs. 1 S. 2 a) - f) EMRK zu entsprechen.[489]

aa) Haftgrund nach Art. 5 Abs. 1 S. 2 a) EMRK

Der Haftgrund des Art. 5 Abs. 1 S. 2 a) EMRK lässt Freiheitsentzug zu, wenn er „nach Verurteilung durch ein zuständiges Gericht“ erfolgt. Aus dem Wort „nach“ ergibt sich das Erfordernis eines hinreichenden Kausalzusammenhanges zwischen der Verurteilung und der Inhaftierung.[490] Die Haft muss auf der Verurteilung beruhen, ihr folgen, von ihr abhängen und sich auf Gründe stützen, die mit dem Ziel der ursprünglichen Entscheidung vereinbar sind.[491]

Der Gerichtshof stellte fest, dass die zeitlich begrenzte, ursprünglich angeordnete Sicherungsverwahrung des Beschwerdeführers diesen Anforderungen genügte, weil sie schon im Urteil zusätzlich zur Strafe ausgesprochen wurde.[492] Dies deckt sich mit der ständigen Rechtsprechung des EGMR, wonach zeitlich ungewisse Freiheitsentziehungen mit der Konvention vereinbar sind, so lange

---

486 EGMR Urt. v. 17.12.2009, Beschwerde-Nr. 19359/04 (M./.Deutschland), Ziff. 92ff.

487 Peukert in: EMRK, Art. 5 Rn. 1.

488 St. Rspr.: EGMR, Urt. v. 28.03.2000, Beschwerde-Nr. 28358/95 (Baranowski./.Polen), Ziff. 50ff.; Urt. v. 31.07.2000, Beschwerde-Nr. 34578/97 (Jecius./.Litauen), Ziff. 56; Urt. v. 5.10.2000, Beschwerde-Nr. 31365/96 (Varbanov./.Bulgarien), Ziff. 51; vgl. auch Peukert in: EMRK, Art. 5 Rn.23.

489 St. Rspr.: EGMR ECtHR, Guzzardi Case, Ser. A 39, Ziff.96; EGMR Urt. v. 20.03.1997, Beschwerde-Nr. 21915/93 (Loukanov./.Bulgarien), Ziff. 41; Peukert in: EMRK, Art 5 Rn.23.

490 St. Rspr.: EGMR, ECtHR, van Droegenbeck Case Ser. A 50 Ziff. 35; EGMR, ECtHR, Weeks Case, Ser. A 114, Ziff. 42, EGMR Urt. v. 17.12.2009, Beschwerde-Nr. 19359/04, (M./.Deutschland), Ziff. 88.

491 EGMR, ECtHR, van Droegenbeck Case Ser. A 50 Ziff. 35; EGMR ECtHR, Weeks Case, Ser. A 114 Ziff. 42; Urt. v. 17.12.2009, Beschwerde-Nr. 19359/04 (M./.Deutschland), Ziff. 88.

492 EGMR Urt. v. 17.12.2009, Beschwerde-Nr. 19359/04 (M./.Deutschland), Ziff. 96.,

sie durch ein Strafurteil anstelle oder neben einer Freiheitsstrafe angeordnet werden.[493]

Die entscheidende Frage war somit, ob die Unterbringung in der Sicherungsverwahrung über die Höchstgrenze von zehn Jahren hinaus noch auf der ursprünglichen Verurteilung beruhte. Die Bundesregierung bejahte diese Frage, da das Ausgangsgericht nicht die Dauer der Sicherungsverwahrung bestimmt, sondern nur darüber befunden habe, ob eine solche verhängt werden solle.[494] Das Bundesverfassungsgericht hatte in Entscheidung vom 05.02.2004 ähnlich argumentiert: Durch die Gesetzesänderung sei das rechtskräftige Urteil nicht zum Nachteil des Beschwerdeführers abgeändert worden, da die gesetzliche Höchstfrist nicht Bestandteil des Urteils gewesen sei.[495]

Der Gerichtshof widersprach dieser Argumentation mit der Einlassung, das erkennende Gericht habe ohnehin nie über die zeitliche Dauer der Sicherungsverwahrung zu entscheiden, sondern die Vollstreckungskammern, §§ 67c-67e StGB.[496] Die ursprünglich auf Grundlage der Höchstfrist von zehn Jahren angeordnete Sicherungsverwahrung habe nur auf Grund der Änderungen des SexBG verlängert werden können. Nach Ansicht des EGMR beruhte die Verlängerung deswegen auf dem Entschluss des Gesetzgebers und nicht auf der ursprünglichen Entscheidung des erkennenden Gerichts.[497] In der Folge hielt der EGMR den nach Art. 5 Abs. 1 S. 2 a) EMRK erforderlichen Kausalzusammenhang für nicht gegeben. Auch die Entscheidung des Vollstreckungsgerichts, die Sicherungsverwahrung weiter zu vollstrecken, bedeute keine neue Verurteilung, nach der die Haft rechtmäßig wäre. Eine Verurteilung setze eine Schuldfeststellung voraus, die das Vollstreckungsgericht nicht vorgenommen habe.[498]

Im Verfahren Haidn gegen die Bundesrepublik Deutschland übertrug der Gerichtshof mit Entscheidung vom 13.01.2011 diese Grundsätze auf eine nachträglich angeordnete Sicherungsverwahrung, die auf Grundlage des bayerischen Straftäterunterbringungsgesetz erfolgt war.[499] Weil in dem Ausgangsurteil des Landgerichts Passau die Unterbringung zu Präventionszwecken „nicht vorgesehen und noch nicht einmal als Möglichkeit enthalten" war, verneinte der EGMR

---

493 EGMR Urt. v. 17.12.2009, Beschwerde-Nr. 19359/04, (M./.Deutschland), Ziff. 93; zur primären SV: Urt. v. 21.10.2010, Beschwerde-Nr. 24478/03 (Grosskof./.Deutschland), Ziff. 47-50; EGMR, ECtHR, van Droegenbeck Case, Ser. A 50, Ziff. 34.

494 EGMR Urt. v. 17.12.2009, Beschwerde-Nr. 19359/04 (M./.Deutschland), Ziff. 83-85.

495 BVerfGE 109, 133, 183.

496 EGMR Urt. v. 17.12.2009, Beschwerde-Nr. 19359/04 (M./.Deutschland), Ziff. 99.

497 EGMR Urt. v. 17.12.2009, Beschwerde-Nr. 19359/04 (M./.Deutschland), Ziff. 100.

498 EGMR Urt. v. 17.12.2009, Beschwerde-Nr. 19359/04 (M./.Deutschland), Ziff. 96.

499 EGMR Urt. v. 13.01.2011, Beschwerde-Nr. 6587/04 (H./.Deutschland).

den hinreichenden Kausalzusammenhang i.S.d. Art. 5 Abs. 1 S. 2 a) EMRK.[500] Deswegen wurde in Augen des Gerichtshofs auch die nachträgliche Sicherungsverwahrung nicht den Anforderungen konventionsgemäßen Freiheitsentzuges gerecht.[501]

bb) Haftgrund nach Art. 5 Abs. 1 S. 2 c) EMRK

Der Gerichtshof hielt im Fall Mücke und später im Fall Haidn auch den Haftgrund des Art. 5 Abs. 1 S. 2 c) EMRK, welcher eine Präventivhaft zulässt, nicht für einschlägig.[502] Dieser Haftgrund wird eng ausgelegt. Es müssen konkrete Gründe dafür bestehen, dass eine bestimmte Straftat begangen werden soll; eine allgemeine Gefahr für die öffentliche Sicherheit ist nicht ausreichend.[503] Damit stellt sich der EGMR gegen die Auffassung von Teilen des deutschen Schrifttums, die den Haftgrund für anwendbar halten, weil bei besonders rückfallgefährdeten Tätern Straftaten hinreichend konkret zu erwarten seien, so dass ein weitergehender, fortdauernder Freiheitsentzug nicht willkürlich sei.[504] Der EGMR ordnet die Regelung hingegen in ständiger Rechtsprechung dem Kontext der verfahrensrechtlichen Absicherung nach Art. 5 Abs. 3 S. 1 EMRK zu, welche eine unverzügliche richterliche Vorführung nach der Festnahme verlangt.[505] Wegen dieses Kontextes betrifft die Regelung des Buchstaben c nach seiner Ansicht nur Freiheitsentziehungen im Rahmen eines strafrechtlichen Ermittlungsverfahrens.[506] Die Präventivhaft nach Art. 5 Abs. 1 S. 2 c) EMRK gleicht deswegen dem Untersuchungshaftgrund der Wiederholungsgefahr nach § 112a StPO; langandauernden Freiheitsentzug vermag sie nicht zu legitimieren.[507]

---

500 EGMR Urt. v. 13.01.2011, Beschwerde-Nr. 6587/04 (H./.Deutschland), Ziff. 88.

501 EGMR Urt. v. 13.01.2011, Beschwerde-Nr. 6587/04 (H./.Deutschland), Ziff. 88.

502 EGMR Urt. v. 17.12.2009, Beschwerde-Nr. 19359/04 (M./.Deutschland), Ziff. 102; EGMR Urt. v. 13.01.2011, Beschwerde-Nr. 6587/04 (H./.Deutschland), Ziff. 90.

503 EGMR Urt. v. 13.01.2011, Beschwerde-Nr. 6587/04 (H./.Deutschland), Ziff. 90; EGMR, ECtHR, Lawless Case, Ser. A 3, Ziff. 14; EGMR ECtHR, Guzzardi Case, Ser. A 39, Ziff. 102; EGMR, ECtHR, Ciulla Case, Ser. A 148, Ziff. 39 u. 40; Peukert in: EMRK, Art. 5 Rn.70; Meyer-Ladewig, EMRK, Art. 5 Rn 39; Schulze-Fielitz in: Dreier, GG, Art. 104 Rn. 9.

504 Grosse-Brömer/Klein, ZRP 2010, 172, 173; Peglau, NJW 2001, 2436, 2438; Würtenberger/Sydow, NVwZ 2001, 1201, 1204; Rosenau/Peters, JZ 2007, 584, 586.

505 EGMR Urt. v. 13.01.2011, Beschwerde-Nr. 6587/04 (H./.Deutschland), Ziff. 90; EGMR, ECtHR, Lawless Case, Ser. A 3, Ziff. 14; EGMR, ECtHR, Ciulla Case, Ser. A 148, Ziff. 38.

506 Meyer-Ladewig, EMRK, Art. 5 Rn 31; EGMR NVwZ 2006, 797, 799.

507 Kinzig, NStZ 2010, 233, 236; dazu auch: Renzikowski, JR 2004, 271, 273; Peukert in: EMRK, Art. 5 Rn.72.

cc) Haftgrund nach Art. 5 Abs. 1 S. 2 e) EMRK

Schließlich lehnte der Gerichtshof in den zu entscheidenden Fällen auch die Anwendung des Art. 5 Abs. 1 S. 2 e) EMRK ab, welcher Freiheitsentzug u.a. auf Grund einer psychischen Erkrankung legitimiert. Der EGMR hielt es zwar für möglich, dass auf bestimmte Sicherungsverwahrte die Voraussetzungen des Art. 5 Abs. 1 S. 2 e) EMRK zutreffen könnten. Weil die Beschwerdeführer aber nicht an einer schweren seelischen Störung gelitten und die Ausgangsgerichte die Fortdauer der Sicherungsverwahrung auch nicht mit eben dieser begründet hätten, sei der Haftgrund nicht anwendbar.[508]

dd) Vorhersehbarkeit nach Art. 5 Abs. 1 EMRK

Der EGMR traf keine Entscheidung, ob die nachträglich verlängerte Sicherungsverwahrung den Anforderungen der Vorhersehbarkeit genügt, weil dies wegen des ohnehin fehlenden Haftgrundes dahinstehen konnte. Er äußerte jedoch „ernsthafte Zweifel", da die Neuregelung des § 67d StGB mit sofortiger Wirkung ohne Übergangsfrist angewendet wurde.[509] Er wiederholte seine Zweifel im Fall Haidn mit dem Hinweis, drei der acht Richter des Bundesverfassungsgerichts hätten in der Entscheidung vom 10.02.2004 selbst die Ansicht vertreten, die Landesstraftäterunterbringungsgesetze genügten nicht den verfassungsrechtlichen Maßstäben der Vorhersehbarkeit.[510] Die Beschäftigung mit der Vorhersehbarkeit trotz fehlender Entscheidungsrelevanz ist bemerkenswert. Sie kann als Signal an den deutschen Gesetzgeber verstanden werden, das gesamte Recht der Sicherungsverwahrung hinsichtlich dieses Aspekts auf den Prüfstand zu stellen.

b) Verstoß gegen Art. 7 EMRK

Der EGMR wertete die nachträgliche Verlängerung der Sicherungsverwahrung gleichzeitig als Verstoß gegen das Verbot rückwirkender Bestrafung nach Art. 7 EMRK.[511] Der Gerichtshof qualifizierte die Sicherungsverwahrung im Unterschied zum Bundesverfassungsgericht als Strafe.[512] Der formalen Trennung von Maßregel und Strafe des deutschen Rechts folgte der EGMR nicht, sondern unterzog die Sicherungsverwahrung einer materiellen Betrachtung.[513] Der Ge-

508 EGMR Urt. v. 17.12.2009, Beschwerde-Nr. 19359/04 (M./.Deutschland), Ziff. 103; EGMR Urt. v. 13.01.2011, Beschwerde-Nr. 6587/04 (H./.Deutschland), Ziff. 93.

509 EGMR Urt. v. 17.12.2009, Bes chwerde-Nr. 19359/04 (M./.Deutschland), Ziff. 104.

510 EGMR Urt. v. 13.01.2011, Beschwerde-Nr. 6587/04 (H./.Deutschland), Ziff. 96.

511 EGMR Urt. v. 17.12.2009, Beschwerde-Nr. 19359/04 (M./.Deutschland), Ziff. 137.

512 EGMR Urt. v. 17.12.2009, Beschwerde-Nr. 19359/04 (M./.Deutschland), Ziff. 133.

513 EGMR Urt. v. 17.12.2009, Beschwerde-Nr. 19359/04 (M./.Deutschland), Ziff. 120.

richtshof legt den Schutzbereich des Art. 7 EMRK in ständiger Rechtsprechung auf Grund einer autonomen, d.h. vom Verständnis des Mitgliedstaats losgelösten, Auslegung fest.[514] Dabei handelt es sich um einen Interpretationsvorgang des nationalen Rechts, der dazu dient, den Konventionsgarantien möglichst weitreichende Geltung zu verschaffen (sog. principle of effectiveness).[515] Die Anwendung des Rückwirkungsverbotes darf danach nicht von der äußeren Bezeichnung einer Sanktion abhängen, sondern muss sich nach materiellen Kriterien richten.[516]

Entscheidend für die Beurteilung einer Sanktion als Strafe seien ihr Bezug zur Verurteilung, die Charakterisierung nach innerstaatlichem Recht, Art und Zweck der Maßnahme, der Vollzug sowie die Schwere des Grundrechtseingriffs.[517]

Nach Auffassung des Gerichts sprach v.a. die unterschiedslose Vollzugsgestaltung von Freiheitsstrafe und Sicherungsverwahrung dafür, dass die Sicherungsverwahrung eine „Strafe“ ist. Die geringfügigen Vollzugsprivilegien der Sicherungsverwahrten könnten nicht darüber „hinwegtäuschen“, dass über das Angebot für normale Langzeitstrafgefangene hinaus zusätzliche Maßnahmen zur Reduzierung der Gefährlichkeit der betreffenden Personen derzeit fehlten.[518] Der Vollzug der Freiheitsstrafe und der Maßregeln sei den gleichen Zielen, nämlich dem Schutz der Allgemeinheit und der Reintegration, verpflichtet.[519] Ferner be-

---

514 EGMR Urt. v. 09.02.1995, Beschwerde-Nr. 17440/90 (Welch./.Vereinigtes Königreich), Ziff. 27; EGMR Urt. v. 08.06.1995, Beschwerde-Nr. 11/1994/458/539 (J./.Frankreich), Ziff. 30; EGMR, ECtHR, van Droegenbeck Case, Ser. A 50, Ziff. 38; EGMR, ECtHR, Duinhof and Duijf Case, Ser. A 79, Ziff. 34; EGMR Urt. v. 17.12.2009, Beschwerde-Nr. 19359/04 (M./.Deutschland), Ziff. 120; Grabenwarter/Pabel, EMRK, § 5 Rn. 11; Ganshof van der Meersch, EuGRZ 1981, 481, 481f.

515 Grabenwarter/Pabel, EMRK, § 5 Rn. 9; Ganshof van der Meersch, EuGRZ 1981, 481, 482; Jacobs/White, The European Convention, S. 47f.; Jung, GA 2010, 639, 642.

516 EGMR Beschwerde-Nr. 17440/90 (Welch./.Vereinigtes Königreich), Ziff. 27; EGMR Urt. v. 08.06.1995, Beschwerde-Nr. 11/1994/458/539 (J./.Frankreich), Ziff. 30; EGMR, ECtHR, van Droegenbeck Case, Ser. A 50, Ziff. 38; EGMR, ECtHR, Duinhof and Duijf Case, Ser. A 79, Ziff. 34; EGMR Urt. v. 17.12.2009, Beschwerde-Nr. 19359/04 (M./.Deutschland), Ziff. 120.

517 EGMR Urt. v. 09.02.1995, Beschwerde-Nr. 17440/90 (Welch./.Vereinigtes Königreich), Ziff. 28; vgl. zum vorliegenden Fall: Urt. v. 17.12.2009, Beschwerde-Nr. 19359/04 (M./.Deutschland), Ziff. 120.

518 EGMR Urt. v. 17.12.2009, Beschwerde-Nr. 19359/04 (M./.Deutschland), Ziff. 127 u. 128.

519 EGMR Urt. v. 17.12.2009, Beschwerde-Nr. 19359/04 (M./.Deutschland), Ziff. 127 u. 130.

urteilte das Gericht den mit der Sicherungsverwahrung verbundenen Grundrechtseingriff als vergleichbar mit einer lebenslangen Freiheitsstrafe.[520]

c) Positionierung des EGMR zur Grundsatzentscheidung vom 05.02.2004 des Bundesverfassungsgerichts

Der EGMR beurteilte die Abschaffung der Zehnjahreshöchstfrist entgegen der verfassungsgerichtlichen Entscheidung vom 05.02.2004 als unvereinbar mit dem Freiheitsrecht und dem Rückwirkungsverbot. Der folgende Abschnitt beschäftigt sich mit den Gründen für die abweichende Position des EGMR.

aa) Unterschiedliche Positionen in Bezug auf das Freiheitsgrundrecht

Die differierenden Positionen zum Freiheitsgrundrecht sind auf die unterschiedliche Gewährleistungsstruktur zurückführen, die das Grundgesetz und die EMRK bezüglich der Rechtfertigung von Freiheitsentzug haben.[521]

Das Grundgesetz enthält – im Gegensatz zu Art. 5 EMRK – keinen abschließenden Katalog von Haftgründen. Art. 104 GG trifft keine Aussagen, aus welchen materiellen Gründen Freiheitsentziehungen rechtmäßig sein können.[522] Dies überlässt das Grundgesetz dem parlamentarischen Gesetzgeber. Materielle Grenzen des Freiheitsentzugs ergeben sich aus einer gebotenen verfassungskonformen teleologischen Auslegung des Freiheitsgrundrechts gemäß Art. 2 Abs. 2 S. 2 GG.[523] Demzufolge müssen sowohl die Art der Freiheitsentziehung als auch ihre Dauer v.a. geeignet, erforderlich und (schuld-) angemessen, d.h. verhältnismäßig sein.[524] Aus diesem Grund löst das Bundesverfassungsgericht in ständiger Rechtsprechung das Spannungsverhältnis zwischen dem Freiheitsanspruch des Untergebrachten und der Sicherheit der Allgemeinheit mittels einer einzelfallbezogenen Abwägung der miteinander kollidierenden Rechtsgüter.[525]

Der EGMR prüft die Rechtmäßigkeit des Freiheitsentzuges anhand der Haftgründe des Art. 5 Abs. 1 S. 2 EMRK. Diese sind im Vergleich zu den sonst oftmals generalklauselartig formulierten weiteren Garantien der Konvention, weitaus präziser und detaillierter ausgearbeitet, wodurch ein enger Prüfungs-

---

520 EGMR Urt. v. 17.12.2009, Beschwerde-Nr. 19359/04 (M./.Deutschland), Ziff. 132.

521 dazu Dörr in: EMRK/GG, Kap. 13 Rn. 14.

522 Schulze-Fielitz in: Dreier GG, Art. 104 Rn. 9 und 29; Dörr in: EMRK/GG, Kap. 13 Rn. 14.

523 Schulze-Fielitz in: Dreier GG, Art. 104 Rn. 38; Jarass in: Jarass/Pieroth, GG, Art. 104 Rn. 6; Dörr in: EMRK/GG, Kap. 13 Rn. 14.

524 Schulze-Fielitz in: Dreier GG, Art. 2 II Rn. 108ff; Murswiek in: Sachs, GG, Art. 2 Rn. 243; Jarass in Jarass/Pieroth, GG, Art. 2 Rn. 21; BVerfGE 53, 152, 158f.; 70, 297, 311f.

525 BVerfGE 109, 133, 157; 70, 297, 311.

rahmen abgesteckt wird.[526] Eine vergleichsweise unbestimmte Abwägung des Freiheitsrechts mit der staatlichen Schutzpflicht zur Gewährleistung von Sicherheit lehnt der Gerichtshof ab und vermeidet dadurch die Unwägbarkeiten einer Gefährlichkeitsprognose.[527] Außerdem untersagt er vor dem Hintergrund der hohen Bedeutung des Freiheitsgrundrechts eine extensive Auslegung der Haftgründe,[528] was in seinen Ausführungen zu Art. 5 Abs. 1 S. 2 c) EMRK deutlich wird.[529]

Damit korrespondiert, dass die konventionsrechtliche Gewährleistung des Art. 5 EMRK durch den EGMR als bipolares Abwehrrecht des Bürgers gegen den Staat verstanden wird.[530] Der EGMR betont bereits seit Beginn seiner Rechtsprechung, der maßgebliche Normzweck von Art. 5 EMRK sei der Schutz vor willkürlichem, staatlich angeordnetem Freiheitsentzug.[531] Diese Haltung entspricht auch unter Einnahme einer historischen Perspektive dem Zweck der konventionsrechtlichen Garantie, deren Wurzeln im „Habeas-Corpus" Verfahren des mittelalterlichen englischen Verfassungsrechts gründen.[532] Wohl benennt Art. 5 Abs. 1 EMRK neben dem Schutzgut der Freiheit auch das der Sicherheit. Hieraus leitet sich jedoch keine Schutzpflicht der Mitgliedstaaten oder gar ein Anspruch der Bürger auf Schutz vor Straftätern her.[533]

---

526 Trechsel, EuGRZ 1980, 514, 514; Grabenwarter/Pabel, EMRK, § 21 Rn. 1; Dörr in: EMRK/GG, Kap. 13, Rn. 14.; vgl. zur engen Interpretation der Haftgründe durch den EGMR: Urt. v. 20.03.1997, Beschwerde-Nr. 21915/93 (Loukanov./.Bulgarien), Ziff. 41.

527 Jung, GA 2010, 639, 643.

528 EGMR, ECtHR, Winterwerp Case, Ser. A 33, Ziff. 37; ECtHR, Guzzardi Case, Ser. A 39, Ziff. 98; ECtHR, Bouamar Case, Ser. A 129, Ziff. 43; ECtHR, Quinn Case, Ser. A 311, Ziff. 42; Meyer-Ladewig, EMRK, Art. 5 Rn. 1.

529 Jung, GA 2010, 639, 643.

530 Jacobs/White, The European Convention, S. 123; Renzikowski, ZIS 2011, 531, 539; vgl. auch: Grabenwarter/Pabel, EMRK, § 21 Rn. 3.

531 EGMR, Urt. v. 8.6.1976, Beschwerde-Nr. 5100/71, 5101/71, 5102/71, 5354/72, 5370/72 (Engel u.a./.Niederlande), Ziff 58; EGMR ECtHR, Winterwerp Case, Ser. A 33, Ziff. 37.; EGMR ECtHR, Guzzardi Case, Ser. A 39, Ziff. 92; EGMR, EGMR, Urt. v. 12.6.2003 – Beschwerde-Nr. 44672/98 (Herz./.Deutschland), Ziff. 43; EGMR, Urt. v. 28.9.2006, Beschwerde-Nr. 56272/00 (Kayadjieva./.Bulgarien), Ziff. 29.

532 Zur Historie des Grundsatzes: Riedel, EuGRZ 1980, 192, 192-195; Dörr in: EMRK/GG, Kap. 13 Rn. 2.

533 Renzikowski, ZIS 2011, 531, 539; Grabenwarter/Pabel, EMRK § 21 Rn. 3; Meyer-Ladewig, EMRK, Art. 5 Rn. 3.

Das Recht auf Sicherheit konnte über das Freiheitsrecht hinaus in der Rechtsprechung des Gerichtshofs keine eigenständige Bedeutung erlangen.[534] Vielmehr sind „Freiheit und Sicherheit die beiden Seiten derselben Medaille: wenn die persönliche Freiheit auf die Freiheit der Bewegung verweist, so meint Sicherheit den Zustand dessen, der in dieser Freiheit rechtlich geschützt ist.“[535] Die Wahrung verfahrensmäßiger Beschränkungen von Freiheitseingriffen gewährleistet also Sicherheit im Sinne des Art. 5 EMRK.[536] Sicherheit meint demnach Rechtssicherheit als Ausfluss der konsequenten Durchsetzung der Freiheitsgarantie und damit letztendlich Sicherheit vor dem ungehinderten staatlichen Zugriff.[537]

Der Kern der abweichenden Position des EGMR liegt also darin, dass er sich einem Grundrecht auf Sicherheit verschließt.[538] Der Gerichtshof versteht Sicherheit nicht im Sinne von innerer Staatssicherheit, sondern als persönliche Sicherheit der Individuen vor staatlichen Eingriffen in die Grundrechte.[539]

bb) Unterschiedliche Positionen in Bezug auf das Rückwirkungsverbot

Gewährleistungsstruktur und -gehalt der Art. 7 EMRK und 103 Abs. 2 GG gleichen sich. Beide Vorschriften verbieten sowohl die rückwirkende Strafbegründung als auch Strafverschärfung und wahren auf diese Weise die Berechenbarkeit von Strafbarkeit und Strafmaß.[540] Ihr Anwendungsbereich erstreckt sich sowohl in Augen des Verfassungsgerichts als auch des EGMR grundsätzlich jeweils nur auf Strafen, nicht jedoch auf Präventivmaßnahmen;[541] allerdings divergieren die Entscheidungen im Hinblick auf die Auslegung des Begriffs „Strafe“.

Folgte das Bundesverfassungsgericht einer formalen zweckorientierten Betrachtung, so nahm der Gerichtshof eine wirkungsorientierte Analyse der Siche-

---

534 EGMR Urt. v. 01.06.2004, Beschwerde-Nr. 24561/90 (Altun./.Turkey), Ziff.57; aus der Lit.: Dörr in: EMRK/GG, Kap. 13 Rn. 32; Trechsel, EuGRZ 1980, 514, 518; Meyer-Ladewig, EMRK, Art. 5 Rn. 2.

535 Das Originalzitat in englischer Sprache stammt von: Fawcett, Application of the European Convention, S. 58; vgl. auch: Renzikowski, ZIS 2011, 531, 539; Trechsel, EuGRZ 1980, 514, 518.

536 Dörr in: EMRK/GG, Kap. 13 Rn. 32.

537 Peukert in: EMRK, Art 5 Rn. 7; vgl. dazu auch: Kötter, KritJ 2003, 64, 74.

538 vgl. zur Sicherheit als eigenständigem Grundrecht: Isensee, Das Grundrecht auf Sicherheit; Robbers, Sicherheit als Menschenrecht.

539 Renzikowski, ZIS 2011, 531, 539.

540 Kadelbach in: EMRK/GG, Kap. 15 Rn. 9; Schmidt-Aßmann in: Maunz/Dürig, GG, Art. 103 Rn. 235.

541 Meyer-Ladewig, EMRK, Art. 7 Rn. 18; Kadelbach, in: EMRK/GG, Kap. 15 Rn. 15; EGMR ECtHR, Guzzardi Case, Ser. A 39, Ziff. 99.

rungsverwahrung vor. Letztere stützte sich auf Kriterien, die auch große Teile des deutschen Schrifttums zu Gunsten der Anwendung des Rückwirkungsverbots auf die Sicherungsverwahrung vorgebracht haben. Der Gerichtshof verleiht auf diese Weise dem Vorwurf des „Etikettenschwindels" neues Gewicht.[542] Seine autonome Auslegung soll eine effektive Durchsetzung der Menschenrechte sicherstellen und verhindern, dass Mitgliedstaaten einzelne Maßnahmen aus dem Anwendungsbereich des Art. 7 Abs. 1 EMRK durch bloße Umbenennung herauslösen können. Auf die dogmatische Trennung zwischen Strafe und Maßregel nimmt der EGMR keine Rücksicht. Darin wird deutlich, dass der Gerichtshof auch bei Art. 7 EMRK ein abwehrrechtliches Verständnis zu Grunde legt, um dem nachträglichen Freiheitsentzug eine Schranke zu setzen.

III. Das Urteil des Bundesverfassungsgerichtes vom 04.05.2011 und seine Bedeutung für den Freiheitsschutz im Recht der Sicherungsverwahrung

1. Die entscheidungsrelevanten Sachverhalte im Überblick

Das Bundesverfassungsgericht entschied am 04.05.2011 über vier verbundene Verfassungsbeschwerden.[543]

Die Beschwerdeführer 1) und 2) wendeten sich gegen die rückwirkend angeordnete Verlängerung der Sicherungsverwahrung. Sie waren 1995 bzw. 1991 in die Sicherungsverwahrung eingewiesen und nach Ablauf der ehemaligen Höchstfrist von zehn Jahren nicht entlassen worden. Der 1999 zu einer Jugendstrafe verurteilte Beschwerdeführer 3) wurde nach § 7 Abs. 2 JGG in die Sicherungsverwahrung eingewiesen. Der Beschwerdeführer 4) war 1990 zunächst in ein psychiatrisches Krankenhaus eingewiesen und im Anschluss nach § 66b Abs. 3 StGB in der Sicherungsverwahrung untergebracht worden. Die Beschwerführer 3) und 4) strengten dementsprechend die Verfassungsbeschwerde gegen die nachträgliche Anordnung der Sicherungsverwahrung an, welche auf Grund des zum Tatzeitpunkt geltenden Rechts nicht möglich gewesen wäre.

542 Kinzig, NStZ 2010, 233, 237; Streng, JZ 2011, 827, 831.

543 Az: 2 BVR 2365/09, 2 BvR 740/10, 2 BvR 571/10 u. BvR 1152/10.

2. Darstellung der Entscheidungsgründe

Das Bundesverfassungsgericht beurteilte alle Vorschriften[544] zur Anordnung und Dauer der Sicherungsverwahrung wegen einer Verletzung des Abstandsgebots als unvereinbar mit Art. 2 Abs. 2 S. 2 i.V.m. Art. 104 Abs. 1 GG.[545] Der Senat lehnte trotzdem die Nichtigerklärung der Normen ab, um damit einen vollständigen Wegfall der Rechtsgrundlage der Sicherungsverwahrung zu vermeiden. Die daraus folgende sofortige Entlassung der Sicherungsverwahrten wertete das Gericht als nachhaltige Störung der Funktionsfähigkeit des zweispurigen deutschen Strafrechtssystems, die zudem Gerichte, Verwaltung und Polizei vor „kaum lösbare" praktische Probleme stelle.[546] Übergangsweise gelten seither die – verfassungswidrigen – Vorschriften bis zu einer Neuregelung, längstens jedoch bis zum 31.05.2013 weiter – allerdings unter erhöhten Anforderungen. Sie dürfen nur nach Maßgabe einer strikten Verhältnismäßigkeitsprüfung angewandt werden. Die Anforderungen des Verhältnismäßigkeitsgrundsatzes sind unter der Vorraussetzung gewahrt, „dass eine Gefahr schwerer Gewalt- oder Sexualstraftaten aus konkreten Umständen in der Person oder dem Verhalten des Betroffenen abzuleiten ist."[547]

Die Vorschriften zum nachträglichen präventiven Freiheitsentzug beurteilte das Bundesverfassungsgericht zusätzlich als Verstoß gegen das rechtsstaatliche Vertrauensschutzgebot nach Art. 2 Abs. 2 S. 2 i.V.m. Art. 20 Abs. 3 GG.[548] Namentlich handelt es sich um die §§ 67d Abs. 3 S. 1, 66b Abs. 1 u. 2 StGB a.F., 7 Abs. 2 u. 106 Abs. 5 JGG, die auch im Falle von Anlasstaten, welche vor dem Inkrafttreten der Vorschriften abgeurteilt wurden (sog. Altfälle), rückwirkend die Verlängerung bzw. Anordnung der Sicherungsverwahrung ermöglichen.[549] Die Sicherungsverwahrung ist in diesen Fällen nur noch zulässig, „wenn der gebotene Abstand zur Strafe gewahrt wird, eine hochgradige Gefahr schwerster Gewalt- oder Sexualstraftaten aus konkreten Umständen in der Person oder dem Verhalten des Untergebrachten abzuleiten ist und die Voraussetzungen einer psychischen Störung i.S.d. § 1 ThUG vorliegen".[550] Außerdem verlangte das

544 Dies erreichte das Gericht trotz der begrenzten Anträge der Beschwerdeführer mittels einer Erstreckung nach § 78 S. 2 BVerfGG; dazu: Peglau, NJW 2011, 1924, 1924; Streng, JZ 2011, 827, 827.

545 BVerfG, Urt. v. 04.05.2011, 2 BvR 2365/09 u.a., Ziff. 96ff.

546 BVerfG, Urt. v. 04.05.2011, 2 BvR 2365/09 u.a., Ziff. 169.

547 BVerfG, Urt. v. 04.05.2011, 2 BvR 2365/09 u.a., Ziff. 172.

548 BVerfG, Urt. v. 04.05.2011, 2 BvR 2365/09 u.a., Ziff. 131.

549 BVerfG, Urt. v. 04.05.2011, 2 BvR 2365/09 u.a., Ziff. 131, u. 148; BVerfG, Urt. v. 08.06.2011, 2 BvR 2846/09, Ziff. 21 stellt die Verfassungswidrigkeit des § 66b Abs. 1 klar.

550 BVerfG, Urt. v. 04.05.2011, 2 BvR 2365/09 u.a., Ziff. 132, 156 u. 173.

Gericht die unverzügliche Prüfung dieser Voraussetzungen durch die Vollstreckungsgerichte. Liegen die Voraussetzungen nicht vor, haben diese die Freilassung der betroffenen Sicherungsverwahrten spätestens mit Wirkung zum 31.12.2011 anzuordnen.[551]

Dem Dissenz der deutschen Gerichte in der Frage,[552] ob und unter welchen Voraussetzungen die ca. 80 bis 100[553] konventionswidrig in der Sicherungsverwahrung Untergebrachten zu entlassen seien, setzte das Gericht damit ein Ende.[554]

a) Das Abstandsgebot und die Folgen für den Vollzug der Sicherungsverwahrung

Das Bundesverfassungsgericht begründete das Abstandsgebot mit der formalen Unterscheidung zwischen Freiheitsstrafe als repressiver schuldvergeltender Übelzufügung einerseits und der Sicherungsverwahrung als präventiver Maßnahme andererseits.[555] Dem Gesetzgeber obliege die Pflicht, die zuvor genannte Diskrepanz in Legitimation und Zweck des Freiheitsentzuges im Vollzug der Sicherungsverwahrung deutlich zu machen. Das Bundesverfassungsgericht forderte eine therapieorientierte und resozialisierungsfördernde Unterbringung, welche eine Reduktion des Gefährlichkeitspotenziales der Verwahrten zum Ziel

551 BVerfG, Urt. v. 04.05.2011, 2 BvR 2365/09 Tenor III 2b; BVerfG, Urt. v. 15.09.2011, 2 BvR 1516/11, Ziff. 26-28: das Gericht stellt klar, dass die Fristsetzung nur dem Prüfungsaufwand geschuldet ist und keinen Aufschub des Entlassungstermins zwecks Entlassungsvorbereitung zulässt.

552 befürwortend: OLG Hamm v. 12.05.2010, 4 Ws 114/10; OLG Ffm v. 01.07.2010, 3 Ws 539/10; OLG Hamm v. 06.07.2010, 4 Ws 157/10; OLG Karlsruhe v. 15.07.2010, 2 Ws 458/09; OLG Hamm v. 29.07.2010, 4 Ws 193/10; vgl. LG Marburg v. 17.05.2010, 7 StVK 220/10; LG Kassel v. 15.06.2010, 4 StVK 162/10; BGH (4. Senat), Beschl. v. 12.05.2010, 4 StR 577/09;
ablehnend: OLG Celle v. 25.05.2010, 2 Ws 169/10 u. 2 Ws 170/10; OLG Stuttgart v. 01.06.2010, 1 Ws 57/10; OLG Koblenz v. 07.06.2010, 1 Ws 108/10; OLG Nürnberg v. 24.06.2010, 1 Ws 315/10; OLG Köln v. 14.07.2010, 2 Ws 431/10; BGH (1. u. 5. Senat), Urt. v. 09.03.2010, 1 StR 554/09 / StV 2010, 515 ff.; Beschl. v. 21.07.2010, 5 StR 60/10 / StV 2010, 576ff.
Der Streit beruhte im Kern auf divergierenden Ansichten über die Möglichkeit völkerrechtskonformer Auslegung von § 2 Abs. 6 StGB, dazu ausführlich: Gaede, HHRS 2010, 329, 331ff.; Bachmann/Goeck, NJ 2010, 457, 459f.; Greger, NStZ 2010, 676, 677f.

553 BT-Drs 17/2205, S. 2 (mehr als 80 Untergebrachte); Pollähne, KritJ 2010, 253, 258 spricht von bis zu 100 Betroffenen, ebenso Kreuzer, NK 2010, 89, 92.

554 Renzikowski, Ad Legendum 2011, 401, 402.

555 BVerfG, Urt. v. 04.05.2011, 2 BvR 2365/09 u.a., Ziff. 103 u. 105.

haben und von der Perspektive der Wiedererlangung derer Freiheit bestimmt sein soll.[556] Als Grundlage für die Umsetzung dieser Ziele bestimmte das Gericht folgende Vorgaben:[557]

- Erarbeitung eines Vollzugsplans sowie intensive und individuelle psychiatrische, psycho- oder sozialtherapeutische Behandlung durch qualifizierte Fachkräfte (Individualisierungs- und Intensivierungsgebot);
- gezielte Motivationsarbeit zur aktiven Therapiemitwirkung (Motivierungsgebot);[558]
- Angleichung der Haftbedingungen an die allgemeinen Lebensverhältnisse durch Unterbringung in vom Strafvollzug gesonderten Gebäuden oder Abteilungen (Trennungsgebot);[559]
- Entlassungsvorbereitung durch Vollzugslockerungen sowie Gewährleistung erforderlicher Nachbetreuung (Minimierungsgebot);[560]
- judizierbarer Anspruch auf Durchführung der Maßnahmen, Recht auf Hinzuziehung eines (Rechts-)beistandes (Rechtsschutz und Unterstützungsgebot);[561]
- jährliche gerichtliche Kontrolle der Unterbringungsvoraussetzungen (Kontrollgebot).[562]

Bund und Länder sollen anhand dieser Maßgaben ein Gesamtkonzept der Sicherungsverwahrung entwickeln.[563] Dieses muss kraft seiner zentralen Bedeutung für die Verwirklichung des Freiheitsrechts eine gesetzliche Regelungsdichte aufweisen, die maßgebliche Fragen nicht der Entscheidungsmacht der Exekutive oder Judikative überlässt.[564]

b) Umsetzung der Vorgaben des EGMR durch Anwendung des allgemeinen Vertrauensschutzgebotes

Die Vorschriften zur nachträglichen Anordnung bzw. Verlängerung der Sicherungsverwahrung beurteilte das Bundesverfassungsgericht anders als der EGMR nicht als Verstoß gegen das Rückwirkungsverbot. Es lehnte eine „schematische

556 BVerfG, Urt. v. 04.05.2011, 2 BvR 2365/09 u.a., Ziff. 107 u. 108.
557 BVerfG, Urt. v. 04.05.2011, 2 BvR 2365/09 u.a., Ziff. 111.
558 BVerfG, Urt. v. 04.05.2011, 2 BvR 2365/09 u.a., Ziff. 114.
559 BVerfG, Urt. v. 04.05.2011, 2 BvR 2365/09 u.a., Ziff. 115.
560 BVerfG, Urt. v. 04.05.2011, 2 BvR 2365/09 u.a., Ziff. 116.
561 BVerfG, Urt. v. 04.05.2011, 2 BvR 2365/09 u.a., Ziff. 117.
562 BVerfG, Urt. v. 04.05.2011, 2 BvR 2365/09 u.a., Ziff. 118.
563 BVerfG, Urt. v. 04.05.2011, 2 BvR 2365/09 u.a., Ziff. 130.
564 BVerfG, Urt. v. 04.05.2011, 2 BvR 2365/09 u.a., Ziff. 110.

Parallelisierung“ des autonomen konventionsrechtlichen und des deutschen Strafbegriffs ab und wendete das allgemeine, aus dem Rechtsstaatsprinzip folgende Vertrauensschutzgebot an.[565] Die Wertungen des EGMR zum Rückwirkungsverbot integrierte das Verfassungsgericht in die nach dem Verhältnismäßigkeitsprinzip gebotene Abwägung zwischen dem Freiheitsrecht der Betroffenen und der Sicherheit der Allgemeinheit.[566] Das Bundesverfassungsgericht verlieh im Rahmen dieser Abwägung dem Vertrauensschutz und dem Freiheitsrecht ein hohes Gewicht. Bei der nachträglichen Anordnung und Verlängerung der Sicherungsverwahrung handele es sich um einen schweren Grundrechtseingriff, der in Kollision mit den Wertungen der EMRK trete.[567] Aus diesem Grund müsse das Freiheitsrecht bei der Abwägung regelmäßig das Sicherheitsinteresse der Allgemeinheit überwiegen. Das schutzwürdige Vertrauen auf Wiedererlangung der Freiheit in den Altfällen nähert sich in Augen des Gerichts einem absoluten Vertrauensschutz an, wie ihn das Rückwirkungsverbot nach Art. 103 Abs. 2 GG vermittelt.[568] Nur wenn die oben genannten besonderen Anforderungen an die Schwere der Straftat und die psychische Verfassung des Verurteilten vorliegen, kann der Betroffene weiter inhaftiert werden.[569]

3. Stärkere Berücksichtigung der Freiheitsinteressen der Sicherungsverwahrten durch das Urteil vom 04.05.2011?

Abschließend ist zu erörtern, inwieweit das Bundesverfassungsgericht in seiner aktuellen Entscheidung das Freiheitsinteresse der Sicherungsverwahrten stärker berücksichtigt hat. Dazu ist zunächst die Position des Gerichts im Vergleich zu den verfassungsgerichtlichen Entscheidungen aus dem Jahr 2004 und den Entscheidungen des EGMR darzustellen.

a) Positionierung des Bundesverfassungsgerichts zu den vorangegangenen Entscheidungen aus dem Jahr 2004 und zu den Entscheidungen des EGMR

Das Bundesverfassungsgericht bemängelt 2011 wie der EGMR die unzureichende Schaffung markanter Unterschiede zwischen dem Vollzug der Freiheitsstrafe und der Sicherungsverwahrung. Diese Position hatte das Gericht auch

565 BVerfG, Urt. v. 04.05.2011, 2 BvR 2365/09 u.a., Ziff. 91 u. 131ff.
566 BVerfG, Urt. v. 04.05.2011, 2 BvR 2365/09 u.a., Ziff. 135.
567 BVerfG, Urt. v. 04.05.2011, 2 BvR 2365/09 u.a., Ziff. 136 u. 137.
568 BVerfG, Urt. v. 04.05.2011, 2 BvR 2365/09 u.a., Ziff. 139.
569 BVerfG, Urt. v. 04.05.2011, 2 BvR 2365/09 u.a., Ziff. 156.

schon im Jahr 2004 eingenommen, damals die Vorgabe konkreter Leitlinien aber als alleinige Aufgabe des Gesetzgebers betrachtet.[570] Nunmehr formuliert es selbst spezifische Vorgaben zur Entwicklung eines Gesamtkonzepts.

Den Grad des schutzwürdigen Vertrauens in den Altfällen beurteilt das Gericht angesichts der Wertungen des EGMR zu Art. 7 und Art. 5 Abs. 1 S. 2 EMRK als annähernd absolut.[571] Diesen Punkt hatte das Gericht in der Entscheidung vom 05.02.2004 entgegengesetzt bewertet und zwar mit dem Argument, dass § 2 Abs. 6 StGB alle Maßregeln unter den Vorbehalt einer späteren gesetzlichen Änderung stelle.[572]

Eine direkte Anwendung des Rückwirkungsverbots lehnt das Bundesverfassungsgericht aber ab und stellt sich damit in einem zentralen Punkt gegen die Entscheidung des EGMR. Das Gericht sieht die Grenzen der völkerrechtkonformen Auslegung – zu der die deutschen Gerichte verpflichtet sind[573] – im Falle der Anwendung als überschritten an, weil infolgedessen eine von der EMRK keinesfalls gewollte (Art. 53 EMRK) Einschränkung des Schutzes der Grundrechte entstehen würde.[574] Dieser seltene Ausnahmefall einer Abweichung von der völkerrechtskonformen Auslegung ist nach Auffassung des Gerichts in „mehrpoligen Rechtsverhältnissen" möglich,[575] weil das bipolare Individualbeschwerdeverfahren die Berücksichtigung von Grundrechtspositionen nicht anwesender Dritter erschwere.[576] Darunter sind Konstellationen zu verstehen, „in denen das Mehr an Freiheit für den einen Grundrechtsträger zugleich ein Weniger für einen anderen" bedeutet.[577] Nachträgliche und nachträglich verlängerte Sicherungsverwahrung bilden in Augen des Gerichts mehrpolige Rechtsverhältnisse ab, weil ihre Anordnung von der Abwägung mit dem Grundrechtsschutz anderer Grundrechtsträger abhängt.[578] Damit dürften wohl die Sicherheitsinteressen bisheriger sowie möglicher künftiger Opfer von Sicherungsverwahrten

570 BVerfGE 109, 133, 167.

571 BVerfG, Urt. v. 04.05.2011, 2 BvR 2365/09 u.a., Ziff. 91, 138 u. 144ff.

572 BVerfGE 109, 133, 185.

573 BVerfG, Urt. v. 04.05.2011, 2 BvR 2365/09 u.a., Ziff. 89; BVerfGE 74, 358, 370; 111, 307, 317; Meyer-Ladewig, EMRK, Einleitung Rn. 33; Frowein in: EMRK, Art. 46 Rn.7; Esser, StV 2005, 348, 348.

574 BVerfG, Urt. v. 04.05.2011, 2 BvR 2365/09 u.a., Ziff. 93; BVerfGE 120, 180; 200f.; 111, 307, 317; 74, 358, 370.

575 Das Bundesverfassungsgericht hat diese Grenze der konventionskonformen Auslegung in der „Görgülü Entscheidung" v. 14.10.2004 entwickelt, BVerfGE, 111, 307, 324.

576 BVerfGE 111, 307, 328.

577 BVerfGE 111, 307, 324; BVerfG, Urt. v. 04.05.2011, 2 BvR 2365/09 u.a., Ziff. 93; Hoffmann-Riem, EuGRZ 2006, 492ff.

578 BVerfG, Urt. v. 04.05.2011, 2 BvR 2365/09 u.a., Ziff. 86, 93 u. 142.

gemeint sein.[579] Zumindest zwischen den Zeilen des Urteils klingt an, dass vom EGMR diese Schutzinteressen nicht hinreichend berücksichtigt wurden.[580] Letztendlich geht es also um Gesichtspunkte der Sicherheit der Allgemeinheit, die das Gericht dazu veranlassen, das Rückwirkungsverbot nicht unmittelbar anzuwenden.[581]

b) Fazit

Das Bundesverfassungsgericht verleiht dem Freiheitsinteresse der Sicherungsverwahrten durch die verlangte Verbesserung des Vollzugs stärkeres Gewicht als noch in den Entscheidungen von 2004. Das zukünftige Gesamtkonzept, für welches das Gericht die Leitlinien vorgegeben hat, zielt darauf ab, die Chancen auf Wiedererlangung der Freiheit schon zu Beginn des Strafvollzugs zu erhöhen.[582]

Für die schon Inhaftierten, sofern sie sich nicht wegen zu befürchtender schwerer Gewalt- oder Sexualstraftaten im Maßregelvollzug befinden, bedeuten die strengeren Anforderungen hinsichtlich einer Fortsetzung der Haft eine Vergrößerung der Chance, in Freiheit zu gelangen.[583]

Die Weitergeltungsanordnung der verfassungswidrigen Vorschriften bedeutet eine deutliche Zurückstellung des Freiheitsinteresses hinter das stark gewichtete Sicherheitsinteresse der Allgemeinheit. Das Bundesverfassungsgericht kann zwar eine Weitergeltungsanordnung vornehmen, sollte die Nichtigkeitserklärung zu einem rechtlichen Vakuum oder zu Rechtsunsicherheit (fehlende Rechtsgrundlage für die Sicherungsverwahrung) führen.[584] Unter rechtsstaatlichen Gesichtpunkten ist aber bedenklich, wenn jahrelange konventionswidrige Haft unter Zuhilfenahme des Arguments einer Überforderung zuständiger staatlicher Stellen nicht sofort beendet wird.

Die Anwendung der zentralen Freiheitsgarantie des Rückwirkungsverbots lehnt das Gericht mit fraglicher Begründung ab: Es ist zu bezweifeln, ob bei der Problematik der Sicherungsverwahrung von einem mehrpoligen Rechtsverhält-

---

579 Kreuzer/Bartsch, StV 2011, 472, 472; so wohl auch: Hörnle, NStZ 2011, 488, 490.

580 Kreuzer/Bartsch, StV 2011, 472, 473. Das hatte der BGH dem EGMR im Urteil v. 09.03.2010 (StV 2010, 515, 521) indirekt auch vorgeworfen; so auch: Grosse-Bröhmer/Klein, ZRP 2010, 172, 173; OLG Celle, NStZ-RR 2010, 322; 322; OLG Stuttgart, Beschl. v. 01.06.2010, 1 Ws 57/10, Ziff. 38; Radtke, NStZ 2010, 537, 543.

581 Kreuzer/Bartsch, StV 2011, 472, 473.

582 BVerfG, Urt. v. 04.05.2011, 2 BvR 2365/09 u.a., Ziff. 112.

583 Streng, JZ 2011, 827, 830.

584 BVerfGE 37, 217, 261; 73, 40, 102; 116, 69, 93.

nis gesprochen werden kann.[585] Die Sicherungsverwahrung fußt auf dem Gedanken des Schutzes der Allgemeinheit. Ein Rechtsverhältnis zu einem konkreten anderen Grundrechtsträger ist nicht festzustellen.[586] Ließe man eine generelle Betroffenheit der Allgemeinheit als ausreichend gelten,[587] müsste nahezu jeder Rechtsstreit vor dem EGMR als mehrpoliges Rechtsverhältnis angesehen werden.[588] Die Sichtweise liefe auf eine Art „Volksbeteiligung“ hinaus, was den Rahmen der Beteiligungsmöglichkeiten nach Art. 36 Abs. 2 EMRK sprengen würde.[589]

Formalistisch mutet es zudem an, wenn das Bundesverfassungsgericht die Sicherungsverwahrung entgegen dem EGMR und gewichtigen Stimmen in der Literatur[590] weiterhin als „aliud“ gegenüber der Strafe behandelt.[591] Eine inhaltlich orientierte Betrachtung gebietet es, – wie im vorangegangenen Kapitel erörtert – die Sicherungsverwahrung einer Strafe gleichzustellen. Die Schlussfolgerung des Bundesverfassungsgerichts, die Sicherungsverwahrung (konventionsrechtlich) sei dann keine Strafe, wenn sich ihr Vollzug grundlegend vom der Freiheitsstrafe unterscheide,[592] ist nicht überzeugend.[593] Bei der eingeforderten therapeutischen und freiheitsorientierten Gestaltung des Maßregelvollzugs handelt es sich um exakt die gleichen Prinzipien, die das Bundesverfassungsgericht[594] auch für einen modernen Strafvollzug verlangt.[595] Jedenfalls unter Heranziehung der theoretischen Grundlagen des Vollzugs trägt das Abstandsargument nicht, um die Trennung zwischen Freiheitsstrafe und Sicherungsverwahrung zu stützen.[596] Ausschlaggebender Gesichtspunkt für die Beurteilung einer Maßnahme als Strafe ist die Schwere des Grundrechtseingriffs.[597] Diese Sicht-

585 Renzikowski, ZIS 2011, 531, 538f.; Kinzig, NStZ 2010, 233, 238; Gaede, HRRS 2010, 329, 334; Zweifel an der Mehrpoligkeit des gesamten Strafverfahrensrechts äußert: Esser, StV 2005, 348, 351.

586 Renzikowski, ZIS 2011, 531, 538f.

587 so: Windoffer, DÖV 2011, 590, 594; Grosse-Bröhmer/Klein, ZRP 2010, 172, 173; Hörnle, NStZ 2011, 488, 489; Radtke, NStZ 2010, 537, 543.

588 Renzikowski, ZIS 2011, 531, 538f.

589 Renzikowski, ZIS 2011, 531, 539; Gaede, HRRS 2010, 329, 334.

590 Vgl. aus dem jüngeren Schrifttum: Eschelbach, NJW 2010, 2499, 2500; Jung, GA 2010, 639, 642, Möllers, ZRP 2010,153, 155.

591 Kreuzer/Bartsch, StV 2011, 472, 473; Renzikowski, Ad Legendum 2011, 401, 404.

592 BVerfG, Urt. v. 04.05.2011, 2 BvR 2365/09 u.a., Ziff. 100 u. 109; ebenso die Einschätzung von Peglau, NJW 2011, 1924, 1925.

593 Renzikowski, Ad Legendum 2011, 401, 404.

594 BVerfGE 45, 187, 238f.; 64, 261, 272f.; 98, 169, 200; 109, 133, 150f.; 117, 71, 102.

595 Streng, JZ 2011, 827, 831, Kreuzer/Bartsch, StV 2011, 472, 479.

596 Vgl. Renzikowski, Ad Legendum 2011, 401, 404.

597 Renzikowski, Ad Legendum 2011, 401, 404.

weise entspricht dem ursprünglichen, rechtsphilosophisch verankerten Schutzzweck des Art. 103 Abs. 2 GG, dem Bürger zur Wahrung seiner Freiheitsrechte Vorhersehbarkeit zu gewährleisten und ihn so vor Willkür zu schützen.[598] Der potenziell lebenslange Freiheitsentzug durch die Anwendung der Sicherungsverwahrung zählt auch dann zu den schwerwiegendsten Eingriffen, die das Strafrecht bereithält, wenn er unter komfortableren Haftbedingungen vollzogen wird.[599]

In der Gesamtsicht hat das Bundesverfassungsgericht einen Mittelweg zwischen der eigenen Rechtsprechung von 2004 und der Rechtsprechung des EGMR eingeschlagen.[600] Eine stärkere Berücksichtigung von Freiheitsinteressen hat es vor allem bei der Vollzugsgestaltung der Sicherungsverwahrung eingeleitet. Kontinuität zeigt sich hingegen in der Frage der Anwendbarkeit des Rückwirkungsverbots. Ein bipolares Grundrechtsverständnis, das der EGMR anlegt, lehnt das Bundesverfassungsgericht ab. Das Gericht nimmt damit erneut eine Gelegenheit nicht wahr, um dem Gesetzgeber eine abwägungsfeste Schranke bei der Gestaltung der Sicherungsverwahrung aufzuerlegen.

IV. Stärker freiheitsorientierte Gestaltung der Sicherungsverwahrung durch gesetzliche Neuordnung?

1. Einleitung

Am 01.01.2011 trat das Gesetz zur „Neuordnung des Rechts der Sicherungsverwahrung und zu begleitenden Regelungen" in Kraft.[601] Neben der Neukonzeption des Rechts der Sicherungsverwahrung beinhaltet das Gesetz die Vorschriften des Therapieunterbringungsgesetzes. Mit dem Therapieunterbringungsgesetz reagiert der Gesetzgeber auf die Begebenheit, dass in Folge des Urteils des EGMR vom 17.12.2009 einige Sicherungsverwahrte in die Freiheit entlassen wurden, obwohl sie von Gutachtern weiterhin als gefährlich eingestuft wurden.

Ob und inwieweit sich die tatsächlichen Haftbedingungen von Sicherungsverwahrung und Freiheitsstrafe unterscheiden werden, kann angesichts der noch laufenden Übergangsfrist nicht abschließend beurteilt werden.

598 Jung, GA 2010, 639, 643; Gaede, HRRS 2010, 329, 335.

599 Renzikowski, Ad Legendum 2011, 401, 404; Möllers, ZRP 2010, 153, 156.

600 Kreuzer/Bartsch, StV 2011, 472, 472.

601 BGBl I 2010, 2300.

Die Reform der Sicherungsverwahrung ist damit keineswegs abgeschlossen. Derzeit wird im Bundesjustizministerium der Entwurf eines „Gesetzes zur bundesrechtlichen Umsetzung des Abstandsgebotes"[602] diskutiert, welcher das vom Bundesverfassungsgericht im Urteil vom 04.05.2011 geforderte Gesamtkonzept zur Gewährleistung des Abstandsgebots umsetzen soll.[603]

Das Gesetz zur Neuordnung des Rechts der Sicherungsverwahrung sowie der Entwurf eines Gesetzes zur bundesrechtlichen Umsetzung des Abstandsgebotes werden auf die Frage hin untersucht, inwieweit sie im Vergleich zur alten Rechtslage eine stärker freiheitsorientierte Gestaltung des Rechts der Sicherungsverwahrung gewährleisten. Dazu werden die (geplanten) Neuregelungen insbesondere an den Vorgaben gemessen, die der EGMR für die Konformität der Sicherungsverwahrung mit der EMRK gesetzt hat. Zudem wird überprüft, ob die Neuregelungen eine moderatere Anwendungspraxis als vor der Reform sicherstellen können.

2. Neukonzeption der Sicherungsverwahrung

Die Intention des Gesetzgebers ist es, mit den neuen Vorschriften zur Sicherungsverwahrung die Allgemeinheit vor gefährlichen Straftätern angemessen zu schützen, zugleich aber den Vorgaben des EGMR zu entsprechen und die „rechtsstaatlichen Anforderungen an dieses letzte Mittel der Kriminalpolitik" zu wahren.[604] Die Neukonzeption der Sicherungsverwahrung beruht im Kern auf den drei folgenden Leitlinien: Konsolidierung der primären, Beschränkung der nachträglichen und Ausbau der vorbehaltenen Sicherungsverwahrung.[605]

a) Konsolidierung der primären Sicherungsverwahrung nach § 66 StGB

aa) Inhalt der Neuregelung

Mit der Konsolidierung verfolgt der Gesetzgeber Einschränkungen, welche die Anwendung der primären Sicherungsverwahrung auf „schwerste Fälle" begrenzen sollen.[606] Der Katalog der Anlasstaten (§ 66 Abs. 1 Nr. 1 a)-c) StGB) sowie

602 BMJ, „Entwurf eines Gesetzes zur bundesrechtlichen Umsetzung des Abstandsgebotes im Recht der Sicherungsverwahrung" vom 09.11.2011*.

603 BMJ, Entwurf eines Gesetzes zur bundesrechtlichen Umsetzung des Abstandsgebotes, S. 1*.

604 BT-Drs. 17/3403, S. 1.

605 BT-Drs. 17/3403, S. 2.

606 BT-Drs. 17/3403, S. 13 u. 22 sowie Diskussionsentwurf des BMJ v. 30.06.2010, S. 1*.

der Vorverurteilungen (§ 66 Abs. 1 Nr. 2 StGB) wird durch das Gesetz verkleinert. Gewaltlose Delikte, die sich gegen das Vermögen richten, werden im Unterschied zur alten Rechtslage nicht mehr erfasst.[607] In Parallele dazu müssen für die Gefährlichkeitsprognose Straftaten zu erwarten sein, durch welche „die Opfer seelisch oder körperlich schwer geschädigt“ werden, § 66 Abs. 1 Nr. 4 StGB. Im Vergleich zur alten Rechtslage genügen Taten, die „schwere wirtschaftliche Schäden“ nach sich ziehen, nicht mehr für die Anordnung der Sicherungsverwahrung (§ 66 Abs. 1 Nr. 3 StGB a.F.).

bb) Stärker freiheitsorientierte Neugestaltung der primären Sicherungsverwahrung?

Das Festhalten des Gesetzgebers an der originären Sicherungsverwahrung ist mit der EMRK vereinbar. Der Gerichtshof hat mittlerweile in mehreren Entscheidungen klargestellt, dass eine Sicherungsverwahrung, die durch das erkennende Gericht zusammen mit der Strafe angeordnet wird, die Voraussetzungen des Haftgrundes nach Art. 5 Abs. 1 S. 2 a) EMRK erfüllt.[608]

Die gesetzlichen Änderungen führen zu einer stärkeren Beachtung des Verhältnismäßigkeitsprinzips, v.a. weil Betrugs- und Diebstahlsdelikte für die Anordnung der originären Sicherungsverwahrung nicht mehr ausreichen.[609] Die vom Bundesverfassungsgericht geforderte Konzentration auf Täter schwerer Gewalt- und Sexualdelikte[610] wurde allerdings nicht durchgängig eingehalten.[611] So können gemäß § 66 Abs. 1 Nr. 1 c) StGB Verstöße gegen Weisungen im Rahmen der Führungsaufsicht (Strafbarkeit nach § 145a StGB) Grundlage für die Anordnung sein, wenn die der Führungsaufsicht zu Grunde liegende Straftat aus dem Katalog des § 66 Abs. 1 Nr. 1 a) oder b) StGB stammt. Ein Weisungsverstoß erreicht nicht die Schwere einer Gewalt- oder Sexualstraftat.[612] Fragwürdig ist in diesem Zusammenhang auch die Ausdehnung des Tatenkataloges

---

607 Pollähne, ZJS 2011, 216, 216f.; Kinzig, NJW 2011, 177, 178; Kreuzer, StV 2011, 122, 129, Koller, DRiZ 2011, 127, 127f.; Esser, JA 2011, 727, 732ff., jeweils mit detaillierten Beschreibungen der gesetzlichen Veränderungen.

608 EGMR Urt. v. 21.10.2010, BeschwerdeNr. 24478/03 (Grosskof ./.Deutschland), Ziff. 47-50; Urt. v. 09.06.2011, BeschwerdeNr. 30493/04 (Schmitz./.Deutschland), Ziff. 40; Urt. v. 09.06.2011, BeschwerdeNr. 31047/04 u.a. (Mork./.Deutschland), Ziff. 53.

609 Pollähne, ZJS 2011, 216, 216; Bartsch, Sicherungsverwahrung, S. 340; Kreuzer/Bartsch, GA 2008, 655, 663f.; Kreuzer, ZRP 2011, 7, 9; Koller, DRiZ 2011, 127, 131.

610 BVerfG, Urt. v. 04.05.2011, 2 BvR 2365/09 u.a., Ziff. 172.

611 Kreuzer, StV 2011, 122, 129 u. 130, Renzikowski, Ad Legendum 2011, 401, 410f.; für weitreichendere Eingrenzungen: Baltzer, KritV 2011, 38, 48.

612 Mosbacher, HRRS 2011, 229, 231; Kinzig, NJW 2011, 177, 178: „fragwürdige“ Katalogtat; kritisch auch: Renzikowski, Ad Legendum, 2011, 401, 410f.

auf alle Verbrechenstatbestände des BtMG nach § 66 Abs. 1 Nr. 1 b) StGB, die häufig von Suchtkranken begangen werden. Es wird dem angestrebten Ultima-Ratio-Charakter der Sicherungsverwahrung nicht gerecht, für diese behandlungsbedürftige Tätergruppe obligatorisch die Sicherungsverwahrung vorzusehen.[613]

Eine stärkere Beachtung des Freiheitsinteresses mittels Eingrenzung der originären Sicherungsverwahrung auf den harten Kern rückfälliger Täter ist daher nur unvollständig gelungen.

cc) Auswirkungen auf die Anordnungspraxis

Eine drastische Reduzierung der Anordnungen gemessen an der bisherigen, vor Inkrafttreten des Gesetzes zur Neuordnung der Sicherungsverwahrung üblichen Praxis ist nicht zu erwarten.[614] Nach den Angaben der Strafverfolgungsstatistik wurde im Jahr 2009 die Sicherungsverwahrung 107 Mal angeordnet.[615] Davon bezogen sich hypothetisch 61 Anordnungen auf die Bestimmungen des § 66 Abs. 1 Nr. 1 a) und 34 auf § 66 Abs. 1 Nr. 1 b) StGB.[616] Lediglich in zwölf Fällen, die Betrug und Diebstahl betrafen,[617] wäre nach dem neuen Recht keine Anordnung der Sicherungsverwahrung mehr möglich. Auf dieser Grundlage errechnet sich eine hypothetische Reduzierung um 11,2 %. Zu ähnlichen Ergebnissen (Reduktion um 7,2 %) gelangt Jörg Kinzig unter Berücksichtigung der Anordnungszahlen aus dem Jahr 2008.[618] Auch die Auswertung der Zahlen der Strafvollzugsstatistik bestätigt dieses Bild. Zum Stichtag 31.03.2010 befanden sich insgesamt 536 Personen im Vollzug der Sicherungsverwahrung.[619] Aus diesem Personenkreis hätten bei Geltung und Anwendung der Neuregelung zum Zeitpunkt der Anordnung 48 Personen, also gerade einmal 9 %, nicht in die Sicherungsverwahrung eingewiesen werden dürfen.[620]

---

613 Kreuzer, StV 2011, 122, 129, Mosbacher, HRRS 2011, 229, 231.

614 Kinzig, Legalbewährung, S. 323; Koller, DRiZ 2011, 127, 131.

615 Statistisches Bundesamt (2009), Fachserie 10, Reihe 3, Tab. 5.1, S. 335.

616 Details: Buchstabe a): Straftaten gegen das Leben (11); die sexuelle Selbstbestimmung (37); die körperliche Unversehrtheit (8); die persönliche Freiheit (5).
Buchstabe b): Gemeingef. Straftaten (4); Raub und Erpressung (24); Straftaten des 1. Abschnitts (1); BtMG-Straftaten (5).

617 Details: §§ 242ff. StGB (7); 263ff. (5).

618 Kinzig, Legalbewährung, S. 323f.; die vorliegenden Berechnungen beruhen auf seiner methodischen Idee.

619 Statistisches Bundesamt (2010), Fachserie 10, Reihe 4.1, Tab. 5, S. 23ff.

620 Details: Diebstahl §§ 242- 248c (19); gewerbsmäßige Hehlerei (1); einfache Erpressung (3); Betrug (21); Urkundsdelikte (3); gef. Eingriff in den Straßenverkehr (1).

b) Beschränkung der nachträglichen Sicherungsverwahrung

aa) Inhalt der Neuregelung

Durch das Gesetz zur Neuordnung der Sicherungsverwahrung entfällt die Möglichkeit der Anordnung der nachträglichen Sicherungsverwahrung nach § 66b Abs. 1 u. Abs. 2 StGB.[621] Diese Neuregelung betrifft jedoch nur Täter, deren Taten nach dem Inkrafttreten des Gesetzes am 01.01.2011 begangen wurden. In Altfällen – ihnen sind alle Fälle zuzurechnen, in denen auch die letzte für die Anordnung der nachträglichen Sicherungsverwahrung relevante Katalogtat vor dem Zeitpunkt des Inkrafttretens begangen wurde – muss nach dem Willen des Gesetzgebers das bisherige Recht weiter angewendet werden, Art. 316e Abs. 1 S. 2 EGStGB.[622]

Das Bundesverfassungsgericht beschränkt aber die Anwendung der Vorschriften in Altfällen. Wie bereits erläutert, können die §§ 66b Abs.1 und Abs. 2 StGB a.F. nur noch bis zum 31.05.2013 angewendet werden; unter den Voraussetzungen, dass der gebotene Abstand zur Strafe gewahrt wird und eine hochgradige Gefahr schwerster Gewalt- oder Sexualstraftaten vorliegt, welche auf einer psychischen Störung beruhen muss.[623]

Die nachträgliche Sicherungsverwahrung für Jugendliche und Heranwachsende wird durch das Neuordnungsgesetz unverändert aufrechterhalten.[624] Die Anwendung der Vorschriften darf aber ebenfalls nur in den Grenzen erfolgen, welche das Bundesverfassungsgericht abgesteckt hat.

Die nachträgliche Sicherungsverwahrung nach § 66b Abs. 3 StGB, also für solche Personen, deren Unterbringung im psychiatrischen Krankenhaus zuvor nach § 67d Abs. 4 StGB für erledigt erklärt wurde, wird im Wesentlichen beibehalten.[625] Allein diese Variante findet sich nunmehr in § 66 b StGB wieder. Das Bundesverfassungsgericht hat die Fortgeltung dieser Vorschrift nicht bemängelt.

bb) Geplante Veränderungen durch das Gesetz zur bundesrechtlichen Umsetzung des Abstandsgebotes

Der Entwurf zur Umsetzung des Abstandgebots sieht vor, die nachträgliche Anordnung der Sicherungsverwahrung nach altem Recht auch über den 31.05.2013 hinaus zu ermöglichen, sofern die verschärften Voraussetzungen des bundesver-

---

621 Details zu den Veränderungen: Kreuzer, StV 2011, 122, 128; Koller, DRiZ 2011, 127, 128f.; Kinzig, NJW 2011, 177, 180.

622 BT-Drs. 17/3403, S. 33.

623 BVerfG, Urt. v. 04.05.2011, 2 BvR 2365/09 u.a., Ziff. 156.

624 BT-Drs. 17/3403, S. 48.

625 BT-Drs. 17/3403, S. 34; ausführlich zu den geringfügigen Änderungen Kinzig, NJW 2011, 177, 180.

fassungsgerichtlichen Urteils erfüllt sind, Art. 316f Abs. 2 S. 1 und S. 2 EGStGB.[626] Dadurch könnte die nachträgliche Sicherungsverwahrung bei einer vorangegangenen zeitigen Freiheitsstrafe von maximal fünfzehn Jahren bis zum Jahr 2025, oder, bei verzögerter Tatentdeckung, sogar zu einem noch späteren Zeitpunkt angeordnet werden.[627] Die Überdehnung der vom Bundesverfassungsgericht vorgesehenen Übergangszeit hält der Entwurf „im Interesse eines angemessenen Schutzes der Allgemeinheit vor weiterhin hochgefährlichen Straftätern" für geboten.[628]

Der Entwurf sieht ferner vor, die nachträgliche Sicherungsverwahrung der §§ 7 Abs. 2 JGG und 106 Abs. 5 JGG zugunsten der vorbehaltenen Sicherungsverwahrung abzuschaffen.[629] Die vorgesehenen Änderungen sollen für jene Fälle gelten, in denen die letzte Anlasstat nach Inkrafttreten der Neuregelung begangen sein wird; für „Altfälle" sollen grundsätzlich die gleichen Übergangsregelungen wie im allgemeinen Strafrecht gelten.[630] Demzufolge könnte die nachträgliche Sicherungsverwahrung nach § 7 Abs. 2 JGG bei einer vorangegangenen Jugendstrafe von maximal zehn Jahren noch bis mindestens 2022 angewendet werden.

cc) Stärker freiheitsorientierte Neugestaltung der nachträglichen Sicherungsverwahrung?

aaa) Die Abschaffung der nachträglichen Sicherungsverwahrung für Neufälle

Die Abschaffung der nachträglichen Sicherungsverwahrung für Neufälle im Erwachsenenstrafrecht entspricht den Vorgaben des EGMR, die dieser nach dem Inkrafttreten des Gesetzes im Urteil vom 13.01.2011 gesetzt hat.[631] Diese freiheitsorientierte Intention verfolgte der Gesetzgeber mit dem Gesetz zur Neuordnung der Sicherungsverwahrung aber nicht. Er ging davon aus, die nachträgliche Sicherungsverwahrung sei konform mit der EMRK und begründete die Aufhe-

---

626 BMJ, Entwurf eines Gesetzes zur bundesrechtlichen Umsetzung des Abstandsgebotes, Art. 7, S. 11f*.

627 BMJ, Entwurf eines Gesetzes zur bundesrechtlichen Umsetzung des Abstandsgebotes, S. 46*.

628 BMJ, Entwurf eines Gesetzes zur bundesrechtlichen Umsetzung des Abstandsgebotes, S. 46*.

629 BMJ, Entwurf eines Gesetzes zur bundesrechtlichen Umsetzung des Abstandsgebotes, Art 2, S. 5ff*.

630 BMJ, Entwurf eines Gesetzes zur bundesrechtlichen Umsetzung des Abstandsgebotes, S. 17*.

631 Kreuzer, StV 2011, 122, 127; Müller, StV 2010, 207, 211f.; Kinzig, NJW 2011, 177, 180, ders., Legalbewährung, S. 336; Bartsch, StV 2010, 521, 524; Ullenbruch, StraFo 2010, 438, 442.

bung mit dem schmalen Anwendungsbereich und den Belastungen des Vollzugsklimas.[632]

bbb) Fortgeltung der nachträglichen Sicherungsverwahrung in Altfällen

Die Fortgeltung der nachträglichen Sicherungsverwahrung nach Art. 316e Abs. 1 S. 2 EGStGB ist auch unter Berücksichtigung der Vorgaben des Bundesverfassungsgerichts konventionsrechtlich problematisch.

Mit der fortgesetzten Anwendung der §§ 66b Abs. 1 und Abs. 2 StGB a.F. sowie von § 7 Abs. 2 JGG nehmen Politik und Gesetzgeber einen Verstoß gegen das aus Art. 5 Abs. 1 EMRK folgende Gebot der Vorhersehbarkeit in Kauf. Die materiellen Voraussetzungen für eine Freiheitsentziehung müssen nach der Rechtsprechung des EGMR im nationalen Recht klar umrissen und ihre Anwendung für den einzelnen vorhersehbar geregelt sein.[633] Die weitere Anwendung der verfassungs- und konventionswidrigen Vorschriften der nachträglichen Sicherungsverwahrung stellt für den Betroffenen ein überraschendes Vorgehen dar. In vergleichbarer Weise hat dies der EGMR in seiner Entscheidung vom 13.01.2011 zur Fortgeltung der nachträglichen Sicherungsverwahrung nach den landesrechtlichen Straftäterunterbringungsgesetzen kritisiert.[634]

Ebenfalls problematisch ist die Vereinbarkeit der Fortgeltung der nachträglichen Sicherungsverwahrung mit den Haftgründen des Art. 5 EMRK.

Wie den Ausführungen des Urteils vom 13.01.2011 zu entnehmen ist, handelt es sich bei der nachträglichen Sicherungsverwahrung um einen Verstoß gegen Art. 5 Abs. 1 S. 2 a) EMRK, weil der nachträglichen Anordnung der hinreichende Kausalzusammenhang zur Verurteilung fehlt.[635]

Aus diesem Grund bindet das Bundesverfassungsgericht die weitere Anwendung der Vorschriften an den aus § 1 ThUG entnommenen Begriff der „psychischen Störung“.[636] Das Gericht knüpft damit an den einzig noch verbliebenen Haftgrund des Art. 5 Abs. 1 S. 2 e) EMRK an. Die Ausführungen des Verfassungsgerichts zum Begriff der psychischen Störung und zu seiner Auslegung sind in konventionsrechtlicher Hinsicht allerdings problematisch.[637] Den in Art.

632 BT-Drs. 17/3403, S. 32 u. 33.

633 EGMR, Urt. v. 23.10.2008, Beschwerde-Nr. 2440/07 (Soldatenko./.Ukraine), Ziff. 111; Urteil v. 21.03.2002, Beschwerde-Nr. 47679/99 (Stasaitis./Litauen), Ziff. 67.

634 EGMR, Urt. v. 13.01.2011, Beschwerde-Nr. 6587/04 (H./.Deutschland), Ziff. 96.

635 BVerfG, Urt. v. 04.05.2011, 2 BvR 2365/09 u.a., Ziff. 145; vgl. auch Kinzig, NJW 2011, 177, 180; Pollähne, KritJ 2010, 255, 264; Elberling in: EMRK, Art. 5 Rn. 36.

636 BVerfG, Urt. v. 04.05.2011, 2 BvR 2365/09 u.a., Ziff. 145.

637 Streng, JZ 2011, 827, 832; Kreuzer, StV 2011, 122, 131; Scharmer, Stellungnahme der Strafverteidigervereinigungen, S. 18*; zur Unbestimmtheit des Begriffs: Krehl, StV 2012, 27, 30.

5 Abs. 1 S. 2 e) EMRK genannten Begriff der „persons of unsound mind" setzt das Gericht mit einer psychischen Störung gleich und versteht darunter eine anti- oder dissoziale Störung. Diese muss nicht den Grad einer Einschränkung der Schuldfähigkeit nach §§ 20, 21 StGB erreichen.[638] Zur näheren Bestimmung des Begriffs nimmt das Gericht Bezug auf die in der Psychiatrie genutzten internationalen Diagnoseklassifikationssysteme ICD-10 und DSM IV. Nach neusten Schätzungen der Deutschen Gesellschaft für Psychiatrie, Psychotherapie und Nervenheilkunde (DGPPN) erfüllen indessen ca. 10-20% der deutschen Gesamtbevölkerung und ca. 80-90 % der Strafgefangenen die Kriterien einer so definierten psychischen Störung.[639] Der Grund hierfür liegt in der Definitionsbreite der internationalen Klassifikation, nach welcher „alltägliche" Erkrankungen wie z.B. Depressionen und Demenz bei Alzheimer-Leiden psychische Störungen darstellen können.[640] Der Begriff der „anti- oder dissozialen Störung" ist demnach zu unscharf und zu weit gefasst, um als Abgrenzungsmerkmal für die Fortsetzung der Sicherungsverwahrung bzw. als Eingangsmerkmal für die Anwendung des ThUG bestehen zu können.[641]

Schon dem Wortsinn des Art. 5 Abs. 1 S. 2 e) EMRK nach ist eine Auslegung geboten, welche den Bezug zur Krankheit stärker betont und den betroffenen Personenkreis enger eingrenzt.[642] Zwar hat der EGMR keine erschöpfende Definition des Begriffs „persons of unsound mind" erarbeitet, um die Anpassungsfähigkeit des Art. 5 Abs. 1 S. 2 e) EMRK an künftige Entwicklungen und Fortschritte in den psychiatrischen Wissenschaften zu gewährleisten.[643] Dennoch hat sich die Inhaftierung nach dem EGMR auf eine echte Geistesstörung („true mental disorder") zu stützen, welche zuverlässig nachzuweisen ist.[644] Hierbei muss es sich um eine schwerwiegende psychische Erkrankung handeln, die immer dann vorliegt, wenn eine erhebliche Beeinträchtigung der strafrechtli-

638 BVerfG, Urt. v. 04.05.2011, 2 BvR 2365/09 u.a., Ziff. 152; BVerfG, Beschl. v. 15.09.2011, 2 BvR 1516/11, Ziff. 36; vgl auch BGH, Beschl. v. 23.05.2011, 5 StR 394/10, 440/10, 474/10, Ziff. 7; Beschl. v. 21.06.2011, 5 StR 52/11, Ziff. 24.

639 DGPPN, Empfehlung Nr. 12/2011, A. 1*; Streng, JZ 2011, 827, 832, Kreuzer, StV 2011, 122, 131.

640 DGPPN, Empfehlung Nr. 12/2011, A. 1*.

641 Ullenbruch, StV 2012, 44, 49; Streng, JZ 2011, 827, 832.

642 Streng, JZ 2011, 827, 832; Kreuzer, StV 2011, 122, 131 u. 133; kritisch auch: Scharmer, Stellungnahme der Strafverteidigervereinigungen, S. 18*; Kinzig, StraFo 2011, 429, 436.

643 EGMR ECtHR, Winterwerp Case, Ser. A 33, Ziff. 37.

644 EGMR ECtHR, Winterwerp Case, Ser. A 33, Ziff. 39; EGMR Urt. v. 13.01.2011, Beschwerde-Nr. 6587/04 (H./.Deutschland), Ziff. 77; Elberling in: EMRK, Art. 5 Rn. 71.

chen Verantwortlichkeit im Sinne von §§ 20, 21 StGB erreicht ist.[645] In der bisherigen Praxis seiner Rechtsprechung hat der Gerichtshof bei voller Schuldfähigkeit eine Geisteskrankheit und dementsprechend den Haftgrund des Buchstaben e) noch nie anerkannt.[646] In mehreren Entscheidungen zur deutschen Sicherungsverwahrung hielt das Gericht den Art. 5 Abs. 1 S. 2 e) EMRK nicht für einschlägig, weil die deutschen Gerichte selbst davon abgesehen hätten, die Beschwerdeführer nach § 63 StGB in eine psychiatrische Anstalt einzuweisen.[647] Diese Praxis spricht dafür, eine Auslegung des Art. 5 Abs. 1 S. 2 e) EMRK krankheitsbezogen anzugehen und in Korrelation zur strafrechtlichen Verantwortlichkeit zu setzen. In der Konsequenz darf ein Großteil der als schuldfähig begutachteten und verurteilten Sicherungsverwahrten zukünftig nicht weiter inhaftiert bleiben.[648] Um so mehr gilt dies für den Plan, nach Art. 316f Abs. 2 EGStGB-E die Anwendung nachträglicher Sicherungsverwahrung langfristig bis 2025 bzw. 2022 auszudehnen.[649]

Strafrechtlich bisher als gesund beurteilte Personen – denn andernfalls hätte schon vorher die Einweisung in die Psychiatrie erfolgen müssen – können nun unerwartet auf Grund einer psychischen Störung weiter festgehalten werden. Derlei Vorgehensweise legt den Verdacht einer nachträglichen „Umetikettierung" der Betroffenen zu psychisch Gestörten nahe, mit der Absicht, sie in jedem Fall weiter in Haft halten zu können.[650]

Im Vergleich zur alten Rechtslage führen zwar die höheren Anforderungen an die Gefährlichkeitsprognose zu einer stärkeren Gewichtung des Freiheitsrechts. Im Übrigen kann aber die Haft unter einer anderen Bezeichnung fortgesetzt werden.

645 EGMR Urt. v. 13.01.2011, Beschwerde-Nr. 6587/04 (H./.Deutschland), Ziff. 92, 93; EGMR Urt. v. 13.01.2011, Beschwerde-Nr. 17792/07 (K./.Deutschland), Ziff. 55; Peukert in: EMRK, Art. 5 Rn. 79; Dörr in: EMRK/GG, Kap. 13 Rn. 193; Kreuzer, StV 2011, 122, 131; ders., Kriminalistik, 2011, 3, 11; Kinzig, NJW 2011, 177, 181f.; ders., StV 2011, 689, 691; Streng, JZ 2011, 827, 832.

646 Vgl. die umfangreiche Spruchpraxisauswertung bei: Renzikowski, Stellungnahme, S. 12*; ders., ZIS 2011, 531, 537f.

647 EGMR Urt. v. 17.12.2009, Beschwerde-Nr. 19359/04 (M./.Deutschland), Ziff. 103; Urt. v. 13.01.2011, Beschwerde-Nr. 17792/07 (K./.Deutschland), Ziff. 55; Urt. v. 13.01.2011, Beschwerde-Nr. 6587/04 (H./.Deutschland), Ziff. 92f.

648 Streng, JZ 2011, 827, 832; Kreuzer, StV 2011, 122, 131; Kinzig, NJW 2011, 177, 181; Morgenstern, NK 2011, 55, 57.

649 NRV, Stellungnahme, S. 10*.

650 Prantl, SZ v. 30.08.2010, S. 4; Kreuzer, StV 2011, 122, 131; Ullenbruch, FR Online Gastbeitrag v. 01.09.2010.

ccc) Fortgeltung der nachträglichen Sicherungsverwahrung nach Unterbringung im psychiatrischen Krankenhaus

Ob die nun in § 66b StGB geregelte nachträgliche Sicherungsverwahrung in Fällen der Erledigung der psychiatrischen Maßregel mit Art. 5 Abs. 1 S. 2 a) EMRK vereinbar ist, erscheint ebenfalls zweifelhaft.[651] Einweisungen in ein psychiatrisches Krankenhaus, die ohne vorangegangene Schuldfeststellung erfolgen, fehlt das Erfordernis der vorangegangenen Verurteilung. Im Fall der Feststellung verminderter Schuldfähigkeit mangelt es wegen der dazwischentretenden Einweisung nach § 63 StGB am hinreichenden Kausalzusammenhang zwischen dem Urteil und der Anordnung der Sicherungsverwahrung.[652] Der Gesetzgeber teilt diese Bedenken nicht. Es handele sich nicht um eine Anordnung der Sicherungsverwahrung im eigentlichen Sinn, sondern lediglich um eine Überweisung von einer Maßregel in eine andere.[653] Die Überschrift und der Gesetzeswortlaut von § 66b StGB n.F. (Anordnung) sprechen hingegen dafür, dass es sich hier um eine neue, eigenständige und vom Ursprungsurteil abgekoppelte Maßnahme handelt. Auch handelt es sich nicht um eine Überweisung, ist diese doch gemäß § 67a StGB nur von der Sicherungsverwahrung in ein psychiatrisches Krankenhaus hinein möglich, nicht jedoch umgekehrt.[654]

In der Weitergeltung des § 66b Abs. 3 StGB (§ 66b StGB n.F.) liegt eine Manifestierung der bisherigen Rechtslage. Eine stärkere Berücksichtigung des Freiheitsrechts ist in diesem Teil des Rechts der Sicherungsverwahrung nicht erfolgt.

dd) Auswirkungen auf die Anordnungspraxis

In der Praxis ist von den Vorschriften der nachträglichen Sicherungsverwahrung äußerst selten Gebrauch gemacht worden. Seit Einführung der Maßnahme im Jahr 2004 ist bei ca. 100 staatsanwaltlich betriebenen Anordnungsverfahren nur in sieben Fällen die Anordnung erfolgt.[655] Der Wegfall der §§ 66b Abs. 1 und Abs. 2 StGB a.F. in Neufällen wird deswegen zukünftig zu keiner nennenswerten Reduzierung der Anordnungen führen können.

---

651 Kreuzer, StV 2011, 122, 127; NRV, Stellungnahme, S. 10*; Kinzig, NJW 2011, 177, 180.

652 Kinzig, NJW 2011, 177, 180.

653 BT-Drs. 17/3403, S. 35; BGH, NStZ 2009, 141, 143; BVerfG Urt. v. 05.08.2009, 2 BvR 2098/08 Rn. 31; befürwortend: Streng, JZ 2011, 827, 833; Zschieschack/Rau, StraFo 2008, 372, 374, Rissing-van Saan in: FS Roxin, S. 1173, 1184.

654 Kinzig, NJW 2011, 177, 180; Kreuzer, StV 2011, 122, 128; Ullenbruch, NStZ 2008, 335, 337; ders., NStZ 2009, 143, 144f.

655 Böllinger/Pollähne in: NK, § 66b Rn. 8; vgl. auch: Ullenbruch, NStZ 2007, 62, 63; Koller, DRiZ 2011, 127, 128 spricht von 20 Anordnungen.

c) Ausbau der vorbehaltenen Sicherungsverwahrung

Die Neufassung des § 66a StGB erleichtert die Anordnung der vorbehaltenen Sicherungsverwahrung, erweitert ihren Anwendungsbereich und soll die vermeintliche Schutzlücke, die durch Einschränkung der nachträglichen Sicherungsverwahrung aufgetreten ist, schließen.[656] An den durch die Neuordnung erfolgten Änderungen hält der Gesetzgeber auch nach dem Urteil des Bundesverfassungsgerichts vom 04.05.2011 fest.[657]

aa) Inhalt der Neuregelung

Das neue Recht unterscheidet zwischen einer vorbehaltenen Sicherungsverwahrung für Mehrfachtäter (§ 66a Abs. 1 StGB) und einer für Ersttäter (§ 66a Abs. 2 StGB).

Die Vorschrift des § 66a Abs. 1 StGB n.F. legt im Vergleich zur Vorgängerregelung einen anderen Prognosemaßstab an.[658] Der Hang zur fortgesetzten Begehung von Straftaten und eine daraus resultierende Gefährlichkeit müssen für den Ausspruch des Vorbehalts nicht (mehr) mit hinreichender Sicherheit festgestellt werden.[659] Ein wahrscheinliches Vorliegen beider Kriterien ist ausreichend, § 66a Abs. 1 Nr. 3 i.V.m. § 66 Abs.1 Nr. 4 StGB n.F. Bei gesicherter Feststellung von Hang und Gefährlichkeit darf ausschließlich die primäre Sicherungsverwahrung angeordnet werden.[660]

Die Regelung des § 66a Abs. 2 StGB übernimmt in der Sache die Anordnungsvoraussetzungen der nachträglichen Sicherungsverwahrung für Ersttäter (§ 66b Abs. 2 StGB a.F) und soll diese entsprechend ersetzen.[661] Für einen Ausspruch des Vorbehalts ist lediglich erforderlich, dass Betroffene wegen einer oder mehrerer schwerer Katalogtaten (§ 66a Abs. 2 Nr. 1 StGB n.F.) zu einer Freiheitsstrafe von mindestens fünf Jahren verurteilt wurden. Die Existenz von Vorstrafen, wie sie die primäre Sicherungsverwahrung einschränkend verlangt, hat insofern keine Relevanz.[662] Wie in Abs. 1 der Neuregelung genügt die Feststellung der Wahrscheinlichkeit einer Neigung zur Begehung schwerer Straftaten (§ 66a Abs. 2 Nr. 3 StGB a.F).

---

656 BT-Drs. 17/3403, S. 15.

657 BMJ, Entwurf eines Gesetzes zur bundesrechtlichen Umsetzung des Abstandsgebotes, S. 14*.

658 Rössner/Best in: Gesamtes Strafrecht, § 66a, Rn. 5; Kinzig, StraFo 2011, 429, 432.

659 Zur sicheren Hangfeststellung: BGH, NJW 2005, 3155, 3156f.; Fischer, StGB, § 66a Rn. 5.

660 BT-Drs. 17/3403, S. 27 u. 28; Rössner/Best in: Gesamtes Strafrecht, § 66a, Rn. 5.

661 BT-Drs. 17/3403, S. 3

662 Siehe dazu das plastische Schaubild von: Kinzig, StraFo 2011, 429, 433.

Die zu einer endgültigen Anordnung der Sicherungsverwahrung führende Gefährlichkeitsprognose muss nicht mehr – wie noch in § 66b Abs. 1 und Abs. 2 StGB a.F. verlangt –[663] obligatorisch auf neuen Tatsachen (sog. Nova) beruhen, die erst im Laufe des Strafvollzugs erkennbar werden, § 66a Abs. 3 S. 2 StGB.[664] Es genügen nun auch Tatsachen, die der Strafrichter schon bei Anordnung des Vorbehalts erkennen konnte. Die Entwicklung einer verurteilten Person während des Vollzugs stellt nur einen zusätzlichen Aspekt für die notwendige Gesamtwürdigung dar, der zur Erhöhung der Prognosesicherheit beitragen soll.[665]

Zur Begründung des Verzichts auf das einschränkende Erfordernis der Nova rekurriert der Gesetzgeber v.a. auf den in der Presse bekannt gewordenen Einzelfall des Karl D.[666] Dieser musste aus der nachträglichen Sicherungsverwahrung wegen fehlender Nova entlassen werden, obwohl er durch Gutachter weiterhin als gefährlich eingeschätzt wurde.[667] Die jetzige Formulierung des § 66a Abs. 3 S. 2 StGB soll es ermöglichen, auch solche Täter zu inhaftieren, bei denen die Erkenntnislage hinsichtlich ihrer Gefährlichkeit seit der Anlassverurteilung unverändert geblieben ist. In Augen des Gesetzgebers ist dies notwendig, weil Fälle wie der des Karl D. geeignet sind, „dass Vertrauen der Bevölkerung in die grundsätzliche Wirksamkeit des Instruments der Sicherungsverwahrung in Frage zu stellen".[668] In Fällen des § 66a Abs. 2 StGB bedeutet dies, dass unter Umständen eine einzelne Anlasstat als einziger Anhaltspunkt für die Beurteilung der Gefährlichkeit bei der Frage der Verwahrung ausschlaggebend sein kann.

bb) Freiheitsorientierte Neugestaltung der vorbehaltenen Sicherungsverwahrung?

Ob die vorbehaltene Sicherungsverwahrung, über die der Gerichtshof noch nicht direkt zu entscheiden hatte, den Anforderungen des Art. 5 Abs. 1 S. 2 a) EMRK entspricht, ist ebenfalls zu bezweifeln.[669]

---

663 BGHSt 50, 121, 125; 373, 378; OLG Koblenz, NStZ 2005, 97, 99.

664 BT-Drs. 17/3403, S. 31.

665 BT-Drs. 17/3403, S. 30.

666 BT-Drs. 17/3403, S. 27 u. 34.

667 Zum sog Fall Karl D: BGH, Urteil v. 13.01.2010, 1 StR 372/09, Rn. 35-40.

668 BT-Drs. 17/3403, S. 34.

669 Zweifelnd: Eschelbach, NJW 2010, 2499, 2500; Renzikowski, ZIS 2011, 531, 534; ablehnend: Kinzig, NStZ 2010, 233, 239; ders., Die Legalbewährung gefährlicher Rückfalltäter, S. 325f.; ders., NJW 2011, 177, 179; Ullenbruch, StraFo 2010, 438, 442f.; Pollähne, KritJ 2010, 255, 264; befürwortend: Streng, JZ 2011, 827, 834; Kreuzer, NStZ 2010, 473, 479; ders., StV 2011, 122, 128; Rissing-van Saan in: FS Roxin, S. 1173, 1183.

Zugunsten einer Konformität mit Art. 5 EMRK lässt sich möglicherweise die Argumentation des EGMR im Fall Weeks[670] anführen:[671] Der Gerichtshof hatte in diesem Fall zu beurteilen, ob der Widerruf der Bewährung eines Lebenslanghäftlings, der sich schon zweimal über einen Zeitraum von mehreren Jahren hinweg bedingt in Freiheit befunden hatte, noch die erforderliche Kausalbeziehung zur Ursprungsverurteilung aufwies. Der EGMR bejahte dies, weil der Verurteilte von Anfang an auf Grund der Verurteilung gewusst habe, dass ihm der Vollzug der lebenslangen Inhaftierung drohe.[672] Vergleichbares könnte für die vorbehaltene Sicherungsverwahrung gelten, da einem Verurteilten schon durch Aussprechen des Vorbehalts erkennbar wird, dass ihm die Verwahrung droht, sollte er nach dem Vollzug der Strafe weiterhin als gefährlich erscheinen.[673]

Gegen eine Übertragbarkeit der Argumentation spricht indes, dass der EGMR in seinen Entscheidungen zur deutschen Sicherungsverwahrung den Aspekt des Kausalzusammenhangs zwischen Verurteilung und Inhaftierung stärker betont hat als den Aspekt der Vorhersehbarkeit. Mit Zeitablauf wird die Verbindung zwischen der ursprünglichen Verurteilung und einer weiteren Freiheitsentziehung schwächer.[674] Anders als im Fall einer lebenslangen Freiheitsstrafe fällt die konstitutive Entscheidung über die Freiheitsentziehung erst Jahre nach dem Strafurteil.[675] Bei enger Auslegung der Rechtsprechung des EGMR dürfte deswegen eine bloße Androhung den Kausalzusammenhang über einen so langen Zeitraum nicht wahren können.[676] Bei wertender Betrachtung ist das Anordnungsverfahren auch kein bloßes Annexverfahren.[677] Die Anordnung der Sicherungsverwahrung folgt aus einer eigenständigen neuen Entscheidung, die vom vorherigen Strafurteil in Form des Vorbehalts lediglich zugelassen wird.[678] Diese neue Entscheidung bedarf eines eigenen Antrags der Staatsanwaltschaft (§ 275a Abs. 1 StPO) und einer neuen Hauptverhandlung (§§ 275a Abs. 2 u. Abs. 3 i.V.m. § 213 ff. StPO), womit sie weitgehend abgekoppelt vom ursprünglichen

670 EGMR ECtHR, Weeks Case, Ser. A, Ziff. 114.

671 Dafür eintretend: Trechsel in: FS Burgstaller, S. 201, 218.

672 EGMR ECtHR, Weeks Case, Ser. A 114, Ziff. 50.

673 Dafür eintretend: Kreuzer, NStZ 2010, 473, 479; Trechsel in: FS Burgstaller, S. 201, 218; Rissing-van Saan in: FS Roxin, S. 1173, 1183.

674 EGMR Urt. v. 17.12.2009, Beschwerde-Nr. 19359/04 (M./.Deutschland), Ziff. 88.

675 Kinzig, StraFo 2011, 429, 432.

676 Elberling in: EMRK, Art. 5 Rn. 36; Kinzig, StraFo 2011, 429, 432; Ullenbruch, StraFo 2010, 438, 442.

677 So aber: Laue, JR 2010, 198, 203.

678 Pollähne, KritJ 2010, 255, 264; Vgl. Scharmer, Stellungnahme der Strafverteidigervereinigungen, S. 8*; Kinzig, Legalbewährung, S. 326.

Schuldspruch erfolgt.[679] Der EGMR könnte daher auch die vorbehaltene Sicherungsverwahrung als Verstoß gegen Art. 5 Abs. 1 S. 2 a) EMRK werten.[680] Der Ausbau der vorbehaltenen Sicherungsverwahrung zeigt, dass der Gesetzgeber dies zu Lasten des Freiheitsrechts der Betroffenen billigend in Kauf nimmt.

Darüber hinaus gefährdet der Vorbehalt der Sicherungsverwahrung eine effektive Resozialisierung des Täters und damit seine Chance in Freiheit zu gelangen. Nach der Gesetzesbegründung werde der Vorbehalt die „Bereitschaft und Motivation des Täters an Therapie- und Resozialisierungsmaßnahmen teilzunehmen" fördern.[681] Es ist jedoch zu befürchten, dass sich eben jener eher kontraproduktiv auf die Resozialisierung des Täters auswirken wird. Kaum ein Betroffener wird sich mit hinreichender Offenheit auf Therapieangebote einlassen, wenn für ihn zu befürchten steht, dass dabei gewonnene Informationen zu seinen Lasten bei der endgültigen Anordnung der Sicherungsverwahrung Verwendung finden.[682] Die Vorbehaltserklärung wird auf Grund der politischen Vorgabe – Wahrung der Sicherheit der Allgemeinheit – auch die Gewährung von resozialisierungsfördernden Vollzugslockerungen voraussichtlich hemmen.[683] Anstaltsleiter und Therapeuten werden bei Zweifeln an der Bewährung des Täters die Verantwortung für das Risiko neuer Straftaten nur selten übernehmen wollen.[684] Gerade die Ermöglichung einer Erprobung von Freiheit ist allerdings eine der Voraussetzungen, die das Bundesverfassungsgericht für ein rechtsstaatliches, d.h. ein das Freiheitsrecht des Betroffenen achtendes Gesamtkonzept der Sicherungsverwahrung verlangt.

Überdies ist die Ersttäterregelung gemäß § 66a Abs. 2 StGB ein unverhältnismäßiger Eingriff in das Freiheitsrecht der betroffenen Personen. Nach Angaben des Psychiaters Norbert Leygraf vor dem Rechtsauschuss „gibt es kaum Fälle, in denen ein voll schuldfähiger Täter lediglich eine einzige Tat begangen hat und auf Grund von Besonderheiten dieser Tat und seiner Persönlichkeit als überdauernd hoch gefährlich eingeschätzt werden" kann.[685] Angesichts nur einer prognoserelevanten Straftat und des wenig aussagekräftige Vollzugsverhalten ist

679 Pollähne, KritJ 2010, 255, 264.

680 Ullenbruch, StraFo 2010, 438, 442; Elberling in: EMRK Art. 5 Rn. 36.

681 BT-Drs. 17/3403, S. 27.

682 Vgl. Scharmer, Stellungnahme der Strafverteidigervereinigungen, S. 9*; Kinzig, StraFo 2011, 429, 432.

683 Graebsch in: FS Eisenberg, S. 725, 733; Kinzig, NJW 2011, 177, 180; Streng, JZ 2011, 827, 834.

684 Alex, StV 2006, 105, 106; Fischer, StGB, § 66a Rn. 13; Ullenbruch, NStZ 2008, 5, 8; Adams, StV 2003, 51, 53 zur Sicherungsverwahrung nach Landesrecht.

685 Leygraf, Stellungnahme, S. 3*; kritisch auch: Kinzig, StraFo 2011, 429, 432; ders., NJW 2011, 177, 179; Koller, DRiZ 2011, 127, 131.

die Gefahr der Verwahrung von Straftätern, die als nicht gefährlich einzustufen sind, im Rahmen des § 66a Abs. 2 StGB als besonders hoch einzuschätzen.[686] In der Gesetzesbegründung heißt es dazu, auch Ersttäter seien häufig schon zuvor über einen längeren Zeitraum kriminell in Erscheinung getreten, so dass deren Gefährlichkeit ausreichend sicher festgestellt werden könnte.[687] Diese Argumentation bedeutet aber letztendlich eine unzulässige Erweiterung der Anlasstaten.

In der Gesamtschau ist die neu gestaltete vorbehaltene Sicherungsverwahrung eine unverhältnismäßige, das Vollzugsklima belastende Maßnahme, die Gefahr läuft, durch den EGMR als menschenrechtswidrig eingestuft zu werden.[688] Der Gesetzgeber ist trotzdem der Ansicht, dass „weder verfassungsrechtlich noch mit Blick auf die Vorgaben der EMRK durchgreifende Bedenken" gegen § 66a StGB bestünden.[689] Das zeigt erneut die Bereitschaft des Gesetzgebers, das Spannungsverhältnis zwischen den Schutzinteressen der Allgemeinheit und dem Freiheitsanspruch der Betroffenen einseitig zu Lasten des Individualrechts aufzulösen.

cc) Auswirkungen auf die Anordnungspraxis

Bisher führte die vorbehaltene Sicherungsverwahrung in der Urteilspraxis ein Schattendasein. Die Neuregelungen lassen allerdings befürchten, dass die Zahl der ausgesprochenen Vorbehalte und endgültigen Anordnungen in Zukunft steigen wird.[690]

Nach bisheriger Rechtslage wurde in den meisten Fällen, in denen ein Hang des Täters nachgewiesen werden konnte, die primäre Sicherungsverwahrung anstelle des Vorbehalts angeordnet, da dieser zugleich die Gefährlichkeit des Täters indizierte.[691] Die nun lediglich erforderliche „Wahrscheinlichkeit" von Hang und Gefährlichkeit eröffnet wegen der Unbestimmtheit des Begriffs größere Anwendungsspielräume für einen Ausspruch des Vorbehalts.[692] Zwar soll nicht ausreichend sein, dass Hang bzw. Gefährlichkeit nicht ausgeschlossen

686 Koller, DRiZ 2011, 127, 131; vgl. auch: Kinzig, StraFo 2011, 429, 432; ders., NJW 2011, 177, 179.

687 BT-Drs. 17/3403, S. 28.

688 Kinzig, NJW 2011, 177, 179f.

689 BT-Drs. 17/3403, S. 25.

690 Kinzig, Legalbewährung gefährlicher Rückfalltäter, S. 330; Boetticher, Verdikt 1.11, 13, 15 u. 17; Ullenbruch, StraFo 2010, 438, 443; Koller, DRiZ 2011, 127, 131; a.A. Kreuzer, StV 2011, 122, 129; Kreuzer/Bartsch, GA 2008, 655, 666 die auf eine anhaltende restriktive Praxis der Gerichte vertrauen.

691 BT-Drs. 17/3403, S. 26; so auch BGHSt 50, 188, 196; vgl. auch: Kinzig, NJW 2002, 3204, 3208; Bartsch, Sicherungsverwahrung, S. 303; Ullenbruch, NStZ 2008, 5, 11.

692 Kinzig, NJW 2011, 177, 179; Boetticher, Verdikt 1.11, 13, 15.

werden können.[693] Dennoch ist zu befürchten, dass das Gericht bereits bei Zweifeln an der Ungefährlichkeit den Vorbehalt sicherheitshalber auf Vorrat anordnen wird, damit nach Vollzug der Freiheitsstrafe erneut über die Gefährlichkeit befunden werden kann.[694] Bei einer großen Zahl der auf diese Weise ausgesprochenen Vorbehalte besteht die Gefahr, dass Richter am Ende einer öffentlichen und ggfs. unter großem medialen Druck geführten Hauptverhandlung unter Zugzwang geraten, so dass daraus endgültige Sicherungsverwahrungen resultieren könnten.[695]

Auch der Verzicht auf Nova könnte zu einer häufigeren Anwendung der vorbehaltenen Sicherungsverwahrung beitragen.[696] Dies lässt sich aus dem bisherigen restriktiven Umgang der Gerichte mit § 66b StGB a.F. schlussfolgern. Das Erfordernis der Nova schränkte die Anwendbarkeit der nachträglichen Sicherungsverwahrung stark ein.[697]

Wie viele Straftäter von der Neuregelung potenziell betroffen sein könnten, lässt sich nur für die in § 66a Abs. 2 StGB n.F. enthaltene Ersttäterregelung abschätzen, da die amtlichen Statistiken kein hinreichend abgrenzbares Datenmaterial für die nach § 66a Abs. 1 StGB n. F. notwendigen Vorverurteilungen liefern. Auf Basis des Deliktskatalogs des § 66a Abs. 2 Nr. 1 StGB n. F. kommen nach der Strafverfolgungsstatistik des Jahres 2010 1.145 Verurteilte für die vorbehaltene Sicherungsverwahrung nach § 66a Abs. 2 StGB n. F. in Betracht.[698] Das bedeutet, dass bei ca. zwei Dritteln aller Häftlinge, die zu einer Freiheitsstrafe von mehr als fünf Jahren verurteilt wurden, die Anordnung der vorbehaltenen Sicherungsverwahrung möglich wäre.[699]

---

693 BT-Drs. 17/3403, S. 26.

694 Ullenbruch, StraFo 2010, 438, 443; Koller, DRiZ 2011, 127, 131; vgl. die gleichen Befürchtungen zur alten Rechtslage: Renzikowski, NStZ 2006, 280, 281.

695 Kinzig, NJW 2011, 177, 180; Ullenbruch, StraFo 2011, 438, 443.

696 Kinzig, Legalbewährung, S. 330; Boetticher, Verdikt 1.11, 13, 15.

697 Vgl. die Urteilsaufstellung bei: Stree/Kinzig in: Schönke/Schröder, StGB, § 66b Rn. 5 u. 6; Ullenbruch, NStZ 2005, 563, 565; Kinzig, NJW 2011, 177, 179; ders., StraFO 2011, 429, 432.

698 Eine solche Analyse hat Kinzig für das Jahr 2008 durchgeführt und kam auf eine Zahl von 1.198 Verurteilten: Legalbewährung, S. 330.

Details: Verurteilungen wegen Straftaten mit mehr als 5 Jahren Haft gegen: das Leben (392), die körperliche Unversehrtheit (60), pers. Freiheit (57), sexuelle Selbstbestimmung (242) und wegen Straftaten des 28. Abschnitts (28) bzw. §§ 250, 251, 252, 255 StGB (366). Errechnet aus: Statistisches Bundesamt (2010), Fachserie 10, Reihe 3, Tab. 3.1, S. 157ff.

699 Bei einer Gesamtzahl von 1.744 Verurteilten mit Freiheitsstrafe über 5 Jahre ist eine Quote von 65,6 % gegeben; Statistisches Bundesamt (2010), Fachserie 10, Reihe 3, Tab. 3.1, S. 155.

In der Gesamtschau ergibt sich daher die Gefahr einer massiven Zunahme der Sicherungsverwahrungsfälle nach § 66a StGB.[700]

dd) Geplante Einführung der vorbehaltenen Sicherungsverwahrung für Verurteilungen nach Jugendstrafrecht

aaa) Inhalt der geplanten Neuregelung

Der Bundesgesetzgeber plant, die bisher in § 7 Abs. 2 JGG geregelte nachträgliche Sicherungsverwahrung nach Verurteilungen im Jugendstrafrecht, durch die Einführung einer vorbehaltenen Sicherungsverwahrung zu ersetzen.[701] Die geplante Vorschrift übernimmt die bisherigen Erfordernisse für die Anwendung des § 7 Abs. 2 JGG und verlangt zusätzlich das wahrscheinliche Vorliegen eines Hanges.[702]

bbb) Freiheitsorientierte Gestaltung der vorbehaltenen Sicherungsverwahrung im Jugendstrafrecht

Ebenso wie im Erwachsenenstrafrecht ist die Vereinbarkeit der geplanten Regelung mit Art. 5 Abs.1 S. 2 a) EMRK anzuzweifeln. Bei enger Auslegung der Konvention fehlt es wie erläutert an der Unmittelbarkeit eines Kausalzusammenhangs zwischen der vorausgegangenen Verurteilung und der späteren Anordnung.[703]

Zudem ist die jede Form von Sicherungsverwahrung junger Menschen in mehrfacher Hinsicht ein unverhältnismäßiger Eingriff in das Freiheitsrecht der Betroffenen:

Eine zuverlässige Gefährlichkeitsprognose bei jungen Menschen ist wie schon erläutert wegen der vergleichsweise kurzen Biografie sowie den typischen Verhaltensmustern in der Jugendphase nahezu ausgeschlossen.[704] Insbesondere gilt dies für Ersttäter, da einschlägige Vorverurteilungen fehlen, an welche die Gefährlichkeitsbeurteilung anknüpfen könnte. Mit der Sicherungsverwahrung im Jugendstrafrecht verbindet sich daher eine sehr hohe Gefahr, Personen die

---

700 Koller, DRiZ 2011, 127, 131.

701 BMJ, Entwurfs eines Gesetzes zur bundesrechtlichen Umsetzung des Abstandsgebotes, Art. 5, S. 5*.

702 BMJ, Entwurf eines Gesetzes zur bundesrechtlichen Umsetzung des Abstandsgebotes, S. 32*.

703 Vgl. Eisenberg, StV 2011, 480, 482.

704 Eisenberg, StV 2011, 480, 481; ders., JGG, § 7 Rn. 29; Graebsch in: FS Eisenberg, S. 725, 730; Rüter, Nachträgliche Sicherungsverwahrung, S. 218.

Freiheit zu entziehen, die sich später als nicht gefährlich erweisen.[705] Der Vorbehalt indes steht auf Grund der erörterten negativen Auswirkungen auf das Vollzugklima einer positiven Entwicklung und der Chance auf Widererlangung der Freiheit entgegen.[706] Zudem birgt die niedriger angesetzte Schwelle für das Vorbehalten der Sicherungsverwahrung die Gefahr wie auch im Erwachsenenstrafrecht im Zweifel für den Vorbehalt zu entscheiden, weshalb von einer Zunahme der vorbehaltenen Sicherungsverwahrung nach § 7 Abs. 2 JGG auszugehen ist.[707]

Im Vergleich zur gültigen Fassung des § 7 Abs. 2 JGG bedeutete die Einführung einer vorbehaltenen Sicherungsverwahrung aus diesem Grund eine Schlechterstellung junger Straftäter, was als Indiz für einen fortschreitenden Sicherheitstrend im Recht der Sicherungsverwahrung zu werten wäre. Der Gesetzgeber ignoriert bisher die vorgenannten Bedenken, obwohl er bei der Einführung des § 7 Abs. 2 JGG im Jahr 2008 die vorbehaltene Sicherungsverwahrung wegen ihrer „präjudiziellen, (...) die weitere Entwicklung eines jungen Menschen belastenden“ Wirkung noch als unzulässig erachtete.[708] Die nunmehr plötzlich veränderte Folgenabschätzung geht auf das Bestreben zurück, einen Ersatz für die konventionswidrige nachträgliche Sicherungsverwahrung und die sich dadurch vermeintlich auftuende Sicherheitslücke zu installieren. Die im vorangegangenen Teil beschriebenen niedrigen Belastungsziffern und die lediglich einmalige Anwendung des § 7 Abs. 2 JGG in der Vergangenheit zeigen jedoch,[709] dass eine regelungsbedürftige Sicherheitslücke nicht existiert.[710] Mit Hilfe der gesetzlichen Möglichkeiten, die das JGG und die Jugendstrafvollzugsgesetze der Länder jetzt schon bereitstellen, lässt sich die Sicherheit der Allgemeinheit in ausreichendem Maße gewährleisten.[711] So betrachtet bedeutete die Einführung einer vorbehaltenen Sicherungsverwahrung bei Verurteilungen nach Jugendstrafrecht erneut eine einseitige Belastung des Freiheitsrechts der Betroffenen.[712]

705 NRV, Stellungnahme, S. 9f*; vgl. auch: Rüter, Nachträgliche Sicherungsverwahrung, S. 218f.; Ostendorf/Bochmann, ZRP 2007, 146, 148; DVJJ, Stellungnahme, S. 2f*; Graebsch in: FS Eisenberg, S. 725, 731.

706 NRV, Stellungnahme, S. 9*; DVJJ, Stellungnahme, S. 3*; vgl. auch: Graebsch in: FS Eisenberg, S. 725, 734; Eisenberg, StV 2011, 480, 480f.; ders., JGG, § 7 Rn. 29a; Bartsch, StV 2010, 521, 523 jeweils für die nachträgliche SV im Jugendstrafrecht.

707 DVJJ, Stellungnahme, S. 3*.

708 BT-Drs. 16/6562, S. 7.

709 BGH Urt. v. 09.03.2010, JZ 2010, 683ff.

710 Rüter, Nachträgliche Sicherungsverwahrung, S. 105; Kreuzer, Stellungnahme, S. 3*.

711 DVJJ, Stellungnahme, S. 3*; NRV, Stellungnahme, S. 9*; Rüter, nachträgliche Sicherungsverwahrung im Jugendstrafrecht, S. 313.

712 DVJJ, Stellungnahme, S. 3; NRV, Stellungnahme, S. 9*.

3. Das Gesetz zur Therapierung und Unterbringung psychisch gestörter Gewalttäter (ThUG)

a) Die wesentlichen Regelungen

Das am 01.01.2011 in Kraft getretene ThUG regelt den Umgang mit Personen, deren weitere Verwahrung wegen eines Verstoßes gegen das Rückwirkungsverbot nicht mit der EMRK vereinbar ist.[713] Das Gesetz gilt insofern nur für diejenigen Altfälle, in denen Gefangene infolge des Urteils des EGMR vom 17.12.2009 aus der Sicherungsverwahrung bereits entlassen sind oder noch entlassen werden müssen.[714] Mit der Therapieunterbringung wird eine neue, eigenständige Kategorie der Inhaftierung geschaffen, welche zwischen der Verwahrung gefährlicher Straftäter zu Präventionszwecken und der Unterbringung psychisch Kranker gemäß § 63 StGB liegt.[715]

Die Unterbringung setzt voraus, dass betroffene Personen unter einer psychischen Störung leiden. Aus ihr muss eine hohe Wahrscheinlichkeit für die Begehung solcher schwerer Straftaten abzuleiten sein, die eine Unterbringung zum Schutz der Allgemeinheit erforderlich machen, § 1 Abs. 1 ThUG. Die Voraussetzung der psychischen Störung ist wie erläutert an den Haftgrund des Art. 5 Abs. 1 S. 2 e) EMRK angelehnt und als dissoziale Persönlichkeits- oder Verhaltensstörung zu verstehen, die das Ausmaß einer schuldausschließenden Krankheit nicht erreichen muss.[716] Zur Anordnung der Unterbringung sind die Zivilkammern der Landgerichte nach den Verfahrensvorschriften des FamFG befugt, § 4 ThUG. Für die Unterbringung kommen nur Einrichtungen in Frage, die räumlich und organisatorisch vom Strafvollzug getrennt sind und kraft ihrer medizinisch-therapeutischen Ausrichtung eine resozialisierende Behandlung ermöglichen, § 2 ThUG. Die Unterbringung ist prinzipiell auf die Dauer von 18 Monaten begrenzt, kann jedoch beliebig oft um jeweils 18 Monate verlängert werden, sofern Sachverständige das Vorliegen der Voraussetzungen der Therapieunterbringung jeweils bestätigen, §§ 9, 12 ThUG.

---

713 Ausführlich zum ThUG: Schröder/Starke, DRiZ 2011, 254ff.; dies. DRiZ 2011, 284ff.; Nussstein, NJW 2011, 1194ff.

714 BT-Drs. 17/3403, S. 19.

715 BVerfG, Beschl. 15.09.2011, 2 BvR 1516/11, Ziff. 36.

716 BT-Drs. 17/3403, S. 53f.

b) Therapieunterbringung – konventions- und verfassungswidrige Fortsetzung der Haft?

Die zentrale Voraussetzung für die Anwendung des ThUG ist das Vorliegen einer psychischen Störung. Die gesetzgeberische Definition dieser Voraussetzung überschreitet wie erläutert die vom EGMR entwickelten Grenzen des Anwendungsbereichs von Art. 5 Abs. 1 S. 2 e) EMRK.[717] Der EGMR hat unter diesen Haftgrund stets Fälle subsummiert, die erhebliche psychische Belastungserscheinungen mit Krankheitswert aufwiesen, welche zumindest zu einer Einschränkung der Schuldfähigkeit führten.[718] Die in Therapieneinrichtungen beabsichtigte Unterbringung von Personen, die unter einfachen dissozialen Störungen im Sinne von ICD 10 und DSM IV leiden, kann deswegen nicht konventionskonform sein.[719] Eine konventionskonforme Auslegung des § 1 ThUG im Sinne einer Beschränkung auf psychisch schwer Kranke erscheint zwar möglich. Allerdings verbliebedann voraussichtlich kaum ein Anwendungsbereich für die Therapieunterbringung, da die überwiegende Zahl der beschriebenen Personen höchstwahrscheinlich schon während des Vollzuges der Sicherungsverwahrung in die Psychiatrie überstellt wurde.[720]

Wird das ThUG dennoch auf Personen angewandt, die nicht in ihrer Schuldfähigkeit beeinträchtigt sind, stellt dies einen Austausch inhaltlich gleicher Sanktionen dar, so dass der Vorwurf eines Etikettenschwindels begründet ist:[721] Der Vollzug der Therapieunterbringung unterscheidet sich kaum vom reformierten Sicherungsverwahrvollzug, wie ihn das Bundesverfassungsgericht im Urteil vom 04.05.2011 verlangt hat.[722] Die Wahrung des Abstandsgebots, die Beachtung des Resozialisierungsgebots und die Anwendung „ultima ratio“, schreibt der Gesetzgeber fast gleichlautend für die Therapieeinrichtungen fest, vgl. § 2 ThUG.[723]

Es gilt die gleiche Einschätzung wie bei der Fortgeltung der nachträglichen Sicherungsverwahrung in Altfällen: Ursprünglich als schuldfähig begutachtete

---

717 Kreuzer, StV 2011, 122, 131; Morgenstern, NK 2011, 55, 57.

718 Renzikowski, Stellungnahme, S. 12*; ders., ZIS 2011, 531, 537f.

719 Ullenbruch, StV 2012, 44, 47; Kreuzer, StV 2011, 122, 131; Morgenstern, NK 2011, 55, 57, Kinzig, NJW 2011, 177, 181; Streng, JZ 2011, 827, 832; Elberling in: EMRK, Art. 5 Rn. 71.

720 Kreuzer, StV 2011, 122, 131; Morgenstern, NK 2011, 55, 57; Ullenbruch, StV 2012, 44, 47.

721 Kreuzer, StV 2011, 122, 131; ders., Kriminalistik 2011, 3, 11; Ullenbruch, FR Online Gastbeitrag v. 01.09.2010 S. 2; Leygraf, Spiegel 35/2010, S. 17; Prantl, SZ v. 30.10.2010, S. 4; Leygraf, Stellungnahme, S. 5*.

722 Nußstein, StV 2011, 633, 634.

723 Kreuzer, StV 2011, 122, 131; Kreuzer/Bartsch, StV 2011, 472, 479.

Straftäter werden nachträglich zu psychisch Kranken umdefiniert und unter gleichen Bedingungen sicher verwahrt. Was bei der Sicherungsverwahrung als Hang definiert wurde, wird jetzt zur psychischen Störung erklärt.[724] Nicht zuletzt deswegen kritisiert der Psychiater Leygraf zutreffend, die Therapieunterbringung sei der Versuch, „die Psychiatrie als Ersatzreserve für das Strafrecht zu nutzen, um den Freiheitsentzug bei Menschen zu begründen, die bis dahin explizit nicht als Adressaten psychiatrischer Fürsorge gegolten haben".[725] Damit treffen auf die Therapieunterbringung die gleichen konventionsrechtlichen Einwände zu wie auf die nachträgliche Sicherungsverwahrung. Bei dieser Form der Unterbringung handelt sich um eine vom Urteil abgekoppelte, dauerhafte, nachträgliche Freiheitsentziehung, die im Urteil nicht vorhersehbar war und deswegen mit dem Rückwirkungsverbot des Art. 7 EMRK nicht zu vereinbaren ist.[726]

Der Eindruck, das ThuG sei in der Sache eine bewusste Umgehung der EGMR-Rechtsprechung, um ergebnisorientiert die Betroffenen weiter inhaftieren zu können, wird durch den äußerst bedenklichen Umgang mit den verfassungsrechtlichen Zuständigkeiten bestärkt.[727] Laut der Gesetzesbegründung soll sich die Zuständigkeit des Bundes kraft Sachzusammenhang aus dem Kompetenztitel für das Strafrecht ergeben.[728] Paradoxerweise wird aber zugleich betont, dass sich die Therapieunterbringung „fundamental" von der Strafe unterscheiden werde.[729] Die starke Ähnlichkeit des ThUG mit den Psychiatrie- und Unterbringungsgesetzen der Länder[730] und die schwache Verbindung der Therapieunterbringung zu vorangegangenen Straftaten, nach mitunter Jahrzehnte zurückliegender Verurteilung, nähren den Verdacht, dass es sich um Gefahrenabwehrrecht handeln könnte, für das die Bundesländer zuständig wären.[731] Das Gesetz soll wegen der Bundeszuständigkeit als Strafrecht gelten, wegen der zu befürchtenden Verletzung von Art. 5 und Art. 7 EMRK aber zugleich den Charakter

724 Kröber, StV 2012, 1, 1; Kreuzer/Bartsch, StV 2011, 472, 473.

725 Leygraf, Stellungnahme, S. 5*; ders., Spiegel 35/2010, S. 17; ebenso: Koller, DRiZ 2011, 127, 132; Kreuzer, StV 2011, 122, 131.

726 Kreuzer, StV 2011, 122, 132; Ullenbruch, StV 2012, 44, 48.

727 Ullenbruch, StV 2012, 44, 48.

728 BT-Drs. 17/3403, S. 20.

729 BT-Drs. 17/3403, S. 20f.

730 Vgl. § 7 ThürPsychKG; § 11 Abs. 1 NWPsychKG; §§ 1 u. 10 SächsPsychKG; § 8 Abs. 1 BlnPsychKG; § 1 BWUBG; § 1 FrhEntzG HE.

731 Ullenbruch, FR, Online Gastbeitrag v. 01.09.2010, S. 2; ders., StV 2012, 44, 48; Kinzig, StraFo 2011, 429, 434; Morgenstern, NK 2011, 55, 55; Nussstein, NJW 2011, 1194, 1194, wohl auch Kreuzer, StV 2011, 122, 131; a.A. OLG Saarbrücken, NStZ 2012, 31, 32.

einer nicht strafgleichen psychiatrischen Maßnahme tragen.[732] Hinter dieser gekünstelten Vorgehensweise steht das Bestreben, ein Schlupfloch zu eröffnen, um den eigentlich zu entlassenden Betroffenen weiter zu inhaftieren.

c) Fazit

Das ThUG stellt keine konventionskonforme Lösung bereit, um als gefährlich begutachtete Straftäter weiter zu inhaftieren.[733] Inhaltlich handelt es sich um ein Substitut der nachträglichen Sicherungsverwahrung.[734] Mit Hilfe der psychischen Störung wird eine bisher unbekannte Kategorie von Adressaten erzeugt. Den Betroffenen aus dieser Gruppe kann, unter Verstoß gegen die Idee des Rückwirkungsverbots, erneut die Freiheit unter einer anderen Bezeichnung entzogen werden. Eine so gestaltete Inhaftierung „um jeden Preis" überschreitet rechtstaatliche Grenzen und missachtet das Freiheitsrecht des Betroffenen.

4. Fazit

Sowohl das Gesetz zur Neuordnung der Sicherungsverwahrung als auch das geplante Gesetz zur Umsetzung des Abstandsgebots weisen Parallelen zu den bisherigen Reformen der Sicherungsverwahrung auf, welche die Hypothese einer Fortsetzung des Sicherheitstrends bestätigen:

a) Tendenz zur Ausdehnung des Anwendungsbereichs der Sicherungsverwahrung

Das Neuordnungsgesetz führt in der Gesamtschau wie die bisherigen Reformen nicht zu einer Einschränkung, sondern zu einer Erweiterung des Anwendungsbereichs der Sicherungsverwahrung. Die vorbehaltene Sicherungsverwahrung kann durch den Verzicht auf Nova und auf die sichere Hangfeststellung unkomplizierter angeordnet werden, als nach der alten Rechtslage. Unter Bezugnahme auf die Ersttäterregelung des § 66a Abs. 2 StGB könnten hypothetisch jährlich ca. 1.000 Verurteilte erfasst werden.[735] Gleichzeitig gelten wesentliche Teile des alten Rechts, wenn auch unter den strengen Vorgaben des Bundesverfassungsgerichts, durch Übergangsregelungen fort. Das betrifft die Altfälle der nachträglichen Sicherungsverwahrung im Erwachsenen- und Jugendstrafrecht sowie die

732 Ullenbruch, StV 2012, 44, 48; Kreuzer spricht treffend von der „Quadratur des Kreises", StV 2011, 122, 131.

733 Kreuzer, StV 2011, 122, 132; Morgenstern, NK 2011, 55, 58.

734 Elberling in: EMRK, Art. 5 Rn. 70.

735 Kinzig, StraFo 2011, 429, 432.

Fälle der nachträglichen Sicherungsverwahrung im Anschluss an eine Unterbringung in einem psychiatrischen Krankenhaus. Das ThUG eröffnet darüber hinaus die Möglichkeit, Personen, die auf Grund der konventionswidrigen Verlängerung der Sicherungsverwahrung eigentlich entlassen werden müssten, in sicherungsverwahrungsähnlicher Haft weiter zu inhaftieren.[736] Lediglich die enger gefassten Voraussetzungen der originären Sicherungsverwahrung sowie die Abschaffung der nachträglichen Sicherungsverwahrung für Neufälle führen zu einer Beschränkung des Anwendungsbereiches gegenüber der alten Rechtslage. Eine Mäßigung der Praxis der Anordnungen ist aber, wie erörtert, dadurch kaum zu erwarten. Das erklärte Ziel des Gesetzgebers, die Sicherungsverwahrung als letztes Mittel der Kriminalpolitik zu gestalten, wurde mithin verfehlt.

b) Mangelnde kriminologische Fundierung

Das Gesetz zur Neuordnung der Sicherungsverwahrung und der Entwurf zur Umsetzung des Abstandsgebotes wurden wie die bisherigen Reformgesetze ohne hinreichende Berücksichtigung kriminologischen Erfahrungswissens entwickelt.[737] Das zeigt sich in folgenden Zusammenhängen:

aa) Fehlende Berücksichtigung realer Kriminalitätsbelastung

Wie bei den vorangegangen Erweiterungen der Sicherungsverwahrung wurden Erkenntnisse zur realen Kriminalitätsentwicklung nicht berücksichtigt. Obwohl diese in den relevanten Bereichen der Gewalt- und Sexualkriminalität sogar leicht rückläufig ist, hält der Gesetzgeber eine eingeschränkte Fassung des § 66a StGB für nicht vereinbar mit dem „berechtigten Sicherheitsinteresse der Allgemeinheit".[738] Wiederum benutzt er einen prominenten Einzelfall – den des Karl D.[739] – um Tatbestandvoraussetzungen, hier das Erfordernis der Nova und des Hanges, abzusenken.[740] Trotz fehlender Allgemeingültigkeit dieses Einzelfalls soll der Eindruck erweckt werden, ohne den Ausbau der vorbehaltenen Sicherungsverwahrung sei die Wirksamkeit des Instruments Sicherungsverwahrung im Ganzen und die Sicherheit der Allgemeinheit in Frage gestellt.[741] Darüber hinaus wird im Entwurf zur Umsetzung des Abstandsgebots ohne Reflektion der tatsächlichen Kriminalitätsbelastung durch Jugendliche die Notwendigkeit der

---

736 BT-Drs. 17/3403, S. 19.

737 Instruktiv für eine evidenz-basierte Kriminalpolitik: Kunz, Kriminologie, § 7 Rn. 13 u. 14 m.w.N.

738 BT-Drs. 17/3403, S. 26.

739 BGH, Urteil vom 13.01.2010, 1 StR 372/09.

740 BT-Drs. 17/3403, S. 34.

741 BT-Drs. 17/3403, S. 30.

Einführung einer vorbehaltenen Sicherungsverwahrung unterstellt. Die fehlende empirische Fundierung des Ausbaus der vorbehaltenen Sicherungsverwahrung unterstreicht den im vorangegangen Teil kritisierten Symbolcharakter des Rechts der Sicherungsverwahrung.[742]

bb) Überschätzung der Prognosesicherheit

Die dem § 66a StGB zu Grunde liegende Annahme, die Prognosesicherheit könne sich durch Verlagerung des Entscheidungszeitpunktes an das Ende des Vollzugs verbessern,[743] läuft kriminologischen Erkenntnissen zuwider. Die Verhältnisse des Vollzugs stellen eine künstliche Welt dar, die zuverlässige Rückschlüsse für das künftige Verhalten außerhalb der Anstalt nicht zulassen.[744] Ferner ist die Annahme, bei jungen Menschen lasse sich eine Gefährlichkeitsprognose mit ausreichender Sicherheit treffen,[745] wegen der Entwicklungsfähigkeit dieser unberechtigt.[746] Der prognostizierte verstärkte Einsatz der vorbehaltenen Sicherungsverwahrung wird zur häufigeren Inhaftierung von Personen führen, deren Gefährlichkeit nicht sicher nachzuweisen ist.

c) Mangelnde Beachtung konventions- und verfassungsrechtlicher Strafrechtsprinzipien

Wie die vorangegangenen Verschärfungen rüttelt auch das neu gestaltete Recht der Sicherungsverwahrung an den konventions- und verfassungsrechtlich garantierten Grenzen und Bedingungen staatlichen Freiheitsentzugs. Das neue Recht provoziert in mehrfacher Hinsicht die Feststellung eines Konventionsverstoßes.[747] Es bestehen im Hinblick auf Art. 5 Abs.1 S. 2 a) EMRK erhebliche Zweifel an einer Zulässigkeit der vorbehaltenen Sicherungsverwahrung.[748] Die für Altfälle aufrecht erhaltene nachträgliche Sicherungsverwahrung ist mit Blick auf die bisherige Rechtsprechung des EGMR auch unter Zuhilfenahme des Haftgrundes gemäß Art. 5 Abs. 1 S. 2 e) EMRK nicht konventionskonform. Die

742 vgl. zum Symbolcharakter der §§ 66 ff StGB: Braum, ZRP 2004, 105, 108; Gazeas, StraFo 2005, 9, 15.

743 BT-Drs. 17/3403, S. 30.

744 Baltzer, KritV 2011, 38, 48; Graebsch in: FS Eisenberg, S. 725, 732.

745 BMJ, Entwurf eines Gesetzes zur bundesrechtlichen Umsetzung des Abstandsgebotes, S. 32*.

746 Graebsch in: FS Eisenberg, S. 725, 731; Ostendorf/Bochmann, ZRP 2007, 146, 148; Bruhn, Sicherungsverwahrung im Jugendstrafrecht, S. 209f.; Eisenberg, ZJJ 2006, 124, 127.

747 Kreuzer, Stellungnahme, S. 3*.

748 Elberling in: EMRK Art 5 Rn. 36; Ullenbruch, StraFo 2010, 438, 442; a.A. Kreuzer, StV 2011, 122, 128.

nachträgliche Sicherungsverwahrung bleibt auch bei verbesserten Haftbedingungen eine strafähnliche Maßnahme, die mit Art. 7 EMRK kollidiert, weil sie nachträglich eine unvorhersehbare und vom Urteil abgekoppelte dauerhafte Freiheitsentziehung verursacht.[749] Die Therapieunterbringung stößt auf dieselben Einwände wie die nachträgliche Sicherungsverwahrung. Sie bedeutet eine unzulässige Umgehung der Rechtsprechung des EGMR, da ursprünglich als schuldfähig beurteilte Straftäter zum Zweck der Fortsetzung der Haft nachträglich zu Tätern mit psychischer Störung umdefiniert werden.[750]

Wie auch schon bei den vorangegangenen Reformgesetzen hat das Bundesverfassungsgericht die Gelegenheit nicht wahrgenommen, den rückwirkenden Freiheitsentzug durch Anwendung des abwägungsfesten Art. 103 Abs. 2 GG eine Grenze zu setzen. In der Begründung des Gerichts, der EGMR habe die Opferbelange bei der Anwendung des Rückwirkungsverbots nicht ausreichend berücksichtigt, wird erneut eine Zurückdrängung der Prinzipien auf Grund einer Vorrangstellung von Sicherheitsinteressen deutlich.[751]

d) Resümee

Die Grundsatzurteile des Europäischen Gerichtshofs haben die Kriminalpolitik nicht aufgehalten, den Sicherheitstrend im Recht der Sicherungsverwahrung weiter fortzusetzen.[752] Eine Rückbesinnung auf die liberale Politik, wie sie bis zur Mitte der 1990er Jahre bestand und welche die Sicherungsverwahrung weit restriktiver handhabte, ohne dass damals Sicherheitsbelange als vernachlässigt galten, konnten sie nicht einleiten.

Die Chance, die grundsätzliche Frage der Notwendigkeit des Rechtsinstituts der Sicherungsverwahrung zu prüfen, hat der Bundesgesetzgeber mit dem Gesetz zur Neuordnung der Sicherungsverwahrung und mit dem Entwurf eines Gesetzes zur bundesrechtlichen Umsetzung des Abstandsgebotes nicht ergriffen. Er hat vielmehr erneut Regelungen beschlossen, die die Gefahr mit sich bringen, den Maßstäben des EGMR nicht standzuhalten.[753] Die neuen Regelungen zeigen die aus vorangegangenen Reformen bekannten Kennzeichen des nicht abreißenden Strebens nach Sicherheit, nämlich die Vernachlässigung kriminologischer Erkenntnisse und die Relativierung von Strafrechtsprinzipien. Sie orientieren

---

749 Vgl. Scharmer, Stellungnahme der Strafverteidigervereinigungen, S. 11*.

750 Ullenbruch, StV 2012, 44, 47; Kreuzer/Bartsch, StV 2011, 472, 473; Kreuzer, Stellungnahme, S. 3*.

751 Kreuzer, Stellungnahme, S. 10*.

752 Pollähne äußerte diese Befürchtung schon vor Erlass des Neuordnungsgesetzes, KritJ 2010, 255, 263.

753 NRV, Stellungnahme, S. 3*; Kreuzer, Stellungnahme, S. 10*.

sich vorrangig am Ergebnis: Entlassungen von Sicherungsverwahrten infolge der Entscheidung des EGMR sollen unbedingt verhindert werden.[754] In einem freiheitlich ausgeprägten Rechtsstaat darf aber der berechtigte staatliche Schutz potenzieller Opfern keineswegs dazu führen, dass indisponible Beschuldigtenrechte relativiert werden. In den Reformanstrengungen, die dem Urteil des EGMR folgten, haben sich diese Erkenntnis und die Einsicht, dass Verschärfungen des Rechts der Sicherungsverwahrung keine absolute Sicherheit gewährleisten können, nicht durchgesetzt.

754 Ullenbruch, StV 2012, 44, 44.

D. Die Entwicklung langer freiheitsentziehender Sanktionen zum Schutz der Allgemeinheit im Jugendstrafrecht anderer europäischer Staaten

I. Einleitung

Die durchweg auf Verschärfung gerichtete Entwicklung der Sicherungsverwahrung wirft die Frage auf, inwieweit in anderen Ländern Europas ebenfalls ein Sicherheitstrend anhand des Einsatzes langwährender freiheitsentziehender Sanktionen nachzuweisen ist. Die folgende Untersuchung der Entwicklung und Gestaltung des Freiheitsentzugs über längere Zeiträume bei mehrfach rückfälligen Tätern im Ausland beschränkt sich auf das Jugendstrafrecht. Gerade im Umgang mit straffällig gewordenen jungen Menschen lässt sich die kriminalpolitische Einstellung zum Stellenwert von Freiheitsgrundrechten besonders deutlich ablesen.[755] Unter den europäischen Staaten herrscht ein Minimalkonsens, dass ein Schonraum in punkto freiheitsentziehender Maßnahmen für junge Täter wegen ihres jugendspezifischen Entwicklungsprozesses belassen werden sollte.[756] Dennoch differieren Art und Grad der Umsetzung dieses Grundsatzes in den einzelnen europäischen Staaten stark voneinander. Die jeweilige Gesetzeslage in diesem sensiblen Bereich ist ein Gradmesser für den Nachweis einer einseitigen Berücksichtigung von Sicherheitsinteressen.

Im Schwerpunkt werden die Jugendstrafrechtssysteme Englands, Spaniens und der Niederlande untersucht, weil sie traditionell auf unterschiedlichen bzw. sogar gegensätzlichen Konzepten zum Umgang mit Jugendlichen beruhen. Das englische Jugendstrafrecht basiert auf einem stark repressiven Ansatz.[757] Es zielt auf Rückfallverhinderung durch intensive strafende Maßnahmen auch bei Bagatellkriminalität und erstmalig abweichendem Verhalten.[758] Im Gegensatz dazu ist das niederländische Jugendstrafrecht traditionell dem Wohlfahrtsgedanken verpflichtet. Hier gilt der Grundsatz minimaler Intervention, d.h. die negativen Folgen eines förmlichen Strafverfahrens, wie Etikettierung oder Ausgrenzung, sollen durch außergerichtliche Erledigungsmechanismen so lange als möglich

755 Bochmann, ZJJ 2008, 324, 328: Das Jugendstrafrecht ist das „Spiegelbild des gesellschaftlichen Kultur- und Wertesystems."

756 Dazu Rechtsvergleich bei Bochmann, Entwicklung eines europäischen Jugendstrafrechts, S. 163-166.

757 Cavadino/Dignan, Penal Systems, S. 221.

758 Cavadino/Dignan, Penal Systems, S. 211.

vermieden werden.[759] Das spanische Jugendstrafrecht ist vom Ansatz her durch einen wohlfahrtsrechtlichen Erziehungsgedanken geprägt, betont aber zugleich die Verantwortlichkeit des Jugendlichen für seine Straftaten, was vor allem in einer starken Berücksichtigung der Opferinteressen zum Ausdruck kommt.[760] Es verbindet Elemente des englischen und niederländischen Rechts und ist deswegen als eine Art Zwischenmodell aufzufassen. Die Auswahl dieser drei Länder erfolgte auch auf Grund der Tatsache, dass in allen drei Staaten die Jugendstrafrechtssysteme durch Reformgesetze in den letzten beiden Jahrzehnten einschneidend verändert wurden.

II. Langzeitsanktionen zum Schutz der Allgemeinheit im Jugendstrafrecht von England, Spanien und den Niederlanden

1. England

a) Entwicklung des englischen Jugendstrafrechts

Die Entwicklung des englischen Jugendstrafrechts ist seit ca. 20 Jahren durch repressiv wirkende Gesetzesreformen geprägt, die den Schutz der Allgemeinheit in den Vordergrund stellen.[761]

Der 1994 verabschiedete Criminal Justice and Public Order Act setzte die Altersgrenze für die Anwendung von Freiheitsstrafen auf zehn Jahre herab, sofern das Urteil eine Straftat zum Gegenstand hat, die für Erwachsene eine Höchststrafe von 14 Jahren vorsieht.[762] Bis dahin durften außer bei Kapitalverbrechen wie beispielsweise Mord Haftstrafen nur ab einem Alter von vierzehn Jahren angeordnet werden.[763] Begleitet wurde die Reform von der mit gro-

759 Cavadino/Dignan, Penal Systems, S. 206 u. 269.

760 Källmann, Jugendstrafrecht in Spanien, S. 10f.

761 Ashworth/Player, MLR 2005, 822, 822; Ashworth, ZStW 109 (1997), 677, 677; Sturm, Sicherungsverwahrung in Deutschland und England, S. 24; Herz in: Jugendstrafrecht in Europa, S. 81, 84f; Bochmann, Entwicklung eines europäischen Jugendstrafrechts, S. 46.

762 Ashworth, ZStW 109 (1997), 677, 679, darunter fielen z.B. Wohnungseinbruchsdiebstahl und Hehlerei.

763 Section 16 Criminal Justice und Public Order Act 1994; Herz in: Jugendstrafrecht in Europa, S. 81, 89.

ßer medialer Aufmerksamkeit verfolgten Tötung des zwei Jahre alten James Bulger durch zwei Jungen im Alter von zehn Jahren im Februar 1993.[764] Das brutale Vorgehen der zu 15 Jahren Haft verurteilten Täter Robert Thompson und John Venables führte zum Ruf nach härteren Strafen für junge Straftäter.[765]

Mit dem Crime and Disorder Act 1998 ging die Abschaffung der sog. „doli incapax"-Regel einher.[766] Dieser zufolge galten unter Vierzehnjährige im Sinne einer widerlegbaren Vermutung nur dann als strafmündig, wenn der Staatsanwaltschaft (Crown Prosecution Service) der Nachweis der Einsichtfähigkeit gelang.[767] Durch die Abschaffung dieser Regel galt ein Kind mit zehn Jahren ohne Ausnahme als strafrechtlich voll verantwortlich. Anlass für diese Verschärfung war eine vom Innenministerium in Auftrag gegebene Studie: Sie beurteilte schwere Delinquenz im Jugendalter als Folge abweichenden, nicht sankionierten Verhaltens im Kindesalter.[768] Dementsprechend verfolgte die Neuregelung das Ziel, strafrechtliche Interventionen möglichst früh, also schon im Übergang von der Kindheit in die Jugendphase anwenden zu können,[769] ohne Rücksichtnahme auf das Entwicklungsstadium des Kindes.

Der Powers of Criminal Courts (Sentencing) Act 2000 bedeutete eine weitere Verschärfung der Rechtslage. Mit ihm wurde für gefährliche Täter im Alter zwischen zehn und achtzehn Jahren eine verlängerte Freiheitsstrafe mit dem Strafzweck der Wahrung der Sicherheit der Allgemeinheit[770] sowie eine lebenslange Freiheitsstrafe bei besonders schwerwiegenden Verbrechen mit demselben Ziel (sog. Detention during Her Majesty's Pleasure) eingeführt.[771]

Die bisher letzte Reform durch den Criminal Justice Act 2003 (CJA 2003) hat diese Regelungen modifiziert und lässt in differenzierterem Umfang besondere Sicherungsstrafen für gefährliche Täter zu.

---

764 Ashworth, ZStW 109 (1997), 677, 678.

765 Koydl, SZ v. 17.03.2010, S. 6; Ashworth, ZStW 109 (1997), 677, 678, ders., ZStW 106 (1994), 605, 624.

Das Strafmaß wurde nach Entscheidungen des EGMR auf das damalige Mindestmaß von 10 Jahren herabgesetzt, EGMR v. 16.12.1999 Thompson./.UK, Beschwerde-Nr. 24724/94 und EGMR v. 16. 12.1999, Venables./.UK , Beschwerde-Nr. 24888/94.

766 Section 34 Crime and Disorder Act 1998; Einzelheiten dazu Herz in: Jugendstrafrecht in Europa, S. 81, 90.

767 Graham, DVJJ 1998, 317, 317.

768 Graham, DVJJ 1998, 317, 317.

769 Graham, DVJJ 1998, 317, 318.

770 Section 91, Subsection 3 i.V.m. section 85 Powers of Criminal Courts (Sentencing) Act 2000.

771 Section 90 Powers of Criminal Courts (Sentencing) Act 2000.

b) Freiheitsentziehende Sanktionen für „gefährliche“ Täter

aa) Einleitende Bemerkungen

Nach englischem Recht darf eine Freiheitsstrafe prinzipiell nur verhängt werden, wenn die Schwere des Delikts (seriousness of the offence) die Anordnung rechtfertigt.[772] Eine Ausnahme von diesem Schwerevorbehalt und dem dahinter stehenden Prinzip der Tatproportionalität (just deserts) gilt für Gewalt- und Sexualtäter, denen eine besondere Gefährlichkeit nachgewiesen werden kann.[773] Bei diesen orientiert sich die Länge des Freiheitsentzuges an ihrer Gefährlichkeit für die Allgemeinheit, d.h. der Sicherungsgedanke bestimmt die Strafzumessung.[774]

Auf Grundlage des Criminal Justice Act 1991 durften gefährlich eingeschätzte Straftäter über das tatproportionale Maß hinaus inhaftiert werden. Die Strafe durfte jedoch nicht über die Obergrenze des gesetzlichen Strafrahmens hinausgehen.[775] Der englische Gesetzgeber hat durch den CJA 2003 drei besondere Formen von Freiheitsstrafen für gefährliche Straftäter geschaffen, die dieser Begrenzung nun nicht mehr unterliegen. Sie ermöglichen durch einen speziellen Entlassungsmodus Freiheitsentzug, der über die gesetzliche Obergrenze hinausreichen kann:[776] die lebenslange Freiheitsstrafe zum Schutz der Allgemeinheit (imprisonment/detention for life), die unbestimmte Freiheitsstrafe aus Gründen des Schutzes der Allgemeinheit (imprisonment for public protection, IPP) und die verlängerte Freiheitsstrafe (extended sentence). Ihre jeweilige Anwendung wird bestimmt von der Schwere der Anlasstat.[777] Anders als im deutschen Recht werden die Sicherungsstrafen nicht als eine zweite Spur des Strafrechts begriffen, sondern lediglich als Sonderformen regulärer Freiheitsstrafen.[778] Sie gelten uneingeschränkt auch für jugendliche Straftäter, sobald diese die Strafmündigkeitgrenze von zehn Jahren[779] überschritten haben.[780]

---

772 Vgl. section 143 CJA 2003.

773 Dignan/Cavadino in: Kriminalität, Kriminalpolitik, Bd. 1. S. 235, 252f.

774 Ashworth/Player, MLR 2005, 822, 836; Ashworth, Sentencing and Criminal Justice, S. 237; ders., ZStW 106 (1994), 605, 615 für das Vorgängergesetz des CJA 1991.

775 Ashworth, ZStW 106 (1994), 605, 615.

776 Section 224 ff. CJA 2003.

777 Sturm, Sicherungsverwahrung in Deutschland und England, S. 56.

778 Ausführlich zur Einspurigkeit des englischen Strafrechts: Sturm, Sicherungsverwahrung in Deutschland und England, S. 19ff. u. S. 65.

779 Section 16 Children and Young Persons Act 1963.

780 Sturm, Sicherungsverwahrung in Deutschland und England, S. 56.

bb) Die lebenslange Freiheitsstrafe zum Schutz der Allgemeinheit

aaa) Anordnungsvoraussetzungen

Die lebenslange Freiheitsstrafe zum Schutz der Allgemeinheit als Sonderform der „gewöhnlichen" lebenslangen Freiheitsstrafe (mandatory life imprisonment) findet Anwendung, wenn eine schwerwiegende Anlasstat (serious offence) vorliegt und das Gericht der Auffassung ist, dass ein erhebliches Risiko (significant risk) für die Allgemeinheit wegen weiterer zu erwartender schwerer Rechtsgutsverletzungen (serious harm) besteht.[781] Der wesentliche Unterschied zur „gewöhnlichen" lebenslangen Freiheitsstrafe liegt in einem modifizierten Entlassungsmodus.

(1) serious offence

Mit dem Begriff serious offence kategorisiert das englische Recht besonders schwerwiegende Gewalt- und Sexualdelikte, die in Anhang (schedule) 15 des CJA 2003 aufgelistet sind.[782] Darunter fallen z.B. Tötungsdelikte, Vergewaltigung, Herbeiführung einer Sprengstoffexplosion sowie schwere Fälle der Kindesentführung.[783] Eine Anlasstat ist unabhängig von Vorverurteilungen ausreichend, um den Anwendungsbereich der Sanktion zu eröffnen.[784]

(2) significant risk of serious harm

Das Gericht muss ferner zur Überzeugung gelangen, dass von dem Täter eine beachtenswerte Gefahr weiterer schwerer Rechtsgutsverletzungen ausgeht.[785] Unter schweren Rechtsgutsverletzungen versteht das Gesetz Tötungsdelikte sowie solche Delikte, die einen erheblichen körperlichen oder seelischen Schaden beim Opfer hervorrufen können.[786]

In die Gefahrenprognose sind, ähnlich wie im deutschen Recht, Art und Umstände der Anlasstat, mögliche Vortaten bzw. Vorverurteilungen, das der Tat zu Grunde liegende Verhaltensmuster sowie sonstige Informationen zur Person einzubeziehen.[787] Den Vorverurteilungen des Täters kommt bei der Erstellung der Gefahrenprognose das größte Gewicht zu. Das Gericht hat diese als gefahrerhöhende Faktoren zu werten, sofern es sich um verjährungsrechtlich noch berücksichtigungsfähige, einschlägige Vorverurteilungen handelt, section 143 (2)

---

781 Section 225, subsection 1 u. 2 CJA 2003.

782 Section 224, subsection 2 CJA 2003.

783 Vgl. schedule 15 CJA 2003.

784 Ashworth, Sentencing and Criminal Justice S. 234.

785 Court of Appeal, R. .v Lang [2005] EWCA Crim 2864, H 13.

786 Section 224, subsection 3 CJA 2003.

787 Section 229, subsection 2 CJA 2003 i.V.m. section 17 Criminal Justice and Immigration Act 2008.

CJA 2003. Die Vorschrift wird als zwingendes Recht verstanden, so dass kein Ermessen hinsichtlich der Berücksichtigung der Vorstrafen besteht.[788]

Zur Vereinheitlichung der Gefährlichkeitsprognose hat der Sentencing Council Strafzumessungsrichtlinien erlassen, die für die Sicherungsstrafen im „Dangerous Offenders-Guide for Sentencers and Practitioners" festgelegt sind.[789] Der Sentencing Council ist eine weisungsungebundene Körperschaft, die an das Innenministerium angegliedert und zu gleichen Teilen mit Mitgliedern der Judikativen und Exekutiven besetzt ist.[790] Gemäß diesen Richtlinien muss vor Ausspruch einer Sicherungsstrafe ein sog. pre-sentence Report vorliegen, welcher durch die Behörden der Bewährungshilfe erstellt wird und eine Stellungnahme zur Gefährlichkeit des Täters in Form gradueller Abstufungen zu enthalten hat.[791] Das Gericht ist an das Ergebnis des Berichts nicht gebunden, soll aber regelmäßig der Stellungnahme folgen.[792]

Bei jugendlichen Straftätern fordern die Richtlinien die Gerichte zu einem restriktiven Umgang mit der Anordnung einer Sicherungsstrafe auf. Sie soll erst nach Feststellung eines ausreichenden Reifegrades (level of maturity) durch das Gericht angeordnet werden.[793]

bbb) Entlassungsvoraussetzungen

Die Voraussetzungen für eine Entlassung aus einer Sicherungsstrafe sind deutlich restriktiver gefasst als die für eine gewöhnliche Freiheitsstrafe.[794]

Freiheitsstrafen derjenigen Täter, die nicht als gefährlich eingeschätzt wurden, werden automatisch nach einer festgesetzten Zeitspanne zur Bewährung ausgesetzt. Bei einer lebenslangen Freiheitsstrafe beträgt dieser Zeitraum (sog. minimum term) für erwachsene Straftäter grundsätzlich 15 Jahre oder, im Falle von Tötungsdelikten, 30 Jahre. Für jugendliche Täter gilt ein Zeitraum von zwölf Jahren.[795] Zeitige Freiheitsstrafen werden nach Ablauf der Hälfte der In-

788 Der zwingende Charakter der Reglung ergibt sich aus der explanatory note zum CJA 2003 Rn. 54 S. 13; vgl. auch Ashworth, Sentencing and Criminal Justice S. 211; Dignan/Cavadino in: Kriminalität, Kriminalpolitik, Bd. 1. S. 235, 252.

789 Sentencing Council, Dangerous Offenders*.

790 Umfassende Informationen zu Aufgabe und Funktion des Sentencing Council unter: Sentencing Council, About the Sentencing Council*.

791 Sentencing Council, Dangerous Offenders, S. 15, 6.1.3 u. S. 17, 6.4.4*.

792 Sentencing Council, Dangerous Offenders, S. 15, 6.1.4*.

793 Sentencing Council, Dangerous Offenders, S. 18, 6.5.*.

794 Sturm, Sicherungsverwahrung in Deutschland und England, S. 66.

795 Section 5 u. Section 7, schedule 21 CJA 2003; vgl. Ashworth, Sentencing and Criminal Justice, S. 309; Gibson/Watkins, Criminal Justice Act 2003, S. 153.

haftierungszeit automatisch ausgesetzt, sog. halfway automatic release point.[796] Wird ein Verurteilter in dieser Bewährungsphase nicht rückfällig, wird die Freilassung endgültig.[797]

Bei Tätern mit negativer Gefährlichkeitsprognose kommt es nicht zur automatischen Aussetzung, sondern nach Ablauf der Mindestinhaftierungszeit zu einer neuen Gefährlichkeitsbeurteilung durch das sog. Parole Board.[798] Dieses untergliedert sich in Gremien (sog. Panels), die in der Regel mit vier Personen besetzt sind.[799] Zu den Mitgliedern eines Panels zählen Richter, Bewährungshelfer, Kriminologen, Gefängnispsychologen und -psychiater.[800] Ein Panel muss im Wege der Anhörung des Straftäters das Risiko seines Rückfalls abschätzen.[801] Es ordnet die Aussetzung der Strafe zur Bewährung nur an, wenn mindestens drei der Mitglieder zu der Überzeugung gelangen, eine weitere Freiheitsentziehung sei für den Schutz der Öffentlichkeit nicht notwendig.[802] Andernfalls wird die Strafe weiter vollstreckt. Eine Obergrenze für die Dauer der Inhaftierung existiert nicht. Über den Zeitpunkt einer erneuten Begutachtung entscheiden die Gremien des Parole Board nach Ermessen. Diese muss jedoch binnen Jahresfrist ab der letzten Begutachtung erfolgen.[803]

Laut den Entlassungsrichtlinien des Innenministeriums hat bei einer Gefährlichkeitsbeurteilung die Verhinderung weiterer Straftaten im Zentrum zu stehen.[804] Als dementsprechend hoch erweist sich die Hürde für eine Entscheidung zugunsten der Freilassung eines Betroffenen.[805] Bei der lebenslangen Freiheitsstrafe zum Schutz der Allgemeinheit wird die Gefährlichkeit des Täters so lange angenommen, bis dem Parole Board durch gutachterliche Einschätzungen und Stellungsnahmen des Betroffenen ausreichend Nachweise vorliegen, welche eine Freilassung gemessen am Risiko akzeptabel erscheinen lassen.[806] Da ein Restrisiko kaum auszuschließen ist, wird die Entlassung wohl der seltene Aus-

796 Gibson/Watkins, Criminal Justice Act 2003, S. 147; Dignan/Cavadino in: Kriminalität, Kriminalpolitik, Bd. 1. S. 235, 253 Fn. 29.

797 Gibson/Watkins, Criminal Justice Act 2003, S. 148.

798 Ashworth, Sentencing and Criminal Justice, S. 230.

799 Padfield, Criminal Justice Process, S. 464.

800 Padfield, Criminal Justice Process, S. 464.

801 Padfield, Criminal Justice Process, S. 464.

802 Parole Board, Parole Board Rules 2004, Section 10*; Ashworth, Sentencing and Criminal Justice, S. 230; Padfield, Criminal Justice Process, S. 464.

803 Section 30 Criminal Justice and Immigration Act 2008.

804 Parole Board, Directions to the Parole Board, Ziff. 5*.

805 Padfield, Criminal Justice Process, S. 465.

806 Parole Board, How does the Board makes its decisions?, What are the tests that the Board will apply?, The test for release*.

nahmefall bleiben.[807] Zwar existieren keine offiziellen Zahlen über die Entlassung von Lebenslang-Häftlingen auf Grund einer Sicherungsstrafe. Nach Untersuchungen von Nicola Padfield verzichteten jedoch im Jahr 2008 347 dieser Häftlinge auf eine Prüfung, weil sie die Möglichkeit ihrer Entlassung als chancenlos einschätzten.[808] Diese Zahlen stützen die These einer sehr restriktiven Entlassungspraxis.

ccc) Fazit

Die Anordnungsvoraussetzungen begünstigen eine ausgedehnte Anwendung der lebenslangen Freiheitsstrafe.[809] Zwar reichen Anlasstaten, die lediglich wirtschaftliche Schäden nach sich ziehen, für die Anordnung nicht aus. Jedoch genügt schon ein einziges Gewalt- oder Sexualdelikt, um den Anwendungsbereich der Sanktion zu eröffnen. Das Merkmal „significant risk" ist vage und setzt keine klare Anwendungsgrenze.[810] In der Praxis wird das Rückfallrisiko zum Teil schon dann als signifikant beurteilt, wenn eine schwerwiegende Anlasstat vorlag.[811] Eine engere Fassung des Merkmals i.S. einer erheblichen Rückfallgefahr (substantial risk) hat der englische Gesetzgeber während der parlamentarischen Beratungen bewusst abgelehnt, um das richterliche Ermessen nicht einzuschränken.[812] Ferner entsteht durch die Pflicht, Vorverurteilungen als gefahrerhöhende Faktoren im Rahmen der Gefährlichkeitsprognose zu berücksichtigen, die Gefahr einer unreflektierten, gleichsam mechanisierten Aufrechnung aller Vorverurteilungen.[813] Eine solche Praxis geht zu Lasten einer am Einzelfall orientierten Gefährlichkeitsprognose und läuft der Empfehlung des Europarats vom 19.10.1992 zuwider: „Previous convictions should not, at any stage in the criminal justice system, be used mechanically as a factor working against the defendant".[814]

Die Entlassungsvoraussetzungen sind derart restriktiv gestaltet, dass für Betroffene nur geringe Chancen auf die Wiedererlangung der Freiheit bestehen. Sie sind während des Entlassungsverfahrens in einer sehr schwachen Position, da sie

807 Sturm, Sicherungsverwahrung in Deutschland und England, S. 81.

808 Padfield, CLR 2009, 166, 174.

809 Ashworth, Sentencing and Criminal Justice, S. 234.

810 Ashworth, Sentencing and Criminal Justice, S. 234.

811 Court of Appeal, R. .v Lang [2005] EWCA Crim 2864, H 13; Sturm, Die Sicherungsverwahrung in Deutschland und England, S. 58 m.w.N.

812 Ashworth, Sentencing and Criminal Justice, S. 234; Ashworth/Player, MLR 2005, 822, 835.

813 Ashworth, Sentencing and Criminal Justice, S. 210 u. 218.

814 Europaratsempfehlung v. 19.10.1992 Nr. R (92) 17 abgedruckt in: Criminal Law Forum, Volume 4 Number 2, 1993, S. 355, 360, Para. D1.

die Mehrzahl der Mitglieder des Parole Board in eigener Initiative von ihrer „Ungefährlichkeit" überzeugen müssen. Außerdem erscheint auf Grund des Entlassungsmodus eine politische Einflussnahme zumindest nicht ausgeschlossen:[815] Das für die Entlassung zuständige Parole Board ist eine Körperschaft des dem Innenministerium unterstellten National Probation Service.[816] Es wird vom Innenministerium finanziert,[817] muss dessen Richtlinien für das Entlassungsverfahren beachten[818] und untersteht einem generellen, wenn auch nicht einzelfallbezogenen Weisungsrecht des Innenministers, soweit die Entlassung aus einer der drei Sicherungsstrafen betroffen ist.[819] Teile des englischen rechtswissenschaftlichen Schrifttums kritisieren diese Abhängigkeit und fordern, dass ein „echtes Gericht" über die Entlassung befinden müsse.[820] Im Jahr 2008 kritisierte auch der Court of Appeal in einem Berufungsurteil die Gefahr politischer Einflussnahme und verlangte vom Innenministerium die stärkere Beachtung des Umstandes, dass das Parole Board richterliche Aufgaben wahrnehme und keine klassische anweisungsfähige Behörde sei.[821] Eine einzelfallbezogene Einflussnahme auf die Arbeit des Parole Board habe zu unterbleiben.[822] Dennoch hat der englische Gesetzgeber bisher keine Konsequenzen – etwa in Form einer stärkeren organisatorischen Unabhängigkeit des Parole Board – aus der Rechtsprechung des Court of Appeal gezogen.

cc) Unbestimmte Freiheitsstrafe aus Gründen des Schutzes der Öffentlichkeit

Eine kaum weniger drastische Sanktion stellt die „Unbestimmte Freiheitsstrafe aus Gründen des Öffentlichkeitsschutzes" (imprisonment for public protection, IPP) dar.[823] Ihre Einführung wurde ebenfalls mit dem Schutz der Allgemeinheit vor gefährlichen Straftätern begründet. Das Innenministerium legte bei Einführung dieses Sanktionstyps folgendes dar: „We want to ensure that the public are adequately protected from those offenders whose offences do not cur-

815 Livingstone/Owen/MacDonald, Prison Law, Kap. 14, Rn. 71, Padfield, Criminal Justice Process, S. 464.

816 Zur Zusammensetzung und Aufbau des Parole Boards: Parole Board, About the Parole Board*; Gibson/Watkins, Criminal Justice Act 2003, S. 147f.

817 Schedule 19, section 7 CJA 2003; Padfield, CLR 2009, 166, 175; Livingstone/Owen/MacDonald Prison Law, Kap. 14, Rn. 71.

818 Section 239, subsection 5 CJA 2003.

819 Section 239, subsection 6 CJA 2003.

820 Padfield, Criminal Justice Process, S. 464 m.wN.

821 Court of Appeal, R. (on the application of Brooke) v. Parole Board [2008] EWCA Civ. 29, para. 79.

822 Court of Appeal, R. (on the application of Brooke) v. Parole Board [2008] EWCA Civ. 29, para. 79.

823 Section 226, Subsection 3 CJA 2003.

rently attract a maximum penalty of life imprisonment but who are nevertheless assessed as dangerous. We believe that such offenders should remain in custody until their risks are considered manageable in the community."[824] Die IPP soll demzufolge den Schutz vor jenen gefährlichen Straftäter ermöglichen, die von der lebenslangen Freiheitsstrafe nicht erfasst werden.

Im Unterschied zur lebenslangen Freiheitsstrafe ist die Unbestimmte Freiheitsstrafe zum Schutz der Allgemeinheit nur anwendbar, wenn die Anlasstat im Höchstmaß mit zehn Jahren Freiheitsstrafe bedroht ist.[825] Es müssen außerdem eine oder mehrere Vorverurteilungen infolge eines Sexual- oder Gewaltdelikts vorliegen oder die gegenwärtige Anlasstat muss einen tatsächlichen Strafausspruch von mindestens zwei Jahren Freiheitsstrafe rechtfertigen.[826] Das Gericht muss auch im Falle der IPP zu der Überzeugung gelangen, dass vom Täter ein erhebliches Risiko hinsichtlich weiterer Rechtsgutsverletzungen ausgeht. Die Ausführungen zur lebenslangen Freiheitsstrafe gelten entsprechend.[827]

Die IPP ermöglicht wie die lebenslange Freiheitsstrafe zum Schutz der Allgemeinheit zeitlich unbefristeten Freiheitsentzug, da für sie der gleiche Entlassungsmodus gilt.[828] Die festgesetzte Freiheitsstrafe wird zugleich als Mindestinhaftierungszeit bestimmt.[829] Der Strafrahmen der Anlasstat kann durch fortwährende Ablehnung der Aussetzung zur Bewährung überschritten werden.[830] Die Entlassungspraxis wird restriktiv gehandhabt. In der Zeit vom 01.07.2009 bis zum 30.06.2010 wurden vom Parole Board 1.432 Fälle beurteilt.[831] Nur in 68 Fällen wurde die Freilassung auf Bewährung angeordnet, was einer Quote von ca. 5 % entspricht. In den jeweiligen Vorjahreszeiträumen von 2008/2009 und 2007/2008 lagen die Entlassungsquoten mit 8 % bzw. 7 % ähnlich niedrig.[832]

dd) Erweiterte Freiheitsstrafe (extended sentence)

Die erweiterte Freiheitsstrafe[833] setzt als Anlasstat eine Gewalt- oder Sexualstraftat mit einer Strafandrohung von mindestens zwei Jahren voraus.[834] Wie bei

824 Secretary of State, Justice for all, para. 5.41,S. 95*.

825 Section 225, subsection 3a CJA 2003.

826 Section 226, subsection 1a u. subsection 3a CJA 2003.

827 Ashworth, Sentencing and Criminal Justice, S. 231.

828 Dignan/Cavadino in: Kriminalität, Kriminalpolitik, Bd. 1, S. 235, 253; Sturm, Sicherungsverwahrung in Deutschland und England, S. 66.

829 Section 230 i.V.m. schedule 18 CJA 2003; Ashworth, Sentencing and Criminal Justice, S. 232.

830 Ashworth, Sentencing and Criminal Justice, S. 232.

831 Parole Board, Annual Report and Accounts 2009/2010, S. 41*.

832 Parole Board, Annual Report and Accounts 2009/2010, S. 41*.

833 Section 227 i.V.m. section 228 CJA 2003.

834 Sturm, Die Sicherungsverwahrung in Deutschland und England, S. 61.

der lebenslangen Freiheitsstrafe und der IPP muss eine negative Gefährlichkeitsprognose vorliegen. Das Gericht muss in seinem Urteil zusätzlich zur Freiheitsstrafe eine darauf folgende Überwachungs- und Bewährungsphase festlegen (extension period). Diese kann länger sein als der eigentliche Freiheitsentzug.[835] Insofern ist der Begriff „extended sentence“ missverständlich, da nicht die Freiheitsstrafe, sondern die Bewährungszeit verlängert wird. Die Länge der extension period richtet sich nach der festgestellten Gefährlichkeit des Täters für die Allgemeinheit.[836] Sie darf jedoch bei Gewaltdelikten fünf Jahre und bei Sexualdelikten acht Jahre nicht übersteigen.[837] Ferner dürfen Freiheitsentzug und Bewährungszeit in der Summe nicht das Höchstmaß der für das Delikt im Gesetz angedrohten Strafe überschreiten.[838]

Im Unterschied zur lebenslangen Freiheitsstrafe sowie der IPP erfolgt der Antritt der Bewährung automatisch nach Ablauf der festgesetzten Haftzeit.[839] Dieser Umstand gilt jedoch erst seit Inkrafttreten des Criminal Justice and Immigration Act vom 08.05.2008. Bis zu diesem Zeitpunkt war eine Entlassung ebenfalls von einer positiven Gefährlichkeitsbeurteilung des Parole Board abhängig. Die beschriebene Änderung wurde mit dem ausreichenden Schutz, den die Bevölkerung auf Grund der jederzeitigen Widerrufsmöglichkeit der Bewährung erfahre[840] sowie der Reduktion der Arbeitsbelastung des Parole Boards,[841] begründet. Das Parole Board handhabte die ehemals bestehende Möglichkeit zur Entlassung auch bei der erweiterten Freiheitsstrafe restriktiv und schöpfte die Maximalfristen der Bewährungsphase häufig aus. So wurden in den Zeiträumen 2007 und 2008 nur 17 % bzw. 22 % der Betroffenen vorzeitig entlassen.[842]

c) Auswirkungen auf die Inhaftiertenzahlen

Im Vergleich mit anderen europäischen Staaten sind in England überdurchschnittlich viele Personen in Gefängnissen inhaftiert.[843] Am 31.08.2009 befanden sich 84.116 Personen in Haft, was einer Quote von ca. 153 Inhaftierten auf 100.000 Einwohner entspricht.[844] In den übrigen Mitgliedsstaaten der EU ver-

835 Ashworth, Sentencing and Criminal Justice, S. 233.
836 Section 227, subsection 2C b i.V.m. Section 228 CJA 2003.
837 Section 227, subsection 4 i.V.m. section 228 CJA 2003.
838 Section 227, subsection 3 i.V.m. section 228 CJA 2003.
839 Section 25 Criminal Justice an Immigration Act 2008.
840 Ashworth, Sentencing and Criminal Justice, S. 233.
841 Padfield, CLR 2009, 166, 177.
842 Parole Board, Annual Report and Accounts 2009/2010, S. 38*.
843 Dignan/Cavadino in: Kriminalität, Kriminalpolitik, Bd. 1, S. 235, 239; Ashworth, Sentencing and Criminal Justice, S. 309.
844 Ministry of Justice, Offender Management Caseload Statistics 2009, Tab. 7.15, S. 108*.

büßten pro 100.000 Einwohner im Durchschnitt nur ca. 127 Personen eine Haftstrafe.[845]

Die hohe Belegung der Haftanstalten resultiert einerseits aus einer zunehmenden Anordnung von Freiheitsstrafen und andererseits aus der Ausdehnung der Länge der Freiheitsstrafen.[846] Diese Anordnungspraxis wird durch einen ansteigenden, von Politik und Öffentlichkeit ausgeübten Druck auf die Richter, gegen gefährliche Straftäter hart durchzugreifen, begünstigt.[847] Seit der Umsetzung des CJA 2003 zum 05.04.2005 sind die Inhaftiertenzahlen der lebenslangen Gefängnisstrafe, der lebenslangen Sicherungsstrafe und der IPP (sog. indeterminate sentences) rapide angestiegen:[848] Waren im Jahr 2004 5.419 Personen auf Grund indeterminate sentences inhaftiert, so befanden sich zum Stichtag 30.06.2009 12.521 Personen in Haft.[849] In einem Zeitraum von ca. fünf Jahren trat demzufolge eine Steigerung um mehr als 100 % ein. Der Anstieg beruht nicht zuletzt auf der extensiven Anwendung der IPP, welche durch die Weite und Unbestimmtheit der tatbestandlichen Voraussetzungen und die einseitige Betonung der Vorstrafen gefördert wird.[850] Von dieser Entwicklung sind auch junge Straftäter betroffen:[851]

Gefangenenpopulation im Alter von 15-17 Jahren auf Grund zeitlich unbefristeter Freiheitsstrafen (indeterminate sentences) in absoluten Zahlen.

2002	2003	2004	2005	2006	2007	2008
28	16	15	17	44	71	81

Quelle: Ministry of Justice, Offender Management Caseload Statistics 2009.[852]

845 Minsitry of Justice, Offender Management Caseload Statistics 2009, Tab. 7.15, S. 108*.

846 Dignan/Cavadino in: Kriminalität, Kriminalpolitik, Bd. 1, S. 235, 239; Padfield, CLR 2009, 166, 179, dies., Criminal Justice Process, S. 461.

847 Padfield, Criminal Justice Process, S. 461.

848 Ashworth, Sentencing and Criminal Justice S. 309; Dignan/Cavadino in: Kriminalität, Kriminalpolitik, Bd. 1, S. 235, 239.

849 Ministry of Justice, Offender Management Caseload Statistics 2009, Tab. 7.16, S. 109*.

850 Ashworth, Sentencing and Criminal Justice, S. 309; Padfield, CLR 2009, 166, 176.

851 Zit. n.: Livingstone/Owen/MacDonald, Prison Law, Kap. 12 Rn. 01.

852 Ministry of Justice, Offender Management Caseload Statistics 2009, Tab. 7.1, S. 81*.

Gefangenenpopulation im Alter von 18-20 Jahren auf Grund zeitlich unbefristeter Freiheitsstrafen (indeterminate sentences) in absolute Zahlen

2002	2003	2004	2005	2006	2007	2008
132	148	148	176	342	610	749

Quelle: Ministry of Justice, Offender Management Caseload Statistics 2009.[853]

d) Vollzug der Sicherungsstrafen

Der Vollzug der Sicherungsstrafen unterscheidet sich nicht von dem der herkömmlichen Freiheitsstrafen.[854] Besondere Vollzugskonzepte wie sie etwa in Deutschland das Bundesverfassungsgericht für die Sicherungsverwahrung einfordert, existieren nicht. Lediglich der Sicherheitsstandard der Haftanstalten für Sicherungsstrafen ist höher.[855]

Der Jugendstrafvollzug erfolgt in vom Erwachsenenvollzug gesonderten Haftanstalten, den sog. young offender institutions (YOIs), secure training centres (STCs) und secure children's homes (SCHs).[856] Die Mehrzahl der Haftanstalten gehört zur Kategorie der YOIs, welche Straftäter im Alter von zehn bis 21 Jahren aufnehmen dürfen, sofern diese keine Tendenzen zur Selbstverletzung zeigen.[857] Sie gleichen gewöhnlichen Haftanstalten des Erwachsenenvollzugs.[858]

Die STCs sind betreuungsorientierte Einrichtungen, die Straftäter bis zum Alter von 17 Jahren aufnehmen.[859] Sie sind mehrfach rückfälligen Tätern vorbehalten, bieten Resozialisierungs- und Schulungsprogramme an und verfügen über besser ausgebildetes Personal als die YOIs.[860]

Die SCHs übernehmen Straftäter bis zum Alter von 16 Jahren.[861] Ihr Schwerpunkt liegt auf Fürsorge. Sie sollen besonders gefährdete Jugendliche

853 Ministry of Justice, Offender Management Caseload Statistics 2009, Tab. 7.1, S. 81*.

854 Sturm, Sicherungsverwahrung in Deutschland und England, S. 123.

855 Livingstone/Owen/MacDonald, Prison Law, Kap. 4 Rn. 4 u. 17: Die Verurteilung zu einer Sicherungsstrafe führt zur Einweisung in eine Haftanstalt mit dem Sicherheitsstandard der Kategorie A, der höchsten von vier Sicherheitsstufen.

856 Dignan in: Juvenile Justice Systems Bd. 1, S. 357, 386.

857 Livingstone/Owen/MacDonald, Prison Law, Kap. 12 Rn. 07; Dignan in: Juvenile Justice Systems Bd. 1, S. 357, 386.

858 Dignan in: Juvenile Justice Systems Bd. 1, S. 357, 386; Livingstone/Owen/MacDonald, Prison Law, Kap. 12 Rn. 07.

859 Livingstone/Owen/MacDonald, Prison Law, Kap. 12 Rn. 06.

860 Dignan in: Juvenile Justice Systems Bd. 1, S. 357, 389.

861 Livingstone/Owen/MacDonald, Prison Law, Kap. 12 Rn. 05.

mittels Resozialisierungs- und Schulungsprogrammen intensiv betreuen. Das Personal verfügt überwiegend über eine Ausbildung aus dem Bereich der Kinderfürsorge oder Familienbetreuung.[862]

Die Auswahl der Haftanstalt, die durch das Youth Justice Board – eine dem Innenminsterium unterstellte Behörde –[863] erfolgt, soll auf Basis des Alters, der Reife, des Geschlechts, der Distanz zum Wohnort und zu den Eltern, sowie nach therapeutischen Bedürfnissen, Erziehungs- und Resozialisierungsbedarf und der Verfügbarkeit von Haftplätzen getroffen werden.[864] In der Praxis ist die Verfügbarkeit von Haftplätzen häufig das ausschlaggebende Kriterium.[865] Die therapeutisch orientierten STC's und SCHs bieten nur wenige Haftplätze, so dass gefährdete betreuungsbedürftige Jugendliche zumeist in den YOIs untergebracht werden, die ihren Bedürfnissen am wenigsten gerecht werden können.[866]

Die schlechte Betreuungssituation in den YOIs zeigt sich in den durchschnittlichen Ausgaben für Erziehungs- und Resozialisierungsprogramme sowie in der Personalsituation: Während die STCs und SCHs pro Person und Jahr bis zu £ 16.000 bzw. £ 31.000 ausgeben, sind es bei den YOIs durchschnittlich £ 3.000.[867] Angestellte der YOIs betreuen im Durchschnitt mindestens zehn junge Straftäter, was für die Betroffenen letztlich einer Verwahrung gleichkommt.[868] Die Haftbedingungen in den YOIs werden durch die stetig anwachsende Anzahl Inhaftierter kontinuierlich minderwertiger.[869] Aus diesem Grund werden die YOIs als das „Aschenputtel" der englischen Strafvollzugeinrichtungen bezeichnet.[870] Besonders deutlich zeigt sich die schlechte Vollzugssituation in der hohen Selbstmordrate: In der Zeit von 1990 bis 2006 wurden 28 Suizidfälle allein bei Kindern bis 14 Jahre registriert.[871]

862 Dignan in: Juvenile Justice Systems Bd. 1, S. 357, 389.

863 Livingstone/Owen/MacDonald, Prison Law, Kap. 12 Rn. 13; zum Youth Justice Board, Ministry of Justice, About the Youth Justice Board*.

864 Youth Justice Board, Accomodation – Key Elements of Effective Practice 2008, S. 22*.

865 Dignan in: Juvenile Justice Systems Bd. 1, S. 357, 387.

866 Dignan in: Juvenile Justice Systems Bd. 1, S. 357, 387.

867 Her Majesty's Inspectorate of Prisons for England and Wales, A Second Chance, S. 41f.*.

868 Her Majesty's Inspectorate of Prisons for England and Wales, A Second Chance, S. 46*.

869 Dignan in: Juvenile Justice Systems Bd. 1, S. 357, 390.

870 Dignan in: Juvenile Justice Systems Bd. 1, S. 357, 390.

871 Goldson/Coles, In the Care of State?, S. 61ff.; Livingstone/Owen/MacDonald, Prison Law, Kap. 12 Rn. 25.

e) Fazit

Das englische Jugendstrafrecht ist in den letzten Jahren in seinem Anwendungsbereich sukzessive erweitert und in seinen Rechtsfolgen verschärft worden. Die Einführung von Sicherungsstrafen, die uneingeschränkt auch für Jugendliche und – nach deutschem Begriffsverständnis – Kindern ab zehn Jahren gelten, ist ein Baustein dieses Trends zu mehr Verschärfung. In der Konsequenz können Straftäter im Alter von zehn Jahren, die in der Mehrheit der anderen europäischen Länder mit außer-strafrechtlichen Mitteln behandelt werden,[872] potenziell lebenslang weggesperrt werden. Die Voraussetzungen der Sicherungsstrafen sind nicht restriktiv ausgestaltet. Im Kern hängt die Anordnung von einer Gefährlichkeitsprognose ab, die bei jungen Menschen mit einer hohen Fehleranfälligkeit verbunden sein kann. Die Sanktionierungspraxis ist in den letzten Jahren härter geworden und hat zu einem erheblichen Anstieg der Gefangenenzahlen geführt. Die Chance auf Entlassung aus einer der Sicherungsstrafen ist auf Grund der vorausgegangenen Schilderungen gering, so dass ein Rückgang der Gefangenenzahlen in diesem Bereich jedenfalls kurzfristig nicht zu erwarten ist. Die Vollzugsbedingungen in der überwiegenden Zahl der Jugendhaftanstalten sind nicht geeignet, Hospitalisierungs- und Deprivationseffekten entgegen zu wirken.[873]

Die Einführung der Sicherungsstrafen ist als Erscheinungsform eines Systemwechsels des englischen Jugendstrafrechts anzusehen.[874] Dieses war bis zur Mitte der 1970er Jahre durch einen stark wohlfahrtsrechtlichen Ansatz geprägt (welfare model).[875] Seit diesem Zeitpunkt ist der Einfluss repressiver Elemente im Jugendstrafrecht erkennbar (justice model).[876] Er hat zur Abkehr vom Prinzip der Tatproportionalität geführt und Haftstrafen etabliert, die einseitig nur auf die Sicherheit der Allgemeinheit zielen.[877] Diese Entwicklung ist – wenn auch stark idealtypisiert – auf marktwirtschaftliche Krisen, abnehmende Euphorie gegenüber dem Resozialisierungs- und Erziehungsideal und grausame, mit medialer Aufmerksamkeit verfolgte Einzeltaten zurück zu führen.[878] Mit den geflügelten

---

872 Vgl. die Übersicht des Mindestalters für die Anwendung des Jugendstrafrechts bei: Bochmann, Entwicklung eines europäischen Jugendstrafrechts, S. 89 Tab. 7.2.1.

873 Dignan in: Juvenile Justice Systems Bd. 1, S. 357, 390.

874 Zum Wandel des englischen Jugendstrafrechts: Bochmann, Entwicklung eines europäischen Jugendstrafrechts, S. 46; Dignan in: Juvenile Justice Systems Bd. 1, S. 357, 391f.

875 Bochmann, Entwicklung eines europäischen Jugendstrafrechts, S. 46; Dignan in: Juvenile Justice Systems Bd. 1, S. 357, 391.

876 Zur klassischen Unterscheidung von justice und welfare model: Cavadino/Dignan, Penal Systems, S. 199 u. 201.

877 Dignan/Cavadino in: Kriminalität, Kriminalpolitik, Bd. 1. S. 235, 252.

878 Dignan in: Juvenile Justice Systems Bd. 1, S. 357, 391.

Worten „Hart gegen Straftaten, hart gegen die Ursachen von Straftaten“ der New Labour Partei lässt sich dieser Kurs trefflich zusammenfassen.[879]

2. Spanien

a) Einführung in das spanische Jugendstrafrecht

In Spanien existiert ein eigenständiges Jugendstrafrecht erst seit dem Gesetz zur strafrechtlichen Verantwortlichkeit von Minderjährigen, das am 13.01.2000 in Kraft trat (ley organica 5/2000 de 12 de enero, reguladaro de la responsabilidad penal de los menores, kurz: LO 5/2000).[880] Es ist auf Personen anwendbar, die zum Zeitpunkt der Tat bereits das 14., aber noch nicht das 18. Lebensjahr vollendet haben.[881] Die Anwendung auf Heranwachsende i.S.d. des deutschen JGG wurde bei Einführung des Gesetzes zwar vorbehalten, schließlich aber nicht umgesetzt.[882]

Wie auch das deutsche JGG, enthält das LO 5/2000 keine Sondertatbestände, sondern modifiziert nur die Rechtsfolgen einer Straftat in Form spezieller jugendstrafrechtlicher Sanktionen, die als (Erziehungs-)Maßnahmen bezeichnet werden.[883] Sie knüpfen an eine Anlasstat an und setzen deren schuldhafte Begehung voraus.[884] Ferner enthält das Gesetz auch Normen zur Strafvollstreckung und zum Jugendstrafvollzug.[885]

Das LO 5/2000 ist von einem erzieherisch sozial intervenierenden Grundgedanken geprägt, der in der Präambel folgendermaßen zum Ausdruck kommt:[886] „Angestrebt wird eine rechtliche Reaktion auf den jungen Rechtsbrecher, ein Eingriff erzieherischer Natur (...) unter ausdrücklicher Ablehnung anderer wesentlicher Zwecke des Erwachsenenstrafrechts wie (...) der Abschreckung.“ Die „hohen Schutzinteressen des Jugendlichen werden als vorrangiges Element des Verfahrens und der zu ergreifenden Maßnahmen betrachtet.“[887] Obwohl das Gesetz erst seit wenigen Jahren in Kraft ist, wandeln verschiedene Reformgesetze

879 Dazu: Graham, DVJJ 1998, 317, 317.

880 Zu Geschichte des Jugendstrafrechts: Källman, Jugendstrafrecht in Spanien, S. 5-7; Cano, ZJJ 2004, 406, 407.

881 Art 1.1 LO 5/2000.

882 Cano, ZJJ 2004, 406, 408.

883 Sánchez Lázaro, ZIS 2008, 195, 196; Källmann, Jugendstrafrecht in Spanien, S. 17.

884 Källmann, Jugendstrafrecht in Spanien, S. 17.

885 Giménez-Salinas in: FS Jesionek, S. 87, 89; Cano, ZJJ 2004, 406, 407.

886 Cano, ZJJ 2004, 406, 407.

887 Exposición de motivos, II 7 LO 5/2000.

derzeit seinen Charakter zugunsten einer stärker repressiven Ausrichtung. Das Jugendstrafrecht soll zunehmend dem Schutz der Gesellschaft dienen.[888]

b) Die Unterbringung im geschlossenen Vollzug

aa) Einführung

Im spanischen Strafrecht existiert keine mit der deutschen Sicherungsverwahrung vergleichbare freiheitsentziehende Sanktion. Das in der Franko-Diktatur eingeführte Gesetz über Gefährlichkeit und soziale Rehabilitation,[889] welches eine sichernde Verwahrung unbestimmter Dauer vorsah, wurde 1979 aufgehoben.[890] Im Übrigen hat das spanische Verfassungsgericht eine über die Strafe hinausgehende sichernde Verwahrung als zweite Spur des Strafrechts wegen Verstoßes gegen das Doppelbestrafungsverbot für verfassungswidrig erklärt.[891]

Das Jugendstrafrecht verfügt über lediglich eine längerfristig freiheitsentziehende Maßnahme, die Unterbringung im geschlossenen Vollzug (internamiento en régimen cerrado).[892] Alle anderen Sanktionen verlaufen ambulant oder sind auf kurzen Freiheitsentzug begrenzt, wie z.B. der Wochenendarrest.[893] Die Maßnahme der Unterbringung im geschlossenen Vollzug ist durch Reformgesetze (LO 7/2000; LO 15/2003; LO 8/2006) mittlerweile mehrfach mit der Begründung steigender Jugendgewaltkriminalität und zunehmender Sicherheitsbedürfnisse der Allgemeinheit verschärft worden.[894]

bb) Die Entwicklung der Voraussetzungen der Unterbringung im geschlossenen Vollzug

Die Unterbringung im geschlossen Vollzug ist die eingriffsintensivste im Jugendstrafrecht enthaltene Sanktion. Sie besteht aus zwei Abschnitten: dem Aufenthalt in einem speziellen Jugendsanktionszentrum und einer sich anschließen-

888 Sánchez Lázaro, ZIS 2007, 62, 62; de la Cuesta u.a. in: Juvenile Justice System Bd. 3, S. 1287, 1290; Cano, ZJJ 2004, 406, 410.

889 Art. 6 des Ley de Peligrosidad y Rehabilitación Social vom 05.08.1970. Das Gesetz richtete sich gezielt gegen Minderheiten wie Immigranten und Homosexuelle und definierte sie als gefährliche Personen.

890 Weber, Lässt sich lebenslange Freiheitsstrafe abschaffen?, S. 22.

891 Weber/Reindl, NK 2001, 16, 17; Weber, Lässt sich lebenslange Freiheitsstrafe abschaffen?, S. 22; ders., Abschaffung der lebenslangen Freiheitsstrafe, S. 210; Bochmann, ZJJ 2008, 324, 328.

892 Art. 7.1.a LO 5/2000.

893 Einen guten Überblick des Maßnahmenkatalogs bieten: Cano, ZJJ 2004, 406, 408f; Källman, Jugendstrafrecht in Spanien, S. 19ff.

894 Sánchez Lázaro, ZIS 2007, 62, 64; ders., ZIS 2008, 195, 197; Cano, ZJJ 2004, 406, 411; Cid/Larrauri in: Kriminalität, Kriminalpolitik, Bd. 2, S. 779, 799.

den Freiheit unter Aufsicht.[895] Ihre Anwendung erfolgt ultima ratio, wenn andere Sanktionen ausgeschöpft oder nicht erfolgversprechend sind.[896]

Die Sanktion kann heute in drei Konstellationen angeordnet werden. Zum einen darf sie im Fall schwerer Verbrechen (delitos graves), d.h. bei Straftaten, die nach dem Strafgesetzbuch (Código Penal) mit Freiheitsstrafe von mehr als fünf Jahren geahndet werden, verhängt werden.[897] Zum anderen kann sie bei weniger schweren Straftaten ausgesprochen werden (delitos menos grave) die mit Gewalt, Drohung oder einer schweren Gefahr für Leib oder Leben verbunden sind.[898] Des Weiteren ist ihre Anordnung möglich, wenn eine weniger schwerwiegende Straftat mittäterschaftlich, als Mitglied einer Bande oder im Auftrag einer Bande verwirklicht wurde.[899] In der ursprünglichen Fassung des LO 5/2000 konnte die Unterbringung nur angeordnet werden, wenn eine schwere Straftat mit einer Strafandrohung von mehr als zehn Jahren Freiheitsstrafe verwirklicht wurde.[900]

Die Länge der Unterbringung in einer geschlossenen Jugendeinrichtung richtet sich nach dem Alter des Straftäters und der Art des Anlassdeliktes. Die maximale Unterbringungsdauer beträgt infolge der Reformgesetze bei Vierzehn- und Fünfzehnjährigen grundsätzlich drei Jahre anstelle der ursprünglich vorgesehenen zwei Jahre.[901] Bei Delikten, die im allgemeinen Strafgesetzbuch mit einer Freiheitsstrafe von mehr als 15 Jahren geahndet werden, so z.B. Mord, Totschlag, Vergewaltigung oder Terrorismusdelikte, kann die Unterbringung bis auf einen Zeitraum von fünf Jahren ausgedehnt werden.[902] Diese Ausweitung der Unterbringungsdauer war in der ursprünglichen Fassung des Gesetzes LO 5/2000 nicht enthalten.

Jugendliche im Alter von sechzehn bis achtzehn Jahren können nicht wie bisher nur für fünf Jahre, sondern bis zu einer Dauer von sechs Jahren inhaftiert werden.[903] Im Fall der genannten schweren Straftaten ist seit den Reformen eine Unterbringung von bis zu zehn Jahren möglich.[904]

---

895 Art. 7. 2 LO 5/2000.

896 Giménez-Salinas in: FS Jesionek, S. 87,94.

897 Art. 9.2a LO 5/2000 in der Fassung des LO 8/2006.

898 Art. 9.2b LO 5/2000 in der Fassung des LO 8/2006.

899 Art. 9.2c LO 5/2000 in der Fassung des LO 8/2006.

900 Bochmann, Entwicklung eines europäischen Jugendstrafrechts, S. 169; vgl. auch: Sánchez Lázaro, ZIS 2007, 62, 62.

901 Art. 10.1a LO 5/2000 in der Fassung des LO 8/2006.

902 Art. 10.2a LO 5/2000 in der Fassung des LO 8/2006.

903 Art. 10.1b LO 5/2000 in der Fassung des LO 8/2006.

904 Art. 10.2b LO 5/2000 in der Fassung des LO 8/2006.

Die Phase der „Freiheit unter Aufsicht“ soll fünf Jahre nicht überschreiten[905] und muss bei Sechzehn- und Siebzehnjährigen mindestens drei Jahre betragen.[906]

cc) Vollzug der Unterbringung

Der Vollzug der Unterbringung, der in die Zuständigkeit der autonomen Regionen Spaniens fällt,[907] muss in vom Erwachsenvollzug getrennten, jugendgerechten Zentren stattfinden.[908] Diese sollen möglichst nahe am Wohnort des Betroffenen liegen, um die Aufrechterhaltung sozialer Bindungen zu ermöglichen, Art. 56 LO 5/2000.[909] Bei den Zentren handelt es sich nicht im eigentlichen Sinne um Strafanstalten, sondern um „Jugendschutz-“ oder „Sozialanstalten“.[910] Vorrangiges Ziel des Jugendstrafvollzugs ist die Reintegration des Jugendlichen, Art. 55.1 LO 5/2000. Die Anstalten sind zum Angebot von Schulungs-, Arbeits- und Weiterbildungsprogrammen sowie zu intensiver Betreuung des Jugendlichen durch Hilfs- und Therapieangebote verpflichtet (Art. 37 und 39 LO 5/2000). Ferner muss der regelmäßige Kontakt zur Außenwelt in Form von Hafturlaub, Besuchen, Telefonaten und durch den Erhalt von Briefen, E-Mails und Paketen gewährleistet sein.[911]

Die Reformgesetze haben den Jugend- dem Erwachsenenstrafvollzug angenähert. Jugendliche, die auf die therapeutischen Bemühungen im Jugendstrafvollzug keine Verhaltensänderung gezeigt haben, können nach Vollendung des 18. Lebensjahres in den Erwachsenenstrafvollzug überstellt werden. In der ursprünglichen Fassung des LO 5/2000 war dies erst ab einem Alter von 21 Jahren möglich und stand im Ermessen des Richters.[912] Nach der Neufassung ist die Überstellung nach Vollendung des 21.Lebensjahres zwingend vorgeschrieben. Vor Verabschiedung der Reformgesetze galt diese Pflicht erst nach Vollendung des 23. Lebensjahres.[913]

---

905 Källmann, Jugendstrafrecht in Spanien, S. 121.

906 Art. 10.1a LO 5/2000 in der Fassung des LO 8/2006.

907 De la Cuesta u.a. in: Juvenile Justice System Bd. 3, S. 1287, 1310f.

908 De la Cuesta u.a. in: Juvenile Justice System Bd. 3, S. 1287, 1313.

909 Giménez-Salinas in: FS Jesionek, S. 87, 91.

910 De la Cuesta in: Jugendstrafrecht in Europa, S. 415, 431f.; De la Cuesta u.a. in: Juvenile Justice System Bd. 3, S. 1287, 1297, Fn. 19.

911 De la Cuesta u.a. in: Juvenile Justice System Bd. 3, S. 1287, 1315.

912 Art 14.2 LO 5/2000 in der Fassung des LO 8/2006.

913 Art 14.3 LO 5/2000 in der Fassung des LO 8/2006; Sánchez Lázaro, ZIS 2007, 62, 63.

dd) Die Anordnungspraxis

In allen Regionen Spaniens ist eine drastische Zunahme an Personen, die in einer geschlossenen Jugendeinrichtung untergebracht sind, erkennbar.[914] Als Beispiel sei die Region Katalonien angeführt: Im Jahr 2001 befanden sich dort neun Jugendliche im geschlossenen Vollzug, im Jahr 2005 waren es 400.[915] Der Anteil der Unterbringungen im geschlossenen Vollzug ist gemessen an der Gesamtzahl aller in Katalonien ausgesprochenen Jugendsanktionen im vorgenannten Zeitraum von 0,2 % auf 5,1 % gestiegen.[916] Im Zuge der Verschärfung der Maßnahme ist ihre Bedeutung in der richterlichen Sanktionspraxis also gestiegen. Für die Regionen Andalusien und Valencia werden die Steigerungsraten sogar noch höher geschätzt.[917] In der Konsequenz haben viele Anstalten mit Überbelegung zu kämpfen.[918]

c) Hintergründe der Verschärfung der Unterbringung im geschlossen Vollzug

aa) Einordnung: Verschärfung des gesamten Jugendstrafrechts

Die Verschärfung der Unterbringung im geschlossenen Vollzug ist kein Einzelphänomen, sondern steht im Kontext eines Verschärfungstrends, der das gesamte spanische Jugendstrafrecht erfasst hat.[919] Beispielhaft lässt sich dieser Trend an den Veränderungen ablesen, die folgende Reformgesetze eingeleitet haben:

- Durch das LO 7/2000 hat der spanische Gesetzgeber die Strafen für terroristische Aktivitäten verschärft.[920] Vor allem der ETA nahestehende Jugendgruppen, die nicht Mitglied der terroristischen Vereinigung sind, sollen durch einen eigens geschaffenen Tatbestand des Straßenterrorismus (terrorismo impropio)[921] härter bestraft werden können.[922]

914 De la Cuesta u.a. in: Juvenile Justice System Bd. 3, S. 1287, 1315f.

915 Zahlen nach: De la Cuesta u.a. in: Juvenile Justice System Bd. 3, S. 1287, 1316, Tab. 4.

916 Zahlen nach: De la Cuesta u.a. in: Juvenile Justice System Bd. 3, S. 1287, 1316, Tab. 4.

917 De la Cuesta u.a. in: Juvenile Justice System Bd. 3, S. 1287, 1317.

918 Cid, Punishment & Society 2005, 147, 151 u. 152.

919 Giménez-Salinas in: FS Jesionek, S. 87, 90; Sánchez Lázaro, ZIS 2007, 62, 64; ders., ZIS 2008, 195, 197; Cano, ZJJ 2004, 406, 410; Cid/Larrauri in: Kriminalität, Kriminalpolitik, Bd. 2, S. 779, 799.

920 Cid/Larrauri in: Kriminalität, Kriminalpolitik, Bd. 2, S. 779, 797.

921 Art. 577 Codigo Penal.

922 Cano, ZJJ 2004, 406, 411.

- Durch das LO 15/2003 wurde Geschädigten die Möglichkeit eingeräumt, als Nebenkläger selbständige Prozesspartei im Jugendstrafverfahren zu sein.[923] Die damit verbundene größere Anerkennung der Opferinteressen hatte man bis dahin vermieden, weil man befürchtete, der Geschädigte könne das erzieherisch ausgerichtete Verfahren einseitig für die Durchsetzung seines Vergeltungsbedürfnisses instrumentalisieren.[924]
- Das LO 8/2006 sorgte für die schon beschriebene Verlängerung der Internierungsdauer. Des Weiteren entschied sich der Gesetzgeber im Rahmen dieses Gesetzes endgültig gegen eine Anwendung des Jugendstrafrechts auf Heranwachsende.[925] Nach dem LO 5/2000 war eine derartige Anwendung geplant; jedoch war die Umsetzung der entsprechenden Vorschriften mehrmals auf Grund zu erwartender hoher Resozialisierungskosten bis zum 01.01.2007 ausgesetzt worden.[926]

bb) Mangelnde Berücksichtung realer Kriminalitätsbelastung

Die Verschärfungen wurden von kriminalpolitischen Stimmen begleitet, die das spanische Jugendstrafrecht angesichts vermeintlich steigender schwerer Sexual- und Gewaltkriminalität durch Jugendliche als zu weich beurteilten.[927] Statistisch lässt sich aber ein Anstieg der Jugenddelinquenzbelastung im Bereich der Sexualkriminalität im Zeitraum der Verschärfungen nicht nachweisen;[928] bei Gewaltstraftaten ist sogar eine rückläufige Entwicklung zu verzeichnen.[929] So sank die Anzahl versuchter und vollendeter Tötungsdelikte im Zeitraum 2005/2006 bei Vierzehnjährigen von 82 auf 54 Fälle, bei Fünfzehnjährigen von 100 auf 73 Fälle.[930] Die Aussagekraft dieser Statistik ist auf Grund der absoluten Zahlen und wegen des geringen zeitlichen Ausschnitts recht eingeschränkt; eine Tendenz zu rückläufigen Fallzahlen von Tötungs- und schweren Gewaltdelikten zeigt sich aber auch in einer vom Innenministerium im Jahre 2009 vorgenommenen Erhebung über das Ausmaß der Gesamtkriminalität: Im Jahr 2002 entfielen auf 100.000 Einwohner 3,23 Tötungsdelinquenten, 2009 waren es 2,36.[931] Anhand

923 Art. 8 und Art. 25 LO 5/2000 in der Fassung des LO 15/2003; Einzelheiten bei: Cano, ZJJ 2004, 406, 412.

924 Cano, ZJJ 2004, 406, 412; Sánchez Lázaro, ZIS 2007, 62, 63.

925 De la Cuesta u.a. in: Juvenile Justice System Bd. 3, S. 1287, 1313.

926 Cano, ZJJ 2004, 406, 411.

927 Dazu: Cano, ZJJ 2004, 406, 410; Sánchez Lázaro, ZIS 2007, 62, 64.

928 Giménez-Salinas in: FS Jesionek, S. 87, 91; Sánchez Lázaro, ZIS 2007, 62, 64.

929 Sánchez Lázaro, ZIS 2008, 195, 201; Cano, ZJJ 2004, 275, 277f.

930 Kriminalitätsstatistik des Innenministeriums:Ministerio del Interior, Anuario Estadístico del Ministerio del Interior 2006, S. 290*.

931 Ministerio del Interior, Evolución de la criminalidad 2009, S. 14*.

derselben Erhebung lassen sich ähnliche Entwicklungen bei den Raub-, Körperverletzungs- und Staatsschutzdelikten nachweisen.[932] Die Einführung der Verlängerung der Internierungsdauer sowie die übrigen Verschärfungen des Jugendstrafrechts erfolgten demzufolge unter Nichtbeachtung der realen Kriminalitätsbelastung.

cc) Ursachen für den Verschärfungstrend und Ausblick

Die Ursachen für den Richtungswechsel im Jugendstrafrecht sind vergleichbar mit den Gründen, die in Deutschland und England zu mehr Repression geführt haben:

In Spanien ist ein zunehmender Vertrauensverlust in das Ideal der Resozialisierung festzustellen.[933] Gleichzeitig bestimmte eine diffuse Verbrechensfurcht den Richtungswechsel.[934] Es lassen sich vielfältige Einflüsse für das Unsicherheitsgefühl der Bevölkerung nachweisen: Nach Untersuchungen von Enrique Thome und Diego Torrente führten 70% der befragten Bürger ihre Verbrechensfurcht auf öffentlich stattfindenden Drogenkonsum zurück.[935] Recherchen von Junjo Medina-Ariza ergaben einen Zusammenhang der Zunahme von Verbrechensfurcht mit den in Spanien steigenden Immigrationszahlen.[936] Dieses Ergebnis stützte sich auf Meinungsumfragen durch das Innenministerium. Im Jahr 2002 stellten 74,6% der Befragten einen Zusammenhang zwischen Immigration und Kriminalität her, während es 1990 nur 20,2% waren.[937] Als weitere Faktoren für eine Zunahme der Furcht vor Kriminalität gelten Arbeitslosigkeit, der baskische Terrorismus sowie die Anschläge vom 11.03.2004 in Madrid.[938]

Eine weitere Erklärung findet der repressive Trend in einer zunehmenden Politisierung der Kriminalität.[939] Große Volksparteien machen seit der Jahrtausendwende Kriminalitätsbekämpfung zu einem ihrer zentralen Wahlkampfthe-

932 Ministerio del Interior, Evolución de la criminalidad 2009, S. 17 u. 18*.

933 De la Cuesta u.a. in: Juvenile Justice System Bd. 3, S. 1287, 1290.

934 Medina, Revista Electrónica de Ciencia Penal y Criminología, 2005-03, p. 6, 6f.; Cid/Larrauri in: Kriminalität, Kriminalpolitik, Bd. 2, S. 779, 807.

935 Thomé/Torrente, Cultura de la seguridad ciudadana en España, p. 39 u. p. 41; vgl. auch die Ergebnisse von Medina, Revista Electrónica de Ciencia Penal y Criminología, 2005-03, p. 6, 8, tabla I.

936 Medina-Ariza, Punishment & Society, 183, 194f.; De la Cuesta u.a. in: Juvenile Justice System Bd. 3, S. 1287, 1291.

937 Wiedergegebene Zahlen bei: Medina-Ariza, Punishment & Society 2006, 183, 196 Fig. 4.

938 De la Cuesta u.a. in: Juvenile Justice System Bd. 3, S. 1287, 1291; Cid/Larrauri in: Kriminalität, Kriminalpolitik, Bd. 2, S. 779, 807.

939 Cid/Larrauri in: Kriminalität, Kriminalpolitik, Bd. 2, S. 779, 796f.

men.[940] Die Sicherheitsbedürfnisse der Bevölkerung werden aufgegriffen und wahlwirksam in ein politisches Programm integriert, das keine Nachsicht gegenüber Straftätern propagiert.[941]

Die Trendwende ist auch auf die zunehmende und eindringlichere Thematisierung von Kriminalität in den Medien zurückzuführen.[942] Die drei wichtigsten spanischen Zeitungen – „ABC“, „el pais“ und „el mundo“ – haben den Anteil ihrer Berichterstattung über Delinquenz und Sicherheit der Bürger, gemessen an der Gesamtzahl der Nachrichten, von 5 % im Jahr 1995 auf 20,1 % im Jahr 2003 ausgeweitet.[943] Nach Untersuchungen Susanna Sotos anhand der Zeitung „el pais“ fanden sich im Zeitraum von 2001 bis 2003 ca. 13 % solcher Meldungen exponiert auf der Titelseite. Zwischen 71 % und 78 % waren im gleichen Zeitraum auf den Anfangsseiten des jeweiligen Regionalteils abgedruckt.[944] Ca. 50 % aller kriminalitätsbezogenen Nachrichten waren mit aufmerksamkeitsverstärkenden Graphiken versehen. Vergleichbare Erhebungen im Zeitraum von 1978 bis 1992 ergaben im Durchschnitt nur 27 % illustrierter Berichterstattung über Kriminalität.[945]

Eine weitere Erklärung leitet sich aus der hohen Bedeutung der bürgerlichen Freiheiten in den frühen Jahren nach der Diktatur Francos ab.[946] Je mehr die Erinnerung an die Jahre der Diktatur und deren Auswirkungen durch Zeitablauf in den Hintergrund gerieten, desto eher konnten sich repressive Tendenzen in der Politik durchsetzen.

d) Fazit

Auch in Spanien zeigt sich eine Strömung hin zu längeren und härteren Freiheitsstrafen für Jugendliche. Die Verschärfung findet allerdings deutlich moderater statt als in England oder Deutschland. Eine Langzeitverwahrung, die nur den Schutz der Allgemeinheit bezweckt, existiert nicht. Nichtsdestotrotz veränderten die Reformen den ursprünglichen „welfare“-Charakter des Jugendstraf-

---

940 Soto, Revista Electrónica de Ciencia Penal y Criminología 2005-07, p. 1, 6, Medina-Ariza, Punishment & Society 2006, 183, 189; Cid/Larrauri in: Kriminalität, Kriminalpolitik, Bd. 2, S. 779, 797.

941 Sog. Politik der harten Hand (mano dura); Cid/Larrauri in: Kriminalität, Kriminalpolitik, Bd. 2, S. 779, 795f.; Giménez-Salinas in: FS Jesionek, S. 87, 90.

942 Soto, Revista Electrónica de Ciencia Penal y Criminología 2005-07, p. 1, 27.

943 Rechea/Fernandez/Benítez, Tendencias sociales y delinquencias, p. 47, tabla 3.

944 Soto, Revista Electrónica de Ciencia Penal y Criminología 2005-07, p. 1, 6.

945 Soto, Revista Electrónica de Ciencia Penal y Criminología 2005-07, p. 1, 11.

946 Medina-Ariza, Punishment & Society 2006, 183, 186.

rechts in Richtung eines repressiven justice models.[947] Die in der Präambel des LO 5/2000 formulierte Konzentrierung auf die Interessen des Jugendlichen weicht zunehmend einer stärker repressiven Ausrichtung des Jugendstrafrechts, die sich vor allem an den steigenden Gefangenenzahlen ablesen lässt. Die verstärkte Sicherheitsorientierung ist wie in Deutschland auf eine Verunsicherung der Bevölkerung zurückzuführen, die von der Politik aufgegriffen wird. Ein Ende dieser Entwicklung ist nicht abzusehen. Schon tauchen Überlegungen auf, die Überwachung gefährlicher junger Täter nach der Freiheitsstrafe durch eine Sicherungsverwahrung im Jugendstrafrecht nach deutschem Vorbild einzuführen.[948] Spanische Rechtswissenschaftler rechnen angesichts des unveränderten politischen Klimas mit weiteren Verschärfungen und steigenden Belegungszahlen im Jugendstrafvollzug.[949]

3. Niederlande

a) Einführung in das niederländische Jugendstrafrecht

In den Niederlanden gilt das materielle Erwachsenenstrafrecht auch für Jugendliche, lediglich die Art der Sanktionen ist modifiziert, Art. 77a bis 77g nlStGB (wetboek van strafrecht).[950] Die Strafmündigkeit beginnt im Alter von zwölf Jahren.[951] Auf Heranwachsende im Alter von 18 bis 21 Jahren kann das Jugendstrafrecht angewendet werden, wenn nach einer Analyse der Persönlichkeit des Täters oder nach Art der Tatumstände eine Jugendverfehlung vorliegt, Art. 77c nlStGB.[952] Gegenüber Personen aus der Gruppe der Sechzehn- bis Achtzehnjährigen können an Stelle der Sanktionen des Jugendstrafrechts solche des Erwach-

947 Giménez-Salinas in: FS Jesionek, S. 87, 90; De la Cuesta u.a. in: Juvenile Justice System Bd. 3, S. 1287, 1290; Sánchez Lázaro, ZIS 2007, 62, 64f.; Cano, ZJJ 2004, 406, 407f.

948 Sánchez Lázaro, ZIS 2008, 195, 199f.

949 Cid/Larrauri in: Kriminalität, Kriminalpolitik, Bd. 2, S. 779, 808; Sánchez Lázaro, ZIS 2008, 195, 199f.

950 Van Kalmthout/Bahtiyar in: Juvenile Justice System Bd. 2, S. 911, 912; van Kalmthout in: Jugendstrafrecht in Europa, S. 225, 225; Pitsela/Sagel-Grande, ZfStrVO 2004, 208, 211.

951 Van Kalmthout/Bahtiyar in: Juvenile Justice System Bd. 2, S. 911, 912.

952 Trenczek, DVJJ 2001, 111, 115; Pitsela/Sagel-Grande, ZfStrVO 2004, 208, 211; Van Kalmthout in: Jugendstrafrecht in Europa, S. 225, 228.

senenstrafrechts angeordnet werden, wenn die Schwere der Straftat, die Persönlichkeit des Täters oder die Tatumstände dies rechtfertigen, Art. 77b nlStGB.[953]

Das niederländische Jugendstrafrechtssystem[954] ist zweispurig angelegt. Schuldabhängige Strafen werden von präventiv wirkenden Maßregeln unterschieden.[955] Die Jugendfreiheitsstrafe (Art. 77i nlStGB) und die durch die letzte Strafrechtreform von 1995 eingeführte Maßregel der „Unterbringung in einer geschlossenen Jugendanstalt" (Art. 77s nlStGB, sog. Plaatsing in een inrichting voor jeugdige, PIJ) sind die einzigen nicht ambulanten freiheitsentziehenden Sanktionen des Jugendstrafrechts.[956] Die Dauer der schuldabhängigen Jugendstrafe ist für Jugendliche unter 16 Jahren auf zwölf Monate und für Jugendliche über 16 Jahren auf 24 Monate Haft begrenzt.[957] Zeitlich ausgedehnteren Freiheitsentzug zum Schutz der Allgemeinheit ermöglicht die vorgenannte PIJ.

Im Erwachsenenstrafrecht existiert ferner die mit der Sicherungsverwahrung vergleichbare Maßregel der Unterbringung in einer Longstay-Einrichtung.[958] Diese ist jedoch im Jugendstrafrecht nicht anwendbar – auch nicht entsprechend über die Regelung des Art. 77b nlStGB.[959]

b) Die PIJ und ihre Voraussetzungen

Die PIJ bezweckt gleichermaßen die Sicherung der Gesellschaft vor gefährlichen Straftätern wie eine Behandlung des Täters.[960] Sie ist zulässig, wenn:

- eine schwerwiegende Anlasstat vorliegt, welche die Anordnung von Untersuchungshaft rechtfertigt, für die also mehr als vier Jahre Freiheitsstrafe im gesetzlichen Mindestmaß vorgesehen ist,[961]
- die Sicherheit von Einzelpersonen oder die allgemeine Sicherheit von Personen oder Sachen den Ausspruch erforderlich machen und

953 Van Kalmthout/Bahtiyar in: Juvenile Justice System Bd. 2, S. 911, 938; Van Kalmthout in: Jugendstrafrecht in Europa, S. 225, 227.

954 Einen Überblick über das Sanktionssystem bieten: Trenczek, DVJJ 2001, 111ff.; Kowalzyck, DVJJ 2002, 378, 380f.

955 Van Kalmthout in: Jugendstrafrecht in Europa, S. 225, 250; Finger, Sicherungsverwahrung, S. 226.

956 Van Kalmthout/Bahtiyar in: Juvenile Justice System Bd. 2, S. 911, 945.

957 Sagel-Grande/Stando-Kawecka, ZfStrV0 2006, 205, 209; Van Kalmthout in: Jugendstrafrecht in Europa, S. 225, 246.

958 Dazu: Sagel-Grande in: Weil er für die Allgemeinheit gefährlich ist…, S. 187ff.; Mushoff, NK 2008, 67ff.; Lindemann, R&P 2001, 21ff.; Osterheider, R&P 2002, 17ff.

959 Art. 77b Abs. 2 nlStGB.

960 Sagel-Grande/Stando-Kawecka, ZfStrVO 2006, 205, 211; Van Kalmthout/Bahtiyar in: Juvenile Justice System Bd. 2, S. 911, 946.

961 Pitsela/Sagel-Grande, ZfStrVO 2004, 208, 217 Fn. 15.

- die Maßregel die weitere Entwicklung des Jugendlichen positiv beeinflussen kann.[962]

Die Maßregel kann bei voller Zurechnungsfähigkeit, verminderter Schuldfähigkeit, und Schuldunfähigkeit angeordnet werden.[963] Sie erfüllt also auch Funktionen, die in Deutschland der Maßregel der Unterbringung in einem psychiatrischen Krankenhaus zugewiesen sind.[964] Ein Richter muss vor Anordnung der Maßregel mindestens zwei Gutachten zur Gefährlichkeit von Sachverständigen verschiedener Fachrichtungen eingeholt haben. Ist die Zurechnungsfähigkeit des Jugendlichen beeinträchtigt, so muss einer der Gutachter ein Psychiater sein.[965]

Die Dauer der PIJ ist prinzipiell auf einen Zeitraum von zwei Jahren beschränkt, kann jedoch vorzeitig auch unter Bewährungsauflagen beendet werden.[966] Sie darf den Basiszeitraum von zwei Jahren überschreiten, wenn die Anlasstat ein Verbrechen gegen die körperliche Unversehrtheit oder die sexuelle Identität einer Person war und die Möglichkeit einer Verlängerung im Urteil vorbehalten wurde.[967] Die Verlängerungszeit darf bis zu einer Grenze von vier Jahren ausgedehnt werden. Für Jugendliche, bei welchen eine Entwicklungsverzögerung oder eine krankhaft bedingte Geistesstörung festgestellt wurde, beträgt die Obergrenze sechs Jahre.[968]

c) Anordnungspraxis der PIJ

In der Praxis erfolgt ein restriktiver Umgang mit Anordnung der Unterbringung. Im Zeitraum von 2005 bis 2010 waren die Neuzugänge laut niederländischer Jugendstrafverfolgungsstatistik konstant und phasenweise sogar rückläufig:

962 Van Kalmthout in: Jugendstrafrecht in Europa, S. 225, 251; Pitsela/Sagel-Grande, ZfStrVO 2004, 208, 211; Kowalzyck, DVJJ 2002, 378, 381.

963 Van Kalmthout in: Jugendstrafrecht in Europa S. 225, 251.

964 Vgl. Van Kalmthout in: Jugendstrafrecht in Europa, S. 225, 251.

965 Pitsela/Sagel-Grande, ZfStrVO 2004, 208, 211.

966 Pitsela/Sagel-Grande, ZfStrVO 2004, 208, 211; Van Kalmthout in: Jugendstrafrecht in Europa, S. 225, 251.

967 Pitsela/Sagel-Grande, ZfStrVO 2004, 208, 212; Van Kalmthout in: Jugendstrafrecht in Europa, S. 225, 252.

968 Pitsela/Sagel-Grande, ZfStrVO 2004, 208, 212; Van Kalmthout in: Jugendstrafrecht in Europa, S. 225, 252.

Jährliche Neuzugänge auf Grund der Anordnung der PIJ (absolute Zahlen)

2005	2006	2007	2008	2009	2010
51	38	47	28	33	45

Quelle: Ministerie van Justitie[969]

Eine rückläufige Entwicklung zeigt die Gesamtzahl der Untergebrachten im Zeitraum von 2005 bis 2010:

Gesamtzahl der wegen PIJ Untergebrachten (absolute Zahlen)

2005	2006	2007	2008	2009	2010
538	590	564	448	366	314

Quelle: Ministerie van Justitie[970]

Die dargestellte rückläufige Entwicklung folgte auf eine drastische Ausweitung der Anwendung freiheitsentziehender Sanktionen im Jugendstrafrecht.[971] Ursache für diese Umkehr ist v.a. eine veränderte, mildere Strafzumessungspraxis der Richter.[972] Diese wurde durch eine im Jahr 2007 vom Innenministerium durchgeführte Begutachtung beschleunigt. Sie ergab, dass die geschlossenen Jugendeinrichtungen zum Teil nicht jugendgerecht ausgestattet waren.[973] Letztlich waren vermutlich auch Kostengründe ausschlaggebend. Eine ambulante Maßnahme kostete den niederländischen Staat im Jahr 2001 durchschnittlich 47 € pro Tag, eine Unterbringung im geschlossenen Jugendstrafvollzug 306 €.[974] Die jährlichen Gesamtausgaben für das Gefängniswesen sind im Zeitraum von 2000 bis 2004 um ca. ein Fünftel von anfangs 758 Mio. € auf 998 Mio. € gestiegen.[975]

969 Ministerie van Justitie, Justiele Jeugd Inrichtung (JJI), Tab. 3.1, S. 16*.

970 Ministerie van Justitie, Justiele Jeugd Inrichtung (JJI), Tab. 4.1, S. 25*.

971 Die Anzahl der Anordnungen der Jugendstrafe hat sich im Zeitraum von 1997 (Inkrafttreten der letzten Strafrechtsreform) bis 2004 von 2.988 auf 5.902 Anordnungen fast verdoppelt: Sagel-Grande/Stando-Kawecka, ZfStrV0 2006, 205, 209; Van Kalmthout/Bahtiyar in: Juvenile Justice System Bd. 2, S. 911, 936 Tab. 6.

972 Ministerie van Justitie, Justiele Jeugd Inrichtung (JJI), S. 24*.

973 Ministerie van Justitie, Justiele Jeugd Inrichtung (JJI), S. 24*.

974 Zahlen nach: Sagel-Grande/Stando-Kawecka, ZfStrV0 2006, 205, 210.

d) Vollzug der PIJ

Der niederländische Jugendstrafvollzug ist im Grundsatzgesetz über Justizanstalten für Jugendliche geregelt.[976] Nach Art. 1p des Gesetzes soll der Vollzug dem Jugendlichen gleichermaßen das Unrecht seiner Tat verdeutlichen und ihm durch intensive erzieherische Einwirkung eine Reintegration in die Rechtsgemeinschaft ermöglichen: „Unter Beibehaltung des Straf- und Maßregelcharakters wird der Vollzug zur Erziehung des Jugendlichen angewendet und so weit wie möglich zur Vorbereitung seiner Rückkehr in die Gesellschaft eingesetzt."[977] Die zu einer PIJ verurteilten Jugendlichen werden in sog. Behandlungsanstalten untergebracht. Diese bieten ein intensiveres Betreuungsprogramm an als die gewöhnlichen Jugendanstalten, die als Auffangeinrichtungen bezeichnet werden.[978] Mittels individueller Vollzugspläne sollen Kriminalisierungsprozesse aufgedeckt, aufgearbeitet und bestehende Sozialisationsdefizite ausgeglichen werden.[979] In das Vollzugsprogramm sind die Einrichtungsleitung, ein dem Jugendlichen zur Verfügung gestellter persönlicher Betreuer, Lehrer, vormundschaftliche Organisationen, die Bewährungshilfe und, soweit möglich, die Eltern eingebunden.[980] Bei der Auswahl der einzelnen Vollzugsaktivitäten finden die Wünsche des Jugendlichen sowie der Erziehungsberechtigten in den Grenzen der Sicherheitsbelange der Einrichtung Berücksichtigung.[981] Die Jugendlichen können sich in der Anstalt tagsüber frei bewegen und werden nur nachts in Zellen eingeschlossen, die als Wohngruppen gestaltet sind.[982]

Die Einrichtungen legen großen Wert auf angemessene Bildungs- und Ausbildungsmöglichkeiten, da diese als wichtigste Voraussetzung für künftige Legalbewährung gelten.[983] Jedem Jugendlichen müssen im Rahmen sog. Schulungs- und Trainingsprogramme (STP) mindestens 1.000 Stunden Schulunterricht pro Jahr angeboten werden, die er zwingend wahrnehmen muss.[984] Der Unterricht ist auf die individuellen Möglichkeiten der Jugendlichen und auf den

---

976 sog. „Beginselenwet justitiele jeugdinrichtingen", zit. nach: Pitsela/Sagel-Grande, ZfStrVO 2004, 208, 217 Fn. 34.

977 Zit. nach: Pitsela/ Sagel-Grande, ZfStrVO 2004, 208, 213.

978 Sagel-Grande/Stando-Kawecka, ZfStrVO 2006, 205, 213.

979 Van Kalmthout/Bahtiyar in: Juvenile Justice System Bd. 2, S. 911, 948.

980 Van Kalmthout/Bahtiyar in: Juvenile Justice System Bd. 2, S. 911, 948.

981 Pitsela/Sagel-Grande, ZfStrVO 2004, 208, 215.

982 Sagel-Grande/Stando-Kawecka, ZfStrV0 2006, 205, 213.

983 Sagel-Grande/Stando-Kawecka, ZfStrVO 2006, 205, 214.

984 Van Kalmthout/Bahtiyar in: Juvenile Justice System Bd. 2, S. 911, 948; Pitsela/Sagel-Grande, ZfStrVO 2004, 208, 215.

Vollzugsplan abgestimmt.[985] Für Jugendliche mit Lernproblemen oder starken Verhaltensstörungen bestehen Kooperationen mit Schulen, die auf solche Schüler spezialisiert sind und die seit 2003 staatlich kontrollierte Zweigstellen in den Jugendeinrichtungen aufbauen.[986] Daneben beinhaltet das STP-Konzept Arbeitsvorbereitungs- und Arbeitszuleitungsprogramme, die v.a. auf mehrfach auffällige gewordene Jugendliche zugeschnitten sind, welche aus Altersgründen oder auf Grund mangelnder Fachkenntnisse bisher keine Berufsausbildung abschließen konnten.[987]

Es ist darüber hinaus Aufgabe der Behandlungseinrichtungen in Kooperation mit Jugendfürsorgeeinrichtungen dafür zu sorgen, dass die Betreuung nach der Entlassung möglichst nahtlos fortgesetzt wird. Zur Vorbereitung der und Unterstützung nach der Entlassung haben der Justizminister, die Jugendfürsorge und die Bewährungshilfe im Jahr 2001 das Regelwerk „Nazorg" (Fürsorge nach der Entlassung) geschaffen, welches folgende Maßnahmen vorsieht: Probeurlaub; Training zum (Rück-)Erwerb sozialer Fähigkeiten sowie zur Verbesserung der Chancen auf dem Arbeitsmarkt, Freizeitangebot zur Strukturierung des Tages, mentale Unterstützung für ein Leben in Freiheit.[988]

Der Vollzug der PIJ ist also auf eine sehr individuelle Betreuung ausgerichtet, welche die Reintegration des Jugendlichen durch Bildungs- und Nachsorgeprogramme zum Ziel hat.

e) Fazit

Traditionell gelten die Niederlande als Vorbildnation für ein liberales und individualisiertes Jugendstrafrecht.[989] Durch die letzte Strafrechtsreform von 1995, die neben der Einführung der PIJ das bis dahin geltende Höchstmaß der Jugendstrafe von sechs Monaten in oben beschriebener Weise erhöht hat, sind allerdings repressive Elemente in das Jugendstrafrecht eingeflossen.[990] Nichtsdestotrotz bleibt das niederländische Jugendstrafrecht stark durch erzieherische Prinzipien geprägt, was sich auch in der Maßnahme der PIJ widerspiegelt.[991] Die

985 Pitsela/Sagel-Grande, ZfStrVO 2004, 208, 215; Sagel-Grande/Stando-Kawecka, ZfStrV0 2006, 205, 215.

986 Sagel-Grande/Stando-Kawecka, ZfStrV0 2006, 205, 215.

987 Zu Einzelheiten des sog. Work-Wise-Programms siehe: Sagel-Grande/Stando-Kawecka, ZfStrV0 2006, 205, 215.

988 Van Kalmthout/Bahtiyar in: Juvenile Justice System Bd. 2, S. 911, 949f; Pitsela/Sagel-Grande, ZfStrVO 2004, 208, 215f.

989 Van Kalmthout in: Jugendstrafrecht in Europa, S. 225, 227.

990 Trenczek, DVJJ 2001, 111, 111; Van der Laan, DVJJ 1996, 119ff. beschreibt die Entwicklung folgendermaßen: „Von der minimalen Intervention zur Repression".

991 Van Kalmthout/Bahtiyar in: Juvenile Justice System Bd. 2, S. 911, 953.

Maßnahme ist im Vergleich mit der Sicherungsverwahrung in Deutschland und den sichernden Maßnahmen Englands und Spaniens zeitlich stark begrenzt. Diese Tatsache lässt auf den gesetzgeberischen Willen schließen, den Grundrechtseingriff auf das Nötigste zu beschränken, um die schädlichen Folgen längeren Freiheitsentzug zu vermeiden.[992] Die bei Einführung der Maßnahmen im Schrifttum geäußerte Befürchtung, ihre unbestimmten Voraussetzungen führten zu einer ausufernden Anordnungspraxis,[993] haben sich nur zum Teil bestätigt. Nach einer Phase zunehmender Anwendung der freiheitsentziehenden Sanktionen verharren die Anordnungszahlen der PIJ mittlerweile konstant auf einem niedrigen Level; die Gesamtzahl der Untergebrachten ist sogar rückläufig. Der Vollzug der PIJ ist als Behandlungsvollzug gestaltet. Die STP verhindern effektiv Rückfälligkeit, wie eine Untersuchung der Jugendfürsorgebehörden im Jahr 2005 ergab.[994]

Insgesamt verfolgen die Niederlande insbesondere im Vergleich zu England kein einseitig sicherndes Konzept des Freiheitsentzuges im Jugendstrafrecht. Nach niederländischem Verständnis muss sichernder Maßregelvollzug mit einem ausreichenden Behandlungsangebot einhergehen, das die Reintegration des Jugendlichen spürbar fördert.[995]

III. Die Langzeitsanktionen zum Schutz der Allgemeinheit in den übrigen europäischen Staaten im Überblick

Eine zeitlich unbefristete Langzeitverwahrung zum Schutz der Allgemeinheit für Jugendliche existiert in Europa außer in der Bundesrepublik Deutschland sowie in England derzeit nur in Dänemark.[996] Sie kann mit Beginn der Strafmündigkeit im Alter von 15 Jahren angeordnet werden, wobei die Anwendung auf Täter unter 18 Jahren in der Praxis den seltenen Ausnahmefall darstellt.[997]

In Finnland konnte die sichernde Verwahrung in Form der Verlängerung einer Freiheitsstrafe (preventive detention) ursprünglich auf Jugendliche ange-

992 Pitsela/Sagel-Grande, ZfStrVO 2004, 208, 214.

993 Kruissink/Verwers, Das neue Jugendstrafrecht. Fünf Jahre Erfahrung in der Praxis, S. 35, zit. nach Kowalzyck DVJJ 2002, 378, 381.

994 Van Kalmthout/Bahtiyar in: Juvenile Justice System Bd. 2, S. 911, 950 m.w.N.

995 Sagel-Grande/Stando-Kawecka, ZfStrV0 2006, 205, 213.

996 Albrecht, RdJB 2007, 201, 204f.; Ostendorf/Bochmann, ZRP 2007, 146, 147; Bochmann, Entwicklung eines europäischen Jugendstrafrechts, S. 181.

997 Im Zeitraum von 1990-1996 gab es nur einen Anwendungsfall; Cornils in: Jugendstrafrecht in Europa, S. 27, 38.

wendet werden, sofern eine Verurteilung zu einer Gefängnisstrafe von mindestens zwei Jahren vorlag.[998] Die Maßnahme wurde im Jahr 2006 mit der Begründung abgeschafft, die erforderliche Gefährlichkeitsprognose sei eine zu unsichere Basis, um längeren andauernden Freiheitsentzug zu rechtfertigen.[999] Auch zuvor war mit dieser Maßnahme restriktiv umgegangen worden: Seit 1971 befanden sich nie mehr als zehn Personen in Einrichtungen der Sicherungsverwahrung.[1000]

In allen anderen europäischen Staaten existieren keine speziellen Sicherungsstrafen, sondern (nur) Jugendfreiheitsstrafen, die in der Regel zeitlich begrenzt sind.[1001] In der überwiegenden Zahl der Länder liegt das Höchstmaß bei zehn Jahren Haft[1002] und damit deutlich niedriger als im jeweiligen Erwachsenenstrafrecht.[1003] Eine lebenslange Freiheitsstrafe für Jugendliche sehen nur die Strafgesetze von Belgien, England und Zypern vor.[1004]

Allerdings ist durchgängig in allen westeuropäischen Staaten eine repressive Rechtsentwicklung vom welfare model in Richtung eines justice model festzustellen.[1005] Der in den 1960er und 1970er Jahren vorherrschende Kurs der Entkriminalisierung, der Diversion und der Anwendung alternativer, nicht freiheitsentziehender Sanktionen wird in der Kriminalpolitik in den europäischen Ländern zunehmend in Zweifel gezogen.[1006] Dementsprechend treten die Verhinderung von Rückfallkriminalität sowie der Schutz der Allgemeinheit in der Gesetzgebung in den Vordergrund. In allen europäischen Ländern orientiert sich die Gesetzgebung in der Tendenz an medienwirksamen, spektakulären Einzelfällen schwer krimineller jugendlicher Täter.[1007] Jugendliche Straftäter sollen im frühen Alter möglichst effektiv für ihre Straftaten zur Verantwortung gezogen werden können. Der Wandel in den Zielsetzungen der europäischen Jugendkriminalpolitik und -gesetzgebung beruht ebenso wie in Deutschland auf einer zu-

998 Nemitz in: Jugendstrafrecht in Europa, S. 137, 147; Haverkamp, RdJB 2007, 167, 179.
999 Lappi-Seppälä in: Kriminalität, Kriminalpolitik, Bd. 1, S. 299, 315.
1000 Lappi-Seppälä in: Kriminalität, Kriminalpolitik, Bd. 1, S. 329 u. Fig. 5.
1001 Siehe dazu die ausführliche Übersicht bei: Bochmann, Entwicklung eines europäischen Jugendstrafrechts, S. 173.
1002 Bochmann, Entwicklung eines europäischen Jugendstrafrechts, S. 173.
1003 Albrecht, RdJB 2007, 201, 204; ders. in: Handbuch Jugendkriminalität, 43, 48.
1004 Bochmann, Entwicklung eines europäischen Jugendstrafrechts, S. 173; Albrecht, RdJB 2007, 201, 204.
1005 Albrecht in: Handbuch Jugendkriminalität, S. 43, 50; Bochmann, Entwicklung eines europäischen Jugendstrafrechts, S. 47.
1006 Albrecht in: Handbuch Jugendkriminalität, S. 43, 50.
1007 Albrecht in: Handbuch Jugendkriminalität, S. 43, 50f.

nehmenden sozialen Verunsicherung und ist das Ergebnis des stärkeren Aufgreifens von Sicherheitsbelangen und Opferinteressen.[1008]

IV. Fazit

Die drei hier intensiver untersuchten Länder England, Spanien und die Niederlande haben in den letzten zwei Jahrzehnten einheitlich das Jugendstrafrecht um neue repressive Sanktionen erweitert oder bestehende Sanktionen verschärft. Die unterschiedlichen Grundkonzepte dieser Nationen zum Umgang mit jugendlichen Delinquenten scheinen diese einheitliche Entwicklung nur in ihrer Intensität beeinflusst zu haben. Während in England stark repressiv ausgerichtete eigenständige Sicherungsstrafen eingeführt wurden, erfolgte in Spanien lediglich eine Verschärfung der Rechtsfolgen der geschlossenen Unterbringung. In den Niederlanden wurde hingegen eine moderate Verschärfung der Jugendfreiheitsstrafe vorgenommen und ergänzend die Maßnahme der PIJ geschaffen. Vor allem in England und in Spanien beruhten die normativen Verschärfungen auf einer „Law and Order“ Kriminalpolitik, die härtere und längere Strafen befürwortete.

In der Praxis der Gerichte haben freiheitsentziehende Sanktionen kontinuierlich – mit Ausnahme der Niederlande – an Bedeutung gewonnen. In den Niederlanden zeigt sich nach einer Phase der Zunahme freiheitsentziehender Sanktionen in jüngster Vergangenheit eine restriktivere Anordnungspraxis.

Im Hinblick auf den Vollzug der jugendstrafrechtlichen Sanktionen zeigt sich ein uneinheitliches Bild. Während man in England das weitgehend betreuungslose, langfristige Wegsperren von Jugendlichen betreibt, wendet man in den Niederlanden ein differenziertes Förderungskonzept im Vollzug an. Letztgenanntes entspricht in seiner Orientierung an einer individuellen Entwicklung des Verurteilten in weiten Teilen den Forderungen, die das deutsche Bundesverfassungsgericht in seinem Urteil vom 04.05.2011 für den Vollzug der Sicherungsverwahrung aufgestellt hat. Insoweit könnte das niederländische Modell Vorbild für einen reformierten Vollzug der deutschen Sicherungsverwahrung nach § 7 JGG und der Jugendfreiheitsstrafe sein.

In der Gesamtschau ist den hier intensiv untersuchten Jugendstrafrechtssystemen einheitlich eine Sicherheitsorientierung erkennbar, die in den Niederlanden allerdings sehr moderat ausfällt. Sie beruht wie in allen anderen europäischen Staaten auf einer Kriminalpolitik die Sicherheitsbelange und Opferbe-

1008 Albrecht in: Handbuch Jugendkriminalität, S. 43, 51.

dürfnisse zu Lasten der Freiheitsinteressen Jugendlicher einseitig betont.[1009] Trotz dieser einheitlichen Entwicklung verzichtet der Großteil der europäischen Länder aber nach wie vor auf eine zeitlich unbestimmte Langzeitverwahrung für Jugendliche zwecks Sicherung der Allgemeinheit. Die Sicherungsverwahrung in Deutschland und die Sicherungsstrafen in England sind insoweit Ausnahmephänomene.[1010] Sie repräsentieren eine besonders starke Öffnung des Jugendstrafrechts für die Sicherheit der Allgemeinheit zu Lasten des Freiheitsanspruchs Jugendlicher.

1009 Albrecht in: Handbuch Jugendkriminalität, S. 43, 51.

1010 Bochmann, ZJJ 2008, 324, 328; Ostendorf/Bochmann, ZRP 2007, 146, 147 u. 149.

E. Schlussbetrachtung

Im Rahmen der Schlussbetrachtung ist die Frage zu beantworten, wie zu verhindern ist, dass im Recht der Sicherungsverwahrung das Spannungsverhältnis zwischen Freiheit und Sicherheit stets zu Lasten der Freiheit aufgelöst wird. Es ist zu erörtern, welche Schritte einzuleiten sind, um weiteren Verschärfungen der Sicherungsverwahrung entgegen zu wirken und eine restriktivere Gestaltung zu erreichen.

I. Ausgangspunkt: Grundsätzliche Bedenken gegenüber der Vereinbarkeit der Sicherungsverwahrung mit dem Schuldprinzip

Die grundlegende Feststellung, dass jede Art von Maßregel eine Durchbrechung des Schuldprinzips ist,[1011] bildet den Ausgangspunkt aller Überlegungen zu einer restriktiven Gestaltung und einem maßvollen Umgang mit der Sicherungsverwahrung. Derjenige Straftäter, der durch Verbüßung seiner Strafe mit der Gesellschaft an sich „quitt" ist, muss wegen derselben Straftat(en) über das Maß der Schuld hinaus weitere Sanktionen erdulden. Darin liegt ein nicht lösbarer Widerspruch des gesamten Maßregelrechts.[1012] Dieser Widerspruch ist bei der Sicherungsverwahrung besonders folgenschwer, da sie im Anschluss an die Freiheitsstrafe einen weiteren, zeitlich unbefristeten Freiheitsentzug voll schuldfähiger Straftäter vorsieht.[1013] Die Maßregeln setzen sich also über die begrenzende Funktion des Tat-Schuld-Zusammenhangs hinweg.[1014] Daraus resultiert – wie erörtert – die Gefahr maßloser Anwendung derselben. Der Missbrauch der Sicherungsverwahrung im Nationalsozialismus zeigt in drastischer Weise, dass diese Gefahr nicht nur theoretischer Natur ist, sondern real werden kann. Heute demonstrieren die Erweiterungen der Anwendungsmöglichkeiten der Sicherungsverwahrung mit der Konsequenz steigender Verwahrtenzahlen die zuneh-

1011 Albrecht, Die vergessene Freiheit, S. 81; Braum, KritV 2003, 22, 28; Neumann in: Perspektiven der Strafrechtsentwicklung, S. 57, 64; Mushoff, Strafe, S. 306; Frisch in: Lexikon des Rechts, S. 603, 605; Hanack in: LK, Vor §§ 61, Rn. 14.

1012 Köhler, Der Begriff der Strafe, S. 80; ders., Strafrecht AT, S. 56f.; Naucke, Strafrecht, § 3 Rn. 36; Streng in: FS Lampe, S. 611, 630.

1013 Köhler, Der Begriff der Strafe, S. 80f.; Mushoff, Strafe, S. 307.

1014 Jescheck/Weigend, Strafrecht AT, § 9 S. 87; Lüderssen, KritJ 2006, 361, 361; Köhler, Strafrecht AT, S. 57f.

mende Tendenz zur Abkehr vom Schuldprinzip.[1015] Das Verhältnismäßigkeitsprinzip reicht als Gegengewicht – wie im ersten Teil der Arbeit erörtert – nicht aus.[1016] Aus diesem Grund müssen die Mechanismen, welche die Sicherungsverwahrung in Schranken halten können, stärkere Beachtung finden,[1017] worauf abschließend noch näher eingegangen wird.

Die Unvereinbarkeit mit dem Schuldprinzip sowie die erörterten gewichtigen verfassungs- und konventionsrechtlichen Bedenken rechtfertigen theoretisch auch eine Abschaffung des Instituts. Diese aus Teilen des rechtswissenschaftlichen Schrifttums erhobene Maximalforderung[1018] ist aber derzeit realistischerweise weder politisch noch gesellschaftlich durchzusetzen.[1019] Sie führte im Übrigen in der momentanen politischen Lage wohl nur zu einer Verlängerung des Strafvollzuges und damit zu einer Entwertung der limitierenden Funktion der Schuld.[1020]

Die folgende Erörterung konzentriert sich daher auf den status quo und stellt Ansätze dar, deren Verwirklichung langfristig gesehen die Grundlage für einen verantwortungsvollen Umgang mit den Sicherheitsinteressen der Allgemeinheit und den Freiheitsinteressen der Betroffenen sein kann. Unter Anknüpfung an die aktuellen politischen und gesellschaftlichen Bedingungen werden Wege zur Etablierung möglicher Begrenzungen des aktuellen Rechts der Sicherungsverwahrung aufgezeigt.

II. Richtungswechsel zu einer vernunftgeleiteten Kriminalpolitik

Eine Eingrenzung des Rechts der Sicherungsverwahrung in der Zukunft setzt eine vernunftgeleitete Kriminalpolitik voraus. Eine solche strebt unter Achtung der abwägungsresistenten Strafrechtsrechtsprinzipien einen Ausgleich zwischen

---

1015 Boetticher, Verdikt 1.11, 13, 17.

1016 Jescheck/Weigend, Strafrecht AT, § 9 S. 87; vgl. auch Albrecht, Kriminologie, § 9 S. 127.

1017 Jescheck/Weigend, Strafrecht AT, § 9 S. 87.

1018 Dies fordern: Köhler, Strafrecht AT, S. 55 u. 590; Böllinger/Pollähne in: NK § 61, Rn. 44; Weber/Reindl, NK, Heft 1/2001, 16, 20; Sander, Grenzen instrumenteller Vernunft, S. 243f.; Kögler, Zeitliche Unbestimmtheit freiheitsentziehender Sanktionen, S. 305.

1019 Böllinger/Pollähne in: NK § 61, Rn. 49; vgl. auch Streng in: FS Lampe, S. 611, 623.

1020 Streng in: FS Lampe, S. 611, 623; vgl. auch Böllinger/Pollähne in: NK, § 61, Rn. 45; eine längere Dauer der Freiheitsstrafe bei habitueller Delinquenz befürwortet wohl: Köhler, Strafrecht AT, S. 58.

den gesellschaftlichen Sicherheitsinteressen und der Wahrung der Freiheit der Delinquenten an.[1021] Sie zeichnet sich durch die Einsicht aus, dass der Einsatz strafrechtlicher Mittel ultima ratio ist.[1022] Deswegen muss sie das Bedürfnis für strafrechtliche Verschärfungen an fachwissenschaftlichen Erkenntnissen messen und alternative Konzepte – auch aus dem Ausland – berücksichtigen.[1023] Im Fall der Sicherungsverwahrung ist dazu die Auswertung von Kriminalstatistiken ebenso erforderlich wie eine kritische Auseinandersetzung mit der Treffsicherheit von Prognosen. Ein Blick ins europäische Ausland zeigt, dass eine Sicherungsverwahrung anlässlich der Straftaten von Jugendlichen überwiegend abgelehnt wird, ohne dass Sicherheitsbelange als vernachlässigt gelten. Das niederländische Vollzugskonzept der geschlossen Unterbringung könnte Vorbild sein für den zukünftigen Umgang mit schwer rückfälligen jungen Tätern.

Darüber hinaus erfordert vernunftgeleitete Kriminalpolitik einen verantwortungsbewussten Umgang mit der Verunsicherung der Bevölkerung. Die Ängste der Bevölkerung sollten nicht in strategischer Absicht für weitere Verschärfungen des Kriminalrechts genutzt werden, sondern Anlass für Aufklärung über das tatsächliche, wissenschaftlich nachweisbare Ausmaß der Kriminalität sein.[1024] Dazu gehört es aufzuzeigen, dass und warum noch bis Mitte der 1990er Jahre Sicherungsverwahrung weit restriktiver gehandhabt wurde, ohne dass damals Sicherungsbelange als vernachlässigt erachtet wurden.[1025] In diesem Zusammenhang muss vernunftgeleitete Kriminalpolitik deutlich machen, dass absolute Sicherheit eine Fiktion ist. Kriminalität lässt sich in einem Gemeinwesen nicht abstellen, der Versuch, dies dennoch zu unternehmen, ist mit dem hohen Preis des Verlustes an individueller Freiheit verbunden.[1026]

Die geschilderten Umstände der einzelnen Erweiterungsstufen der Sicherungsverwahrung verdeutlichen, dass sich die Kriminalpolitik vom Idealbild vernunftgeleiteter Politik entfernt hat.[1027] Es ist deswegen ein Richtungswechsel weg von einer symbolischen zu einer theorie- und wissenschaftsgeleiteten Kriminalpolitik zu fordern.

1021 Neubacher, ZStW 118 (2006), 855, 877; Hassemer ZIS 2006, 266, 269; Haffke, KritJ 2005, 17, 32.

1022 Naucke, Strafrecht, § 1, Rn. 166; Baratta, KritV 2003, 210, 225; Hassemer, ZIS 2006, 266, 269.

1023 Heinz in: FS Schwind, S. 893, 896.

1024 Kreuzer, Stellungnahme, S. 10*; Kury/Obergfell-Fuchs in: FS Schwind, S. 1021, 1040f.; Haffke, KritJ 2005, 17, 32.

1025 Kreuzer, Stellungnahme, S. 10*.

1026 Haffke, KritJ 2005, 17, 18; Mushoff, Strafe, S. 569; Pollähne, KritJ 2010, 255, 268f.

1027 Mushoff, Strafe, S. 583; Haffke, KritJ 2005, 17, 32.

III. Konventionskonformes Gesamtkonzept des Rechts der Sicherungsverwahrung

Der EGMR hat ausgehend von der Feststellung, dass die nachträglich angeordnete Sicherungsverwahrung eine Strafe i.S.d. Art. 7 EMRK ist, die keinem der Haftgründe nach Art. 5 EMRK genügt, Maßstäbe und Grenzen für das künftige Recht der Sicherungsverwahrung gesetzt. Durch Entwicklung und Umsetzung eines konventionskonformen Gesamtkonzepts für die Sicherungsverwahrung kann deswegen eine Eingrenzung derselben geleistet werden.

Aus dem Zustimmungsgesetz zur EMRK sowie der rechtsstaatlichen Bindung an Gesetz und Recht (Art. 20 Abs. 3 GG) folgt die Pflicht des Gesetzgebers, sich intensiv mit den Entscheidungen des EGMR auseinanderzusetzen und das nationale Recht konventionskonform zu gestalten.[1028] Der deutsche Gesetzgeber hat die Urteile des EGMR aber bislang nicht als Anlass für eine Zäsur in Sachen Sicherheitsrecht begriffen.[1029] Dies zeigt sich in den zahlreichen möglichen Konfrontationspunkten mit dem EGMR, die das 2011 reformierte Recht der Sicherungsverwahrung und die vorgeschlagene Reform zur Umsetzung des Abstandsgebots aufrechterhalten bzw. geschaffen haben: Statt einen Rechtssicherheit erzeugenden Schlussstrich unter die nachträgliche Sicherungsverwahrung zu setzen, wird sie inkonsistent für Altfälle weiter beibehalten und eine Kollision mit Art. 7 und Art. 5 riskiert. Das ThuG könnte der EGMR als Versuch werten, mit Hilfe von Art. 5 Abs. 1 S. 2 e) EMRK seine Rechtsprechung zur nachträglich angeordneten Sicherungsverwahrung zu umgehen. Die aus den Reformen gestärkt hervorgehende vorbehaltene Sicherungsverwahrung läuft Gefahr, mit Art. 5 Abs. 1 S. 2 e) EMRK unvereinbar zu sein.

Der Gesetzgeber muss deswegen die „Flickschusterei" im Recht der Sicherungsverwahrung beenden und ein Gesamtkonzept entwickeln und umsetzen, welches den Freiheitsgarantien des Art. 5 und 7 EMRK Rechnung trägt.[1030] Dazu ist es erforderlich, auf alle Formen der nachträglichen Sicherungsverwahrung zu verzichten. Das ThUG sollte desgleichen aufgehoben werden.[1031] Der für die Anwendung des ThUG zentrale Begriff der psychischen Störung ist ein Fremdkörper in der Kategorisierung zwischen voll verantwortlichen und schuldunfähigen Tätern, der zu einer maßlosen Anwendung dieser Form der Verwahrung

1028 BVerfGE 111, 307, 322; 74, 358, 370.

1029 Vgl. Pollähne, KritJ 2010, 255, 267.

1030 Boetticher, Verdikt 1.11, 13, 17; Kreuzer, Stellungnahme, S. 11*; Kinzig, NStZ 2010, 233, 239.

1031 Morgenstern, NK 2011, 55, 58; Kreuzer, StV 2011, 122, 127; Kinzig, NJW 2011, 177, 180.

führen könnte.[1032] Von der vorbehaltenen Sicherungsverwahrung ist ebenfalls abzusehen. Ihre negativen Auswirkungen auf den Vollzug und die mit Vorbehalt verbundene Gefahr inflationärer Anwendung sollten den Gesetzgeber im Übrigen dazu bewegen, sie nicht als Ersatz für die nachträgliche Sicherungsverwahrung vorzusehen.[1033] Insgesamt weisen die Vorgaben des EGMR den Weg zurück zur traditionellen Sicherungsverwahrung wie sie bis einschließlich 1997 galt.[1034] Bei dieser Variante der Sicherungsverwahrung sollte der bisher nur unvollständig durch das Neuordnungsgesetz verwirklichte Ansatz der Begrenzung auf Sexual- und Gewaltstraftäter weiter verfolgt werden.

Mit einer solchen Gesamtreform ließe sich eine deutliche Verschlankung des Rechts der Sicherungsverwahrung und damit mehr Rechtsklarheit einleiten; denn im Zuge der normativen Ausweitung und der letzten Reform der Sicherungsverwahrung ist ein wenig überschaubares, von Ausnahmen geprägtes, kaum noch praktisch handhabbares Rechtsgebiet entstanden.[1035] Ohne sie droht eine erneute Verurteilung durch den EGMR, was der deutschen „Glaubwürdigkeit in Grund- und Menschenrechtshaltungen" international nachhaltig Schaden zufügen könnte.[1036]

IV. Bewahrung verfassungs- und konventionsrechtlicher Strafrechtsprinzipien durch das Bundesverfassungsgericht

Die eingeforderten Veränderungen im Recht der Sicherungsverwahrung müssen durch das Bundesverfassungsgericht abgesichert werden. Es ist seine Aufgabe, die Strafrechtsprinzipien als klare Grenze der Belastung der Freiheit der Betroffenen zu markieren.[1037] In seiner Entscheidung vom 05.04.2011 ist dies dem Gericht im Hinblick auf die Gestaltung des Vollzugs der Sicherungsverwahrung gelungen. Es hat das Resozialisierungsgebot als Ausdruck der Menschenwürde zum eindeutigen Maßstab für die Vollzugsmodalitäten festgesetzt.[1038] In der Folge sind die Länder gezwungen, die bisherige unzureichende Normierung einiger Sonderregelungen für Sicherungsverwahrte durch ein umfassendes, den

1032 Morgenstern, NK 2011, 55, 56 u. 58.

1033 Kinzig, NJW 2011, 177, 179f.; ders., NStZ 2010, 233, 239.

1034 Pollähne, KritJ 2010, 255, 266; Kinzig, NStZ 2010, 233, 239.

1035 vgl. Kinzig, Legalbewährung, S. 319.

1036 Kreuzer, Stellungnahme, S. 10*; vgl. auch Renzikowski, ZIS 2011, 531, 543.

1037 Albrecht, KritV 2004, 123, 125; Mushoff, Strafe, S. 583.

1038 BVerfG, Urt. v. 04.05.2011, 2 BvR 2365/09 u.a., Ziff. 108ff.

Kriterien des Bundesverfassungsgerichts entsprechendes Vollzugskonzept zu ersetzen.[1039]

Einer weniger starren Linie ist das Gericht in der Frage der Rückwirkung gefolgt. Es lässt aus Gründen des Opferschutzes in Extremfällen Ausnahmen vom Rückwirkungsverbot zu. In dieser Frage sollte sich das Bundesverfassungsgericht auf die bipolare Ausrichtung des Strafrechtsprinzips besinnen.[1040] Strafrechtliche Schutzprinzipien wie das Rückwirkungsverbot sind indisponibel, also einer Abwägung gegen Interessen potenzieller Opfern entzogen.[1041] Sie sind historisch erkämpfte Abwehrrechte des Bürgers gegen den Staat. Voraussetzung für die Anwendung des Rückwirkungsverbots ist eine wirkungsorientierte Betrachtung der Sicherungsverwahrung, also das Eingeständnis, das Freiheitsstrafe und Sicherungsverwahrung sich in ihren Wirkungen gleichen.[1042]

V. Fazit

Nach alledem ist die Achtung der menschen- und verfassungsrechtlichen Strafrechtsprinzipien der Schlüssel, um eine rechtsstaatliche Eingrenzung der Sicherungsverwahrung zu gewährleisten. Sie vermitteln Schutz vor dem unbegrenzten staatlichen Zugriff und bewahren das freiheitliche Strafrecht in der Tradition der Philosophie Kants und Hegels.[1043] Im Fall der Sicherungsverwahrung sind vor allem das aus der Menschenwürde folgende Resozialisierungsgebot, das Bestimmtheitsgebot als Bedingung einer einschränkenden Festlegung der Voraussetzungen der Sicherungsverwahrung und das Rückwirkungsverbot strikt einzuhalten.[1044]

Wenn diese rechtsstaatlichen Prinzipien hingegen dem Sicherheitsdenken untergeordnet werden – wie in der Entwicklung der Sicherungsverwahrung seit 1998 immer wieder geschehen –, entsteht die Gefahr einer Totalisierung der Sicherheit. Die Folge ist nicht nur ein Verlust der Freiheit der betroffenen Sicherungsverwahrten, sondern ein gesamtgesellschaftlicher Verlust an Liberalität.

1039 Köhne, JR 2012, 14, 17; Peglau, NJW 2011, 1924, 1926; Kreuzer/Bartsch StV 2011, 472, 476ff.

1040 vgl. Mushoff, KritV 2004, 13, 14; Kreuzer/Bartsch, StV 2011, 472, 473; Jung in: FS Wassermann, S. 875, 884; Best, ZStW 114 (2002), 88, 105.

1041 Albrecht, KritV 2004, 123, 127; ders., Die vergessene Freiheit, S. 175; Kreuzer, Stellungnahme, S. 10*; Kreuzer/Bartsch, StV 2011, 472, 473.

1042 Mushoff, KritV 2004, 13, 14; Jung in: FS Wassermann, S. 875, 884; Best, ZStW 114 (2002), 88, 105.

1043 Albrecht, Die vergessene Freiheit, S. 175; Volckart in: FS Tondorf, S. 133, 143.

1044 Vgl. Jescheck, Strafrecht AT, § 9 S. 87; Streng in: FS Lampe, S. 611, 620.

Die Entscheidung des EGMR verdeutlicht diese Zusammenhänge und macht darauf aufmerksam, dass ein Eingriff in das Freiheitsrecht nur in den engen Grenzen unabwägbarer Strafrechtsprinzipien zulässig ist. Die Entscheidung sollte Politik, Gesetzgebung und Rechtsprechung in den Grenzen ihrer jeweiligen Funktion als Anstoß dienen, das Recht der Sicherungsverwahrung umfassend zu reformieren und zu liberalisieren. Auf die Strafrechtsprinzipien gilt es dabei zu beharren[1045], denn „eine gesellschaftliche Ordnung ist erst dann gerecht, wenn sie allen ihren Angehörigen (gleichermaßen) ein umfassendes System von Grund- und Menschenrechten zuerkennt und diesen (…) auch dann praktischen Raum gibt, wenn sie im Einzelfall eingeschränkt werden müssen."[1046]

1045 Albrecht Vorgänge 2/2007, 27, 39.

1046 Volckart in: FS Tondorf, S. 133, 155.

Literaturverzeichnis

Bei den mit einem * gekennzeichneten Fußnoten handelt es sich um Internetdokumente, deren Internetadresse über das Literaturverzeichnis nachvollzogen werden kann.

Adams, Manfred (2003): Zur nachträglichen Sicherungsverwahrung nach Landesrecht. In: StV, S. 51–54.

Albrecht, Hans-Jörg (1999): Die Determinanten der Sexualstrafrechtsreform. In: ZStW, Jg. 111, S. 863–888.

Albrecht, Hans-Jörg (2007): Jugendfreiheitsstrafe und Jugendstrafvollzug im europäischen Ausland. In: RdJB, S. 201–211.

Albrecht, Hans-Jörg (2011): Internationale Tendenzen in der Entwicklung des Jugendstrafrechts. In: Dollinger, Bernd; Schmidt-Semisch, Henning (Hg.): Handbuch Jugendkriminalität. 2. Aufl. Wiesbaden: Verlag für Sozialwissenschaften / Springer, S. 43–62.

Albrecht, Hans-Jörg; Kilchling, Michael (Hg.) (2002): Jugendstrafrecht in Europa. Freiburg i. Br.: iuscrim.

Albrecht, Peter (1981): Die allgemeinen Voraussetzungen zur Anordnung freiheitsentziehender Massnahmen gegenüber erwachsenen Delinquenten. Basel: Helbig u. Lichtenhahn.

Albrecht, Peter-Alexis (1993): Erosionen des rechtsstaatlichen Strafrechts. In: KritV, S. 163–182.

Albrecht, Peter-Alexis (1994): Das Strafrecht im Zugriff populistischer Politik. In: StV, S. 265–273.

Albrecht, Peter-Alexis (2003): Die vergessene Freiheit. In: KritV, S. 125–133.

Albrecht, Peter-Alexis (2004): Vom Ende des Unverfügbaren. In: KritV, S. 123–125.

Albrecht, Peter-Alexis (2006): Menschenwürde als staatskritische Absolutheitsregel. In: KritV, S. 295–306.

Albrecht, Peter-Alexis (2007): Das nach-präventive Strafrecht. In: Vorgänge, H. 2, S. 27–43.

Albrecht, Peter-Alexis (2010): Der Weg in die Sicherheitsgesellschaft. Auf der Suche nach staatskritischen Absolutheitsregeln. Studienausgabe. Berlin: BWV.

Albrecht, Peter-Alexis (2010): Kriminologie. 4. Aufl. München: Beck.

Albrecht, Peter-Alexis (2010): Vom Präventionsstaat zur Sicherheitsgesellschaft - Wege kontinuierlicher Erosion des Rechts. In: Herzog, Felix; Neumann, Ulfrid (Hg.): Festschrift für Winfried Hassemer. Heidelberg: C.F. Müller, S. 3–18.

Albrecht, Peter-Alexis (2011): Die vergessene Freiheit. 3. Aufl. Berlin: BWV.

Albrecht, Peter-Alexis; Backes, Otto (Hg.) (1990): Verdeckte Gewalt. Frankfurt am Main: Suhrkamp.

Albrecht, Peter-Alexis; Schwind, Hans-Dieter; Walter, Michael, et al. (Hg.) (1993): Festschrift Horst Schüler-Springorum zum 65. Geburtstag. Köln u.a.: Heymanns.

Alex, Michael (2006): Sozialtherapie unter den Bedingungen der Gesetzesverschärfungen seit 1998 unter besonderer Berücksichtigung von vorbehaltener und nachträglicher Sicherungsverwahrung. In: StV, S. 105–108.

Alex, Michael (2010): Nachträgliche Sicherungsverwahrung - ein rechtsstaatliches und kriminalpolitisches Debakel. Holzkirchen: Felix.

Alex, Michael; Feltes, Thomas (2010): Nachträgliche Sicherungsverwahrung - Anmerkungen zur aktuellen Diskussion. In: Forum Strafvollzug, S. 159–163.

Alexy, Robert (2011): Theorie der Grundrechte. 1. Aufl. Frankfurt am Main: Suhrkamp.

Althoff, Martina (2004): Das Strafbedürfnis der Bevölkerung. Schweigemärsche und Selbstjustiz als Erscheinungsform von Punitivität. In: Lautmann, Rüdiger; Klimke, Daniela; Sack, Fritz (Hg.): Punitivität. KrimJ, Sonderheft Nr. Sonderheft 8, S. 203–217.

Asbrock, Bernd (2002): Mehr Sicherheit durch mehr Sicherungsverwahrung? In: Betrifft JUSTIZ, S. 371–374.

Ashworth, Andrew (1994): Reform des englischen Strafzumessungsrechts. In: ZStW, Jg. 106, S. 605–624.

Ashworth, Andrew (1997): Ein repressiver Umschwung der englischen Strafjustiz. In: ZStW, Jg. 109, S. 677–685.

Ashworth, Andrew (2010): Sentencing and Criminal Justice. 5. Aufl. Cambridge: University Press.

Ashworth, Andrew; Player, Elaine (2005): Criminal Justice Act 2003: The Sentencing Provisions. In: MLR, S. 822–838.

Bachmann, Mario; Goeck, Ferdinand (2010): Das Urteil des EGMR zur Sicherungsverwahrung und seine Folgen. In: NJ, S. 457–464.

Baier, Helmut (2004): Grenzenlose Sicherheit? Die Unterbringung gefährlicher Rückfalltäter zwischen Bundes- und Landesrecht. In: JURA, S. 552–558.

Baldus, Manfred (2005): Freiheit und Sicherheit nach dem 11. September 2001- Versuch einer Zwischenbilanz. In: KritV, S. 364–374.

Baltzer, Ulrich (2005): Die Sicherung des gefährlichen Gewalttäters. Wiesbaden: Kriminologische Zentralstelle.

Baltzer, Ulrich (2011): Ein (verspäteter?) Vorschlag zur Reform der Sicherungsverwahrung. In: KritV, S. 38–54.

Bammann, Kai; Böllinger, Lorenz; Feest, Johannes; Matt, Eduard; Pollähne, Helmut; Schumann, Karl F. et al. (2002): Kriminalpolitik statt Sicherheitswahn. In: DVJJ-Journal, S. 194–195.

Baratta, Alessandro (2003): Kriminalpolitik und Verfassung. In: KritV, S. 210–231.

Barton, Stephan (Hg.) (2006): "...weil er für die Allgemeinheit gefährlich ist!". Baden-Baden: Nomos.

Barton, Stephan (2006): Prognosegutachten, Neurobiologie, Sicherungsverwahrung: Tagungsverlauf und eigene Stellungnahme. In: Barton, Stephan (Hg.): "...weil er für die Allgemeinheit gefährlich ist!". Baden-Baden: Nomos, S. 11–36.

Bartsch, Tillmann (2010): Anmerkung zu BGH Urt. v. 09.03.2010 - 1 StR 554/09. In: StV, S. 521–524.

Bartsch, Tillmann (2010): Sicherungsverwahrung - Recht, Vollzug, aktuelle Probleme. Baden-Baden: Nomos.

Baumann, Jürgen; Weber, Ulrich; Mitsch, Wolfgang (2003): Strafrecht Allgemeiner Teil. 11. Aufl. Bielefeld: Gieseking.

Baumann, Ulrich (1995): Das Bild des Opfers in der Kriminalitätsdarstellung der Medien. Mainz: Weisser Ring.

Beccaria, Cesare (1998): Über Verbrechen und Strafen. Übersetzt und herausgegeben von Wilhelm Alff. Frankfurt am Main: Insel-Verl.

Beccaria, Cesare (2005): Von den Verbrechen und von den Strafen. Übersetzt von Thomas Vormbaum, mit einer Einführung von Wolfgang Naucke. Berlin: BWV.

Beck, Ulrich (1986): Risikogesellschaft. 1. Aufl., [Nachdr.]. Frankfurt am Main: Suhrkamp.

Benz, Wolfgang; Diestel, Barbara (Hg.) (2009): Der Ort des Terrors. München: Beck.

Best, Dominik (2002): Das Rückwirkungsverbot nach Art. 103 Abs. 2 GG und die Maßregeln der Besserung und Sicherung (§2 Abs. 6 StGB). In: ZStW, Jg. 114, S. 88–129.

Bettermann, Karl August; Nipperdey, Hans Carl; Scheuner, Ulrich (Hg.): Die Grundrechte. Rechtspflege und Grundrechtsschutz. 2. Aufl. (3.Bd, Zweiter Halbband).

Binding, Karl (1907): Grundriss des Deutschen Strafrechts, Allgemeiner Teil. 7. Aufl. Leipzig.

Binnewies, Rolf W. (1970): Kriminologische Untersuchungen an Sicherungsverwahrten. Dissertation. Göttingen.

Birkmeyer, Karl v. (1906): Strafe und sichernde Maßnahme. Rede beim Antritt des Rektoriats der Ludwig Maximilians-Universität. München: Wolf u. Sohn.
Birkmeyer, Karl v. (1907): Was lässt von Liszt vom Strafrecht übrig? München: Beck.
Blau, Günther (1998): Die Sicherungsverwahrung - ein Nekrolog. In: Schwind, Hans-Dieter (Hg.): Festschrift für Hans Joachim Schneider zum 70. Geburtstag. Berlin: de Gruyter, S. 759–776.
BMJ (2010): Diskussionsentwurf des Bundesministeriums der Justiz zum Gesetz zur Neuordnung des Rechts der Sicherungsverwahrung und zur Stärkung der Führungsaufsicht. Online verfügbar unter http://blog.strafrecht-online.de/wp-content/uploads/Sicherungsverwahrung_Diskussionsentwurf_BMJ.pdf, zuletzt geprüft am 01.05.2012.
BMJ (2011): Entwurf eines Gesetzes zur bundesrechtlichen Umsetzung des Abstandsgebotes im Recht der Sicherungsverwahrung. Online verfügbar unter http://www.bmj.de/SharedDocs/Downloads/DE/pdfs/RegE_Gesetz_zur_bundesrechtlichen_Umsetzung_des_Abstandsgebotes_im_Recht_der_Sicherungsverwahrung.pdf.pdf?__blob=publicationFile, zuletzt geprüft am 01.05.2012.
BMJ; BMI (Hg) (2001): Erster Periodischer Sicherheitsbericht. Berlin.
Boberach, Heinz (Hg.) (1975): Richterbriefe. Boppard am Rhein: Boldt.
Bochmann, Christian (2008): Freiheitsentzug bei jugendlichen Straftätern in Europa. In: ZJJ, S. 324–329.
Bochmann, Christian (2009): Entwicklung eines europäischen Jugendstrafrechts. Baden-Baden: Nomos.
Bock, Michael (1991): Ideen und Schimären im Strafrecht. In: ZStW, Jg. 103, S. 636–656.
Bockelmann, Paul (1957): Schuld und Sühne. Göttingen: Vandenhoeck.
Boers, Klaus (1991): Kriminalitätsfurcht. Über den Entstehungszusammenhang und die Folgen eines sozialen Problems. Pfaffenweiler: Centaurus.
Boers, Klaus (1994): Kriminalität und Kriminalitätsfurcht im sozialen Umbruch. In: NK, H. 2, S. 27–31.
Boers, Klaus (2001): Rechtsradikale Gewalttaten als Vehikel für Strafschärfungen? In: NK, S. 10–15.
Boetticher, Axel (1998): Der neue Umgang mit Sexualtätern-eine Zwischenbilanz. In: MschKrim, S. 354–367.
Boetticher, Axel (2005): Aktuelle Entwicklungen im Maßregelvollzug und bei der Sicherungsverwahrung. In: NStZ, S. 417–423.

Boetticher, Axel (2006): Sicherungsverwahrung und Prognosegutachten. In: Barton, Stephan (Hg.): "...weil er für die Allgemeinheit gefährlich ist!". Baden-Baden: Nomos, S. 87–118.

Boetticher, Axel (2011): Für immer Wegsperren? In: Verdikt, H. 1, S. 13–17.

Bohn, Kerstin (2011): Der gesetzliche Richter als rechtsstaatstragendes Prinzip in europäischen Staaten. Frankfurt am Main u.a.: Lang.

Bohnert, Cornelia (1992): Zu Straftheorie und Staatsverständnis im Schulenstreit der Jahrhundertwende. Pfaffenweiler: Centaurus.

Böllinger, Lorenz; Pollähne, Helmut (2010): §§ 66-66b. In: Kindhäuser, Urs; Neumann, Ulfried; Paeffgen, Hans-Ullrich; Albrecht, Hans-Jörg (Hg.): Strafgesetzbuch. 3. Aufl. Baden-Baden: Nomos (1).

Braum, Stefan (2003): Vom Schuldprinzip im nach-präventiven Strafrecht. In: KritV, S. 22–30.

Braum, Stefan (2004): Nachträgliche Sicherungsverwahrung: In dubio pro securitate? In: ZRP, S. 105–108.

Braun, Johann (2011): Einführung in die Rechtsphilosophie. 2. Aufl. Tübingen: Mohr Siebeck.

Bringewat, Peter (2008): Grundbegriffe des Strafrechts. 2. Aufl. Baden-Baden: Nomos.

Britz, Guido u. a. (Hg.) (2001): Festschrift Heinz Müller Dietz zum 70. Geburtstag. München: Beck.

Broda, Christian; Deutsch, Erwin; Schreiber, Hans-Ludwig, et al. (Hg.) (1985): Festschrift für Rudolf Wassermann zum sechzigten Geburtstag. Neuwied: Luchterhand.

Bruhn, Davina (2010): Die Sicherungsverwahrung im Jugendstrafrecht. Hamburg: Kovac.

Bruns, Hans-Jürgen (1959): Die Maßregeln der Besserung und Sicherung im StGB Entwurf 1956. In: ZStW, Jg. 71, S. 210–251.

Bubnoff, E. v. (1976): Anmerkung zu BGH Urteil vom 28.10.1975 - 1 StR 501/75. In: JR, S. 423–424.

Callies, Rolf Peter (2001): Die Strafzwecke und ihre Funktion. In: Britz, Guido u. a. (Hg.): Festschrift Heinz Müller Dietz zum 70. Geburtstag. München: Beck, S. 99–118.

Calliess, Christian (2006): Die grundrechtliche Schutzpflicht im mehrpoligen Verfassungsrechtsverhältnis. In: JZ, S. 321–330.

Cano, Miguel Angel (2004): Die aktuellen kriminalpolitischen Tendenzen im spanischen Jugendstrafrecht (Teil1). In: ZJJ, S. 275–280.

Cano, Miguel Angel (2004): Die aktuellen kriminalpolitischen Tendenzen im spanischen Jugendstrafrecht (Teil2). In: ZJJ, S. 406–415.

Cavadino, Michael; Dignan, James (2011): Penal systems. A comparative approach. London: SAGE.

Cid, Jose (2005): The penitentiary system in Spain: The use of imprisonment, living conditions and rehabilitation. In: Punishment & Society, S. 147–166.

Cid, Jose; Larrauri, Elena (2010): Spanien. In: Dünkel, Frieder; van Lappi-Seppälä, Tapio Morgenstern Christine; Zyl Smit, Dirk (Hg.): Kriminalität, Kriminalpolitik, strafrechtliche Sanktionspraxis und Gefangenenraten im europäischen Vergleich. 2 Bände. Mönchengladbach: Forum, S. 779–812.

Cornel, Heinz (2002): Die Gefährlichkeit von Gefährlichkeits-Prognosen. In: Cornel, Heinz (Hg.): Neue Kriminalpolitik und soziale Arbeit. Baden-Baden: Nomos, S. 97–107.

Cornel, Heinz (Hg.) (2002): Neue Kriminalpolitik und soziale Arbeit. Baden-Baden: Nomos.

Cornils, Karin (2002): Dänemark. In: Albrecht, Hans-Jörg; Kilchling, Michael (Hg.): Jugendstrafrecht in Europa. Freiburg i. Br.: iuscrim, S. 27–50.

Dannecker, Gerhard (1993): Das intertemporale Strafrecht. Tübingen: Mohr.

Denninger, Erhard (2002): Freiheit durch Sicherheit? Anmerkungen zum Terrorismusbekämpfungsgesetz. In: StV, S. 96–102.

Deutsche Gesellschaft für Psychiatrie, Psychotherapie und Nervenheilkunde (DGPPN) (2011): Empfehlungen Nr. 12 /2011 zur Neuregelung der Sicherungsverwahrung angesichts des Urteils des Bundesverfassungsgerichts vom 04.05.2011. Online verfügbar unter http://www.dgppn.de/publikationen/stellungnahmen/detailansicht/select/stellungnahmen-2011/article/141/zur-neuregel.html, zuletzt geprüft am 01.05.2012.

Dignan, James (2010): England/Wales. In: Dünkel, Frieder; Grzywa Johanna; Horsfield, Philip; Pruin, Ineke (Hg.): Juvenile justice systems in Europe. 4 Bände. Mönchengladbach: Forum, Bd. 1, S. 357–398.

Dignan, James; Cavadino, Michael (2010): England/Wales. In: Dünkel, Frieder; van Lappi-Seppälä, Tapio Morgenstern Christine; Zyl Smit, Dirk (Hg.): Kriminalität, Kriminalpolitik, strafrechtliche Sanktionspraxis und Gefangenenraten im europäischen Vergleich. 2 Bände. Mönchengladbach: Forum, Bd. 1, S. 235–262.

Dölling, Dieter (Hg.) (2003): Jus humanum. Grundlagen des Rechts und Strafrecht; Festschrift für Ernst-Joachim Lampe zum 70. Geburtstag. Berlin: Duncker & Humblot.

Dölling, Dieter; Rössner, Dieter; Duttge, Gunnar (Hg.) (2011): Gesamtes Strafrecht. StGB - StPO - Nebengesetze, Handkommentar. 2. Aufl. Baden-Baden: Nomos.

Dollinger, Bernd; Schmidt-Semisch, Henning (Hg.) (2011): Handbuch Jugendkriminalität. 2. Aufl. Wiesbaden: Verlag für Sozialwissenschaften / Springer.

Dörmann, Uwe; Remmers Martin (1998): Sicherheitsgefühl und Kriminalitätsbewertung. Eine Ende 1998 durchgführte Repräsentativbefragung der deutschen Bevölkerung als Replikation früherer Erhebungen. Neuwied u.a.: Luchterhand.

Dörner, Christine (1991): Erziehung durch Strafe. Weinheim u.a.: Juventa.

Dörr, Oliver (2006): Art. 5, Kap. 13. In: Grote, Rainer; Meljnik, Konstantin; Alleweldt, Ralf (Hg.): EMRK/GG. Konkordanzkommentar zum europäischen und deutschen Grundrechtsschutz. Tübingen: Mohr Siebeck.

Dreier, Horst (Hg.) (2008): Grundgesetz Kommentar. 2. Aufl. Tübingen: Mohr Siebeck (3).

Dreier, Ralf (1986): Der Begriff des Rechts. In: NJW, S. 890–896.

Dreier, Ralf (1986): Rechtsbegriff und Rechtsidee. Kants Rechtsbegriff und seine Bedeutung für die gegenwärtige Diskussion. Frankfurt am Main: Metzner.

Dünkel, Frieder (2004): Sicherungsverwahrung (erneut) auf dem Prüfstand. In: NK, S. 42–48.

Dünkel, Frieder; Grzywa Johanna; Horsfield, Philip, et al. (Hg.) (2010): Juvenile justice systems in Europe. 4 Bände. Mönchengladbach: Forum.

Dünkel, Frieder; Kunkat, Angela (2001): Der Staat als Sicherheitsrisiko. In: NK, H. 3, S. 16–18.

Dünkel, Frieder; van Lappi-Seppälä, Tapio Morgenstern Christine; Zyl Smit, Dirk (Hg.) (2010): Kriminalität, Kriminalpolitik, strafrechtliche Sanktionspraxis und Gefangenenraten im europäischen Vergleich. 2 Bände. Mönchengladbach: Forum.

Duttge, Gunnar; Hörnle, Tatjana; Renzikowski, Joachim (2004): Das Gesetz zur Änderung der Vorschriften über die Straftaten gegen die sexuelle Selbstbestimmung. In: NJW, S. 1065–1072.

Düx, Heinz (2006): Sexualstraftaten und Sicherungsverwahrung - Abschied vom rechtsstaatlichen Strafverfahren. In: ZRP, S. 82–85.

DVJJ (2010): Stellungnahme zum Referentenentwurf des Bundesministeriums der Justiz: Entwurf eines Gesetzes zur bundesrechtlichen Umsetzung des Abstandsgebotes im Recht der Sicherungsverwahrung. Online verfügbar unter http://www.dvjj.de/download.php?id=1767, zuletzt geprüft am 01.05.2012.

Dworkin, Ronald (1984): Bürgerrechte ernstgenommen. Frankfurt am Main: Suhrkamp.

Egg, Rudolf (2004): Rückfälligkeit und Gefährlichkeitsprognose. In: Kammeier, Heinz; Michalke, Regina (Hg.): Streben nach Gerechtigkeit, Festschrift für Prof. Dr. Günter Tondorf zum 70. Geburtstag. Münster: LIT, S. 15–28.

Egg, Rudolf (Hg.) (2005): Gefährliche Straftäter. Wiesbaden: Kriminologische Zentralstelle.

Egg, Rudolf (2005): Viktimisierung - Das Risiko Opfer einer Straftat zu werden. In: Pecher, Willi; Rappold, Günther; Schöner, Elsava; Wiencke, Henner; Wydra, Bernhard (Hg.): "...die im Dunkeln sieht man nicht.". Festschrift für Georg Wagner. Herbolzheim: Centaurus, S. 261–273.

Eisenberg, Ulrich (2006): Einzelne Aspekte der Heranziehung psychologischer bzw. psychiatrischer Sachverständiger im Jugendstrafverfahren. In: ZJJ, S. 124–133.

Eisenberg, Ulrich (2006): Gutachterkosten in Verfahren zur Prüfung der Voraussetzungen der vorzeitigen Entlassung aus dem Vollzug freiheitsentziehender Rechtsfolgen. In: JR, S. 57–60.

Eisenberg, Ulrich (2009): Zur (Nicht-)Geeignetheit psychiatrischer Gutachten vor Anordnung nachträglicher Sicherungsverwahrung. In: DRiZ, S. 219–222.

Eisenberg, Ulrich (Hg.) (2010): Jugendgerichtsgesetz. 14. Auflage. München: Beck.

Eisenberg, Ulrich (2011): Anmerkung zu BVerfG, Urt.v. 04.05.2011. In: StV, S. 480–482.

Elberling, Björn (2012): Art. 5. In: Karpenstein, Ulrich; Mayer, Franz C. (Hg.): EMRK Kommentar. München: Beck.

Erpel, Simone (2005): Das Jugendschutzlager Uckermark als Vernichtungslager. In: Limbächer, Katja; Merten, Maike; Pfefferle, Bettina (Hg.): Das Mädchenkonzentrationslager Uckermark. Berlin: Unrast, S. 215–233.

Eschelbach, Ralf (2010): Anmerkung zu EGMR, Urteil vom 17.12.2009 - 19359/04 M./Deutschland. In: NJW, S. 2499-2450.

Eser, Albin (2001): Zur Entwicklung von Maßregeln der Besserung und Sicherung als zweite Spur im Strafrecht. In: Britz, Guido u. a. (Hg.): Festschrift Heinz Müller Dietz zum 70. Geburtstag. München: Beck, S. 213–236.

Eser, Albin; Hassemer, Winfried; Burkhardt, Björn (Hg.) (2000): Die deutsche Strafrechtswissenschaft vor der Jahrtausendwende. München: Beck.

Esser, Robert (2005): Die Umsetzung der Urteile des Europäischen Gerichtshofs für Menschenrechte im nationalen Recht - ein Beispiel für die Dissonanz völkerrechtlicher Verpflichtungen und verfassungsrechtlicher Vorgaben? In: StV, S. 348–355.

Esser, Robert (2011): Sicherungsverwahrung. In: JA, S. 727–734.

Etzel, Matthias (1992): Die Aufhebung von nationalsozialistischen Gesetzen durch den Alliierten Kontrollrat (1945-1948). Tübingen: Mohr.
Fawcett, J. E. S. (1969): The Application of the European Convention on Human Rights. Oxford: Clarendon Press.
Feltes, Thomas (2000): Rückfallprognose und Sicherungsverwahrung: Die Rolle des Sachverständigen. In: StV, S. 281–286.
Feltes, Thomas; Pfeiffer, Christian; Steinhilper, Gernot (Hg.) (2006): Kriminalpolitik und ihre wissenschaftlichen Grundlagen. Festschrift für Professor Dr. Hans Dieter Schwind zum 70. Geburtstag. Heidelberg: C.F. Müller.
Finger, Catrin (2008): Vorbehaltene und nachträgliche Sicherungsverwahrung. Baden-Baden: Nomos.
Fischer, Thomas (Hg.) (2011): Strafgesetzbuch und Nebengesetze, Kommentar. München: Beck.
Flechtheim, Ossip Kurt (1975): Hegels Strafrechtstheorie. 2. Aufl. Berlin: Duncker & Humblot.
Fornauf, Marc (2010): Die Unabhängigkeit der Dritten Gewalt im rechtsstaatlichen Strafrecht. In: KritV, S. 217–232.
Franklin, Benjamin (1759, Nachdruck 1972): An Historical Review of the Constitution and Government of Pennsylvania. Philadelphia: Griffiths.
Frehsee, Detlev (1996): Die Strafe auf dem Prüfstand - Verunsicherungen des Strafrechts angesichts gesellschaftlicher Modernisierungsprozesse. In: StV, S. 222–230.
Freisler, Roland (1938): Ein Querschnitt durch die Fragen der Sicherungsverwahrung. In: Freisler, Roland u. a. (Hg.): Dringende Fragen der Sicherungsverwahrung. Berlin: v. Decker, S. 7–14.
Freisler, Roland (1939): Die rassebiologische Aufgabe bei der Neugestaltung des Jugendstrafrechts. In: Monatsschrift für Kriminalbiologie und Strafrechtsreform, S. 209–214.
Freisler, Roland u. a. (Hg.) (1938): Dringende Fragen der Sicherungsverwahrung. Berlin: v. Decker.
Freund, Georg (2010): Gefahren und Gefährlichkeiten im Straf- und Maßregelrecht. In: GA, S. 193–210.
Frisch, Wolfgang (1982): Das Marburger Programm und die Maßregeln der Besserung und Sicherung. In: ZStW, Jg. 94, S. 565–598.
Frisch, Wolfgang (1990): Die Maßregeln der Besserung und Sicherung im strafrechtlichen Rechtsfolgensystem. In: ZStW, Jg. 102, S. 343–393.
Frisch, Wolfgang (1996): Maßregeln der Besserung und Sicherung. In: Ulsamer, Gerhard (Hg.): Lexikon des Rechts - Strafrecht, Strafverfahrensrecht. 2. Aufl. Neuwied: Luchterhand, S. 603–614.

Frommel, Monika (1980): Die Bedeutung der Tätertypenlehre bei der Entstehung des § 211 StGB im Jahr 1941. In: JZ, S. 559–564.
Frommel, Monika (1987): Präventionsmodelle in der deutschen Strafzweck-Diskussion. Berlin: Duncker & Humblot.
Frowein, Jochen Abraham (2009): Art. 46. In: Frowein, Jochen Abraham; Peukert, Wolfgang (Hg.): Europäische Menschenrechtskonvention. EMRK-Kommentar. 3. Aufl. Kehl: Engel.
Frowein, Jochen Abraham; Peukert, Wolfgang (Hg.) (2009): Europäische Menschenrechtskonvention. EMRK-Kommentar. 3. Aufl. Kehl: Engel.
Gaede, Karsten (2010): Rückwirkende Sicherungsverwahrung – Art. 7 Abs. 1 Satz 2 EMRK als andere gesetzliche Bestimmung im Sinne des § 2 Abs. 6 StGB. In: HRRS, S. 329–339.
Ganshof-van der Meersch, W. J. (1981): Die Bezugnahme auf das innerstaatliche Recht der Vertragsstaaten in der Rechtsprechung des Europäischen Gerichtshofs für Menschenrechte. In: EuGRZ, S. 481–489.
Garland, David (2004): Kriminalitätskontrolle und Spätmoderne in den USA und Großbritannien. In: KrimJ, S. 3–10.
Gazeas, Nikolaos (2005): Nachträgliche Sicherungsverwahrung - Ein Irrweg der Gesetzgebung? In: StraFo, S. 9–15.
Gibson, Bryan; Watkins Michael (2004): Criminal Justice Act 2003. Winchester: Waterside.
Giménez-Salinas, Esther (2002): Wesentliche Eigenschaften des spanischen Jugendstrafrechts. In: Moos, Reinhard (Hg.): Festschrift für Udo Jesionek zum 65. Geburtstag. Wien: Neuer Wiss. Verl, S. 87–102.
Goerdeler, Jochen (2003): Sicherungsverwahrung auch für Heranwachsende? In: ZJJ, S. 185–189.
Goerdeler, Jochen (2004): Die Sicherungsverwahrung wird ausgeweitet. In: ZJJ, S. 191–194.
Goldson, B.; Coles D. (2005): In the Care of State?Child Deaths in Penal Custody in England and Wales. London: INQUEST.
Goll, Ulrich; Wulf, Rüdiger (2001): Schutz vor besonders rückfallgefährdeten Straftätern: Das baden-württembergische Modell. In: ZRP, S. 284–287.
Grabenwarter, Christoph; Pabel, Katharina (2012): Europäische Menschenrechtskonvention. 5. Aufl. München: Beck u.a.
Graebsch, Christine (2008): Sicherungsverwahrung im Jugendstrafrecht. In: ZJJ, S. 284–287.
Graebsch, Christine (2009): Der Gesetzgeber als gefährlicher Wiederholungstäter. In: Müller, Henning Ernst; Sander, Günther M.; Válková, Helena (Hg.): Festschrift für Ulrich Eisenberg zum 70. Geburtstag. München: Beck, S. 725–740.

Grafl, Christian; Medigovic, Ursula (Hg.) (2004): Festschrift für Manfred Burgstaller zum 65. Geburtstag. Wien: Neuer Wiss. Verl.
Graham, John (1998): Aktuelle Entwicklungen in der Jugendjustiz in England und Wales. In: DVJJ-Journal, S. 317–321.
Greger, Anette (2010): Herausforderung Sicherungsverwahrung. In: NStZ, S. 676–680.
Grosse-Brömer, Michael; Klein, Oliver (2010): Sicherungsverwahrung als Verfassungsauftrag. In: ZRP, S. 172–175.
Grote, Rainer; Meljnik, Konstantin; Alleweldt, Ralf (Hg.) (2006): EMRK/GG. Konkordanzkommentar zum europäischen und deutschen Grundrechtsschutz. Tübingen: Mohr Siebeck.
Grünwald, Gerald (1964): Sicherungsverwahrung, Arbeitshaus, vorbeugende Verwahrung und Sicherungsaufsicht im Entwurf 1962. In: ZStW, Jg. 76, S. 633–668.
Günther, Klaus (1999): Abschaum. Moralisierung des Rechts und Verrechtlichung der Moral im gegenwärtigen Strafrecht. In: Kursbuch, Jg. 136, S. 159–173.
Guse, Martin (2009): Die Jugendschutzlager in Moringen und Uckermark. In: Benz, Wolfgang; Diestel, Barbara (Hg.): Der Ort des Terrors. München: Beck, S. 100–114.
Haffke, Bernhard (2005): Vom Rechtsstaat zum Sicherheitsstaat. In: KritJ, S. 17–35.
Hanack, Ernst-Walter (2006): §§ 61-68g. In: Hanack, Ernst-Walter; Jähnke, Burkhard; Laufhütte, Heinrich Wilhelm; Oderssky, Walter (Hg.): Strafgesetzbuch. Leipziger Kommentar. 11. Aufl. Berlin u.a.: de Gruyter (3).
Hanack, Ernst-Walter; Jähnke, Burkhard; Laufhütte, Heinrich Wilhelm, et al. (Hg.) (2006): Strafgesetzbuch. Leipziger Kommentar. 11. Aufl. Berlin u.a.: de Gruyter (3).
Hansen, Ralf (1999): Eine Widerkehr des Leviathan? Starker Staat und neue Sicherheitsgeselschaft. In: KritJ, S. 231–253.
Hartmann, Klaus (1996): Lebenswege nach Heimerziehung. Freiburg im Breisgau: Rombach.
Hassemer, Winfried (1975): Theorie und Soziologie des Verbrechens. Kronberg/Ts.: Scriptor.
Hassemer, Winfried (1989): Symbolisches Strafrecht und Rechtsgüterschutz. In: NStZ, S. 553–561.
Hassemer, Winfried (1990): Einführung in die Grundlagen des Strafrechts. 2. Aufl. München: Beck.
Hassemer, Winfried (2005): Sicherheitsbedürfnis und Grundrechtsschutz: Umbau des Rechtsstaats. In: StraFo, S. 312–318.

Hassemer, Winfried (2006): Sicherheit durch Strafrecht. In: HRRS, S. 130–144.
Hassemer, Winfried (2006): Strafrecht, Prävention, Vergeltung. In: ZIS, S. 266–273.
Hassemer, Winfried; Lüderssen, Klaus; Naucke, Wolfgang (Hg.) (1979): Hauptprobleme der Generalprävention. Frankfurt am Main: Metzner.
Haverkamp, Rita (2007): Neuere Entwicklungen im Jugendstrafrecht in Schweden und in Finnland. In: RdJB, S. 167–188.
Hegel, Georg Wilhelm Friedrich (1968): Philosophische Propädeutik. Studienausgabe in 3 Bänden. Frankfurt a. M.: Fischer (3).
Hegel, Georg Wilhelm Friedrich (1970): Grundlinien der Philosophie des Rechts. Werke in 20 Bänden. Frankfurt a. M.: Suhrkamp (7).
Heinrich, Manfred; Achenbach, Hans; Amelung, Knut, et al. (Hg.) (2011): Strafrecht als Scientia Universalis. Festschrift für Claus Roxin zum 80. Geburtstag am 15. Mai 2011. Berlin: de Gruyter.
Heinz, Wolfgang (2006): Freiheitsentziehende Maßregeln der Besserung und Sicherung - Stand und Entwicklung anhand statistischer Eckdaten der amtlichen Strafrechtspflegestatistiken. In: Feltes, Thomas; Pfeiffer, Christian; Steinhilper, Gernot (Hg.): Kriminalpolitik und ihre wissenschaftlichen Grundlagen. Festschrift für Professor Dr. Hans Dieter Schwind zum 70. Geburtstag. Heidelberg: C.F. Müller, S. 893–926.
Hellmer, Joachim (1961): Der Gewohnheitsverbrecher und die Sicherungsverwahrung. Berlin: Duncker & Humblot.
Her Majesty's Inspectorate of Prisons for England and Wales (2001): A Second Chance. Online verfügbar unter http://www.justice.gov.uk/downloads/publications/hmipris/thematic-reports-and-research-publications/a-second-chance-rps.pdf, zuletzt geprüft am 01.05.2012.
Herz, Anette (2002): England & Wales. In: Albrecht, Hans-Jörg; Kilchling, Michael (Hg.): Jugendstrafrecht in Europa. Freiburg i. Br.: iuscrim, S. 81–136.
Herzog, Felix (2005): Risikogesellschaft, Risikostrafrecht, Risikoregulierung. In: Neumann, Ulfrid; Prittwitz, Cornelius (Hg.): Kritik und Rechtfertigung des Strafrechts. Frankfurt am Main: Lang, S. 117–130.
Herzog, Felix; Neumann, Ulfrid (Hg.) (2010): Festschrift für Winfried Hassemer. Heidelberg: C.F. Müller.
Hesse, Konrad (1999): Grundzüge des Verfassungsrechts der Bundesrepublik Deutschland. Neudr. der 20. Aufl. Heidelberg: Müller.
Hobbes, Thomas (1996): Leviathan. Mit einer Einführung und herausgegeben von Hermann Klenner. Hamburg: Meiner.
Höffe, Otfried (1987): Politische Gerechtigkeit. Frankfurt am Main: Suhrkamp.
Höffe, Otfried (2001): Kleine Geschichte der Philosophie. München: Beck.

Hoffmann-Riem, Wolfgang (2006): Kontrolldichte und Kontrollfolgen beim nationalen und europäischen Schutz von Freiheitsrechten in mehrpoligen Rechtsverhältnissen. In: EuGRZ, S. 492–499.
Hofmann, Hasso (2011): Einführung in die Rechts- und Staatsphilosophie. 5. Aufl. Darmstadt: WBG.
Horn, Norbert (Hg.) (1982): Europäisches Rechtsdenken in Geschichte und Gegenwart. Festschrift für Helmut Coing zum 70. Geburtstag. 2 Bände. München: Beck (1).
Hörnle, Tatjana (2006): Deskriptive und normative Dimension des Begriffs "Feindstrafrecht". In: GA, S. 80–113.
Hörnle, Tatjana (2011): Der Streit um die Sicherungsverwahrung. In: NStZ, S. 488–493.
Horstkotte, Hartmuth (2005): Einführung. In: Egg, Rudolf (Hg.): Gefährliche Straftäter. Wiesbaden: Kriminologische Zentralstelle, S. 15–25.
Institut für Kriminalwissenschaften und Rechtsphilosophie Frankfurt a.M. (Hg.) (1999): Irrwege der Strafgesetzgebung. Unter Mitarbeit von Peter-Alexis Albrecht, Dirk Fabricius und Klaus Günther et al. Frankfurt a. M. u.a.
Isensee, Josef (1983): Das Grundrecht auf Sicherheit. Berlin u.a.: de Gruyter.
Jacobs, Francis Geoffrey; White, Robin C. A.; Ovey, Clare (2006): Jacobs and White. The European Convention on Human Rights. 4. ed. Oxford: Oxford Univ. Press.
Jähnke, Burkhard (2010): Zur Erosion des Verfassungsatzes " Keine Strafe ohne Gesetz". In: ZIS, S. 463–470.
Jakobs, Günther (1991): Strafrecht, Allgemeiner Teil. 2. Aufl. Berlin: de Gruyter.
Jakobs, Günther (2000): Das Selbstverständnis der Strafrechtswissenschaft vor den Herausforderungen der Gegenwart. In: Eser, Albin; Hassemer, Winfried; Burkhardt, Björn (Hg.): Die deutsche Strafrechtswissenschaft vor der Jahrtausendwende. München: Beck, S. 47–56.
Jakobs, Günther (2004): Bürgerstrafrecht und Feindstrafrecht. In: HRRS, S. 88–95.
Jansing, Jan-David (2004): Nachträgliche Sicherungsverwahrung. Münster: LIT.
Jarass, Hans D. (2009): Art. 104. In: Jarass, Hans D.; Pieroth, Bodo (Hg.): Grundgesetz. 10. Aufl. München: Beck.
Jarass, Hans D. (2009): Art. 2. In: Jarass, Hans D.; Pieroth, Bodo (Hg.): Grundgesetz. 10. Aufl. München: Beck.
Jarass, Hans D.; Pieroth, Bodo (Hg.) (2009): Grundgesetz. 10. Aufl. München: Beck.

Jescheck, Hans Heinrich (1968): Die kriminalpolitische Konzeption des Alternativentwurfs eines Strafgesetzbuches (Allgemeiner Teil). In: ZStW, Jg. 80, S. 54–88.

Jescheck, Hans-Heinrich; Weigend, Thomas (1996): Lehrbuch des Strafrechts. Allgemeiner Teil. 5. Aufl. Berlin: Duncker & Humblot.

Jung, Heike (1985): Rückwirkungsverbot und Maßregel. In: Broda, Christian; Deutsch, Erwin; Schreiber, Hans-Ludwig; Vogel, Hans-Jochen (Hg.): Festschrift für Rudolf Wassermann zum sechzigten Geburtstag. Neuwied: Luchterhand, S. 875–887.

Jung, Heike (2002): Was ist Strafe. Baden-Baden: Nomos.

Jung, Heike (2010): Die Sicherungsverwahrung auf dem Prüfstand der EMRK. In: GA, S. 639–644.

Jung, Heike; Müller-Dietz, Heinz; Neumann, Ulfrid (Hg.) (1996): Perspektiven der Strafrechtsentwicklung. Baden-Baden: Nomos.

Jureit, Ulrike (1995): Erziehen, Strafen, Vernichten. Münster: Waxmann.

Kadelbach, Stefan (2006): Art. 7, Kap 15. In: Grote, Rainer; Meljnik, Konstantin; Alleweldt, Ralf (Hg.): EMRK/GG. Konkordanzkommentar zum europäischen und deutschen Grundrechtsschutz. Tübingen: Mohr Siebeck.

Kaiser, Günther (1990): Befinden sich die kriminalrechtlichen Maßregeln in der Krise? Heidelberg: Müller.

Källmann, Eva (2005): Das neue Jugendstrafrecht in Spanien - Vorbild für ein 2. JGG ÄndG? Marburg: Logos.

Kammeier, Heinz (1996): Maßregelrecht. Berlin: de Gruyter.

Kammeier, Heinz; Michalke, Regina (Hg.) (2004): Streben nach Gerechtigkeit, Festschrift für Prof. Dr. Günter Tondorf zum 70. Geburtstag. Münster: LIT.

Kant, Immanuel (1968): Die Metaphysik der Sitten. Kants Werke Akademie Textausgabe. Berlin: de Gruyter (VI).

Kant, Immanuel (1968): Grundlegung zur Metaphysik der Sitten. Kants Werke Akademie Textausgabe. Berlin: de Gruyter (IV).

Karpenstein, Ulrich; Mayer, Franz C. (Hg.) (2012): EMRK Kommentar. München: Beck.

Kempe, G. Th (1969): Franz von Liszt und die Kriminologie. In: ZStW, Jg. 81, S. 804–829.

Kern, Johannes (1997): Aktuelle Befunde zur Sicherungsverwahrung. Ein Beitrag zur Problematik des § 66 StGB. In: ZfStrVO, S. 19–24.

Kersting, Wolfgang (1984): Wohlgeordnete Freiheit. Berlin: de Gruyter.

Kersting, Wolfgang (1994): Die politische Philosophie des Gesellschaftsvertrags. Darmstadt: Wiss. Buchges.

Kindhäuser, Urs; Neumann, Ulfried; Paeffgen, Hans-Ullrich, et al. (Hg.) (2010): Strafgesetzbuch. 3. Aufl. Baden-Baden: Nomos (1).
Kinzig, Jörg (1996): Die Sicherungsverwahrung auf dem Prüfstand. Freiburg i. Br.: Ed. iuscrim Max-Planck-Inst. für Ausländisches und Internat. Strafrecht.
Kinzig, Jörg (1997): Die Praxis der Sicherungsverwahrung. In: ZStW, Jg. 109, S. 122–164.
Kinzig, Jörg (2000): Schrankenlose Sicherheit? - Das Bundesverfassungsgericht vor der Entscheidung über die Geltung des Rückwirkungsverbots im Maßregelrecht. In: StV, S. 330–335.
Kinzig, Jörg (2002): Das Gesetz zur Einführung der vorbehaltenen Sicherungsverwahrung. In: NJW, S. 3204–3208.
Kinzig, Jörg (2002): Neues von der Sicherungsverwahrung. In: StV, S. 500–504.
Kinzig, Jörg (2004): Kriminalpolitik durch das Volk. In: Kammeier, Heinz; Michalke, Regina (Hg.): Streben nach Gerechtigkeit, Festschrift für Prof. Dr. Günter Tondorf zum 70. Geburtstag. Münster: LIT, S. 157–179.
Kinzig, Jörg (2004): Umfassender Schutz vor dem gefährlichen Straftäter? Das Gesetz zur Einführung der nachträglichen Sicherungsverwahrung. In: NStZ, S. 655–660.
Kinzig, Jörg (2007): Entwicklung, Stand und Perspektiven einer Sicherungsverwahrung für Jugendliche und Heranwachsende. In: RdJB, S. 155–167.
Kinzig, Jörg (2008): Die Einführung der nachträglichen Sicherungsverwahrung für Jugendliche. In: ZJJ, S. 245–250.
Kinzig, Jörg (2010): Anmerkung zu BGH Urt. v. 09.03.2010 - 1StR 554/09. In: JZ, S. 689–692.
Kinzig, Jörg (2010): Das Recht der Sicherungsverwahrung nach dem Urteil des EGMR in Sachen M. gegen Deutschland. In: NStZ, S. 233–239.
Kinzig, Jörg (2010): Die Legalbewährung gefährlicher Rückfalltäter. 2. Aufl. Freiburg i. Br.: Duncker & Humblot.
Kinzig, Jörg (2011): Die Neuordnung des Rechts der Sicherungsverwahrung. In: NJW, S. 177–182.
Kinzig, Jörg (2011): Stand und Zukunft der Sicherungsverwahrung. In: StraFo, S. 429–437.
Kögler, Matthias (1988): Die zeitliche Unbestimmtheit freiheitsentziehender Sanktionen des Strafrechts. Frankfurt am Main: Lang.
Köhler, Michael (1986): Der Begriff der Strafe. Heidelberg: v. Decker.
Köhler, Michael (1997): Strafrecht Allgemeiner Teil. Berlin: Springer.
Kohlrausch, Eduard (1932): Die geistesgeschichtliche Krise des Strafrechts. Berlin: Preußische Druckerei- und Verl.-Aktienges.

Köhne, Michael (2012): Fünf Landesstrafvollzugskonzepte ein "Wettbewerb der besten Praxis"? In: JR, S. 14–17.
Koller, Matthias (2011): Neuordnung der Sicherungsverwahrung. In: DRiZ, S. 127–132.
Kötter, Matthias (2003): Das Sicherheitsrecht der Zivilgesellschaft. In: KritJ, S. 64–81.
Kowalczyk, Markus (2002): Das neue Jugendstrafrecht in den Niederlanden. In: DVJJ-Journal, S. 378–387.
Koydl, Wolfgang (2010): Was tun, wenn Kinder töten? In: Süddeutsche Zeitung, 17.03.2010, S. 6.
Krauß, Detlef (1989): Sicherheitsstaat und Strafverteidigung. In: StV, S. 315–325.
Krehl, Christoph (2012): Anmerkung zu BVerfG, Beschl. v. 15.09.2011 - 2 BvR 1516/11. In: StV, S. 27–31.
Kreissl, Reinhard (2008): Öffentliche Inszenierung und Sicherheitsfragen. In: KritV, S. 322–332.
Kreuzer, Arthur (2006): Nachträgliche Sicherungsverwahrung – rote Karte für gefährliche Gefangene oder für den rechtsstaatlichen Vertrauensschutz? In: ZIS, S. 145–151.
Kreuzer, Arthur (2010): Sicherungsverwahrung nach Jugendstrafrecht angesichts divergierender Urteile des BGH und EGMR. In: NStZ, S. 473–479.
Kreuzer, Arthur (2010): Strafrecht als präventiver Opferschutz? In: NK, S. 89–95.
Kreuzer, Arthur (2011): Beabsichtigte bundesgesetzliche Neuordnung des Rechts der Sicherungsverwahrung. In: ZRP, S. 7–11.
Kreuzer, Arthur (2011): Neuordnung der Sicherungsverwahrung: Fragmentarisch und Fragwürdig trotz sinnvoller Ansätze. In: StV, S. 122–132.
Kreuzer, Arthur (2011): Sicherungsverwahrung. In: Kriminalistik, S. 3–13.
Kreuzer, Arthur (2011): Stellungnahme zum Entwurf eines Gesetzes zur bundesrechtlichen Umsetzung des Abstandsgebotes im Recht der Sicherungsverwahrung. Online verfügbar unter http://www.arthur-kreuzer.de/BMJ-E_Abstandsgebot_Stellungn.11-2011.pdf, zuletzt geprüft am 01.05.2011.
Kreuzer, Arthur; Bartsch, Tillmann (2008): Zu einer neuen Strukturierung des Sicherungsverwahrungsrechts. In: GA, S. 655–668.
Kreuzer, Arthur; Bartsch, Tillmann (2011): Teilbewältigung der Diskrepanz zwischen BVerfG und EGMR zur nachträglichen Verlängerung oder Anordnung der Sicherungsverwahrung. In: StV, S. 472–480.
Kröber, Hans Ludwig (2012): Der Hang: Comeback als psychische Störung. In: StV, S. 1.

Kubink, Michael (2002): Strafen und ihre Alternativen im zeitlichen Wandel. Berlin: Duncker & Humblot.

Kunz, Karl-Ludwig (2004): Kriminologie. 4. Aufl. Bern u.a.: Haupt.

Kunz, Karl-Ludwig (2005): Grundzüge der heutigen Kriminalpolitik. In: NK, S. 151–156.

Kunz, Karl-Ludwig (2006): Die Sicherung als gefährlich eingestufter Rechtsbrecher: Von der Strategie der Inklusion zur strafrechtlichen Exklusion. In: Barton, Stephan (Hg.): "...weil er für die Allgemeinheit gefährlich ist!". Baden-Baden: Nomos, S. 71–86.

Kunz, Thomas (2006): Innere Sicherheit als Gefahr. In: KrimJ, S. 82–97.

Kury, Helmut; Kania, Harald; Obergfell-Fuchs, Joachim (2004): Worüber sprechen wir, wenn wir über Punitivität sprechen? Versuch einer konzeptionellen und empirischen Begriffsbestimmung. In: Lautmann, Rüdiger; Klimke, Daniela; Sack, Fritz (Hg.): Punitivität. KrimJ, Sonderheft Nr. Sonderheft 8, S. 51–88.

Kury, Helmut; Obergfell-Fuchs, Joachim (2006): Punitivität in Deutschland. In: Feltes, Thomas; Pfeiffer, Christian; Steinhilper, Gernot (Hg.): Kriminalpolitik und ihre wissenschaftlichen Grundlagen. Festschrift für Professor Dr. Hans Dieter Schwind zum 70. Geburtstag. Heidelberg: C.F. Müller, S. 1021–1043.

La Cuesta, José de (2002): Spanien. In: Albrecht, Hans-Jörg; Kilchling, Michael (Hg.): Jugendstrafrecht in Europa. Freiburg i. Br.: iuscrim, S. 415–436.

La Cuesta, José de; Gimenez-Salinas, Esther; Castany Bernat; Blanco, Isidoro (2010): Spain. In: Dünkel, Frieder; Grzywa Johanna; Horsfield, Philip; Pruin, Ineke (Hg.): Juvenile justice systems in Europe. 4 Bände. Mönchengladbach: Forum, Bd. 3.

Lappi-Seppälä, Tapio (2010): Finnland. In: Dünkel, Frieder; van Lappi-Seppälä, Tapio Morgenstern Christine; Zyl Smit, Dirk (Hg.): Kriminalität, Kriminalpolitik, strafrechtliche Sanktionspraxis und Gefangenenraten im europäischen Vergleich. 2 Bände. Mönchengladbach: Forum, Bd. 1, S. 299–366.

Laub, John H.; Sampson, Robert J. (2006): Shared beginnings, divergent lives. Delinquent boys to age 70. Cambridge: Harvard Univ. Press.

Laubenthal, Klaus (2004): Die Renaissance der Sicherungsverwahrung. In: ZStW, Jg. 116, S. 703–750.

Laubenthal, Klaus; Baier, Hellmut (2006): Jugendstrafrecht. Berlin: Springer.

Laue, Christian (2010): Die Sicherungsverwahrung auf dem europäischen Prüfstand. In: JR, S. 198–204.

Lautmann, Rüdiger; Klimke, Daniela; Sack, Fritz (Hg.) (2004): Punitivität. In: KrimJ, Sonderheft 8.

Leygraf, Norbert (2003): Sexualstraftäter: Welches Restrisiko ist der Gesellschaft zumutbar? In: DRiZ, S. 331–334.
Leygraf, Norbert (2010): "Schrecklich unausgegoren". In: Spiegel, Ausgabe 35, 30.08.2010, S. 17.
Leygraf, Norbert (2010): Stellungnahme zur Anhörung des Rechtsausschusses am 10.11.2010 zum „Entwurf eines Gesetzes zur Neuordnung des Rechts der Sicherungsverwahrung und zu begleitenden Regelungen“. Online verfügbar unter http://www.bundestag.de/bundestag/ausschuesse17/a06/anhoerungen/archiv/02_Sicherungsverwahrung/04_Stellungnahmen/Stellungnahme_Leygraf.pdf.
Limbach, Jutta (2003): Die Demokratie und ihre Bürger. München: Beck.
Limbächer, Katja; Merten, Maike; Pfefferle, Bettina (Hg.) (2005): Das Mädchenkonzentrationslager Uckermark. Berlin: Unrast.
Lindemann, Michael (2001): Die Behandlung der Unbehandelbaren. In: R&P, S. 21–27.
Liszt, Franz v. (1882 Nachdruck 1970): Der Zweckgedanke im Strafrecht. In: Strafrechtliche Vorträge und Aufsätze Bd. 1, S. 126–179.
Liszt, Franz v. (1893 Nachdruck 1970): Die deterministischen Gegner der Zweckstrafe. In: Strafrechtliche Vorträge und Aufsätze Bd. 2, S. 25–74.
Liszt, Franz v. (1902 Nachdruck 1970): Nach welchen Grundsätzen ist die Revision des Strafgesetzbuchs in Aussicht zu nehmen? In: Strafrechtliche Vorträge und Aufsätze Bd. 2, S. 356–410.
Liszt, Franz v. (1905): Lehrbuch des deutschen Strafrechts. 14. Aufl. Berlin: Guttentag.
Livingstone, Stephen (2008): Prison Law. 4. Aufl. Unter Mitarbeit von Tim Owen und Alison Macdonald. Oxford: University Press.
Llompart, José (1976): Die Geschichtlichkeit der Rechtsprinzipien. Frankfurt am Main: Klostermann.
Loch, Dietmar (2001): Die radikale Rechte in der westlichen Demokratie. In: Loch, Dietmar; Heitmeyer, Wilhelm (Hg.): Schattenseiten der Globalisierung. Frankfurt a.M.: Suhrkamp, S. 463–496.
Loch, Dietmar; Heitmeyer, Wilhelm (Hg.) (2001): Schattenseiten der Globalisierung. Frankfurt a.M.: Suhrkamp.
Lüderssen, Klaus (2006): Die ewige Versuchung des Täterstrafrechts. In: KritJ, S. 361–367.
Mansel, Jürgen (2004): Wiederkehr autoritärer Aggression. Soziale Desintegration und gruppenbezogene Menschenfeindlichkeit. In: Lautmann, Rüdiger; Klimke, Daniela; Sack, Fritz (Hg.): Punitivität. KrimJ, Sonderheft Nr. Sonderheft 8, S. 104–135.

Marxen, Klaus (1975): Der Kampf gegen das liberale Strafrecht. Berlin: Duncker & Humblot.

Maunz, Theodor; Dürig, Günter u. a. (Hg.): Grundgesetz Kommentar. München: Beck.

Mayer, Hellmuth (1953): Strafrecht Allgemeiner Teil. Köln: Kohlhammer.

Medina, Juanjo (2005): Inseguridad ciudadana, miedo al delito y policía en espana. In: Revista Electrónica de Ciencia Penal y Criminología, H. 03, S. 6–14.

Medina-Ariza, Juanjo (2006): Politics of crime in Spain, 1978-2004. In: Punishment & Society, S. 183–201.

Meier, Bernd-Dieter (2007): § 3 Jugendkriminalität - Erscheinungsformen und Ursachen. In: Meier, Bernd-Dieter; Rössner, Dieter; Schöch, Heinz (Hg.): Jugendstrafrecht. 2. Aufl. München: Beck .

Meier, Bernd-Dieter (2009): Strafrechtliche Sanktionen. 3. Aufl. Berlin: Springer.

Meier, Bernd-Dieter; Rössner, Dieter; Schöch, Heinz (Hg.) (2007): Jugendstrafrecht. 2. Aufl. München: Beck.

Merten, Detlef (2006): Das Prinzip der Freiheit im Gefüge der Staatsfundamentalbestimmungen. In: Merten, Detlef; Papier, Hans-Jürgen (Hg.): Handbuch der Grundrechte in Deutschland und Europa. Heidelberg: C.F. Müller (2), S. 111-156, § 27.

Merten, Detlef; Papier, Hans-Jürgen (Hg.) (2006): Handbuch der Grundrechte in Deutschland und Europa. Heidelberg: C.F. Müller (2).

Meyer-Ladewig, Jens (Hg.) (2011): Europäische Menschenrechtskonvention. 3. Aufl. Baden-Baden: Nomos.

Mezger, Edmund (1944): Kriminalpolitik und ihre kriminologischen Grundlagen. 3. Aufl. Stuttgart: Enke.

Michaud, Yves (2002): Entrevista con Michaud: „La seguridad es, a la vez, una óbsession y una ficción“. In: El país/Online, 30.06.2002. Online verfügbar unter elpais.com/diario/2002/06/30/domingo/1025409155_850215.html, zuletzt geprüft am 01.05.2012.

Milde, Oliver (2006): Die Entwicklung der Normen zur Anordnung der Sicherungsverwahrung in den Jahren von 1998 bis 2004. Hamburg: Kovac.

Ministerie van Justitie (2011): Justiele Jeugd Inrichtung (JJI) 2005-2010. Online verfügbar unter http://www.dji.nl/Organisatie/Feiten-en-cijfers/, zuletzt geprüft am 01.05.2012.

Ministerio del Interior (2006): Anuario Estadístico del Ministerio del Interior 2006. Online verfügbar unter http://www.interior.gob.es/publicaciones-descarga-17/seguridad-ciudadana-986, zuletzt geprüft am 01.05.2012.

Ministerio del Interior (2009): Evolución de la criminalidad 2009. Online verfügbar unter http://www.interior.gob.es/anuarios-estadisticos-12/enlace-directo-a-la-estadistica-de-seguridad-delitos-y-faltas-y-detenciones-1180, zuletzt geprüft am 01.05.2012.

Ministry of Justice (2010): Offender Management Caseload Statistics 2009. Online verfügbar unter http://www.justice.gov.uk/downloads /statistics/mojstats/omcs-2009-complete-210710a.pdf, zuletzt geprüft am 01.05.2012.

Ministry of Justice (2011): About the Youth Justice Board. Online verfügbar unter www.justice.gov.uk/about/yjb, zuletzt geprüft am 01.05.2012.

Möllers, Martin (2010): Die Einkesselung des EGMR durch BVerfG und BGH bei der Anordnung der nachträglichen Sicherungsverwahrung. In: ZRP, S. 153–156.

Moos, Reinhard (Hg.) (2002): Festschrift für Udo Jesionek zum 65. Geburtstag. Wien: Neuer Wiss. Verl.

Morgenstern, Christine (2011): Bestrafen, Verwahren und danach Therapieren? - Das neue Therapie-Unterbringungsgesetz in der Kritik. In: NK, S. 55–59.

Mosbacher, Andreas (2011): Das aktuelle Recht der Sicherungsverwahrung im Überblick. In: HRRS, S. 229–247.

Müller, Christian (1997): Das Gewohnheitsverbrechergesetz vom 24. November 1933. Baden-Baden: Nomos.

Müller, Christian (2004): Verbrechensbekämpfung im Anstaltsstaat. Göttingen: Vandenhoeck.

Müller, Henning Ernst (2010): Die Sicherungsverwahrung, das Grundgesetz und die europäische Menschenrechtskonvention. In: StV, S. 207–212.

Müller, Henning Ernst; Sander, Günther M.; Válková, Helena (Hg.) (2009): Festschrift für Ulrich Eisenberg zum 70. Geburtstag. München: Beck.

Müller, Jens Christian (1993): Die Legitimation des Rechts durch die Erfindung des symbolischen Rechts. In: KrimJ, S. 82–97.

Müller-Christmann, Bernd (1990): Die Maßregeln der Besserung und Sicherung. In: JuS, S. 801–805.

Müller-Dietz, Heinz (1999): Anmerkung zu BGH Urt. v. 21.04.1998 - 1 StR 103/98. In: StV, S. 482–485.

Müller-Isberger, Rüdiger; Nedopil, Norbert; Horstkotte, Hartmuth; Schöch, Heinz; Schüler-Springorum, Horst (1998): Entwurf eines Gesetzes zur Bekämpfung von Sexualdelikten und anderen gefährlichen Straftaten (Bt-Drs. 13/7163) - Offener Brief an den Vorsitzenden des Rechtsausschusses des Deusztchen Bundestages. In: MschKrim, S. 47–49.

Müller-Tuckfeld, Jens Christian (1998): Integrationsprävention. Frankfurt a. M.: Lang.
Munoz Conde, Francisco (2010): Das Erbe Franz von Liszts. In: Herzog, Felix; Neumann, Ulfrid (Hg.): Festschrift für Winfried Hassemer. Heidelberg: C.F. Müller, S. 535–558.
Murswiek, Dietrich (2007): Art. 2. In: Sachs, Michael (Hg.): Grundgesetz Kommentar. 4. Aufl. München: Beck.
Mushoff, Tobias (2004): Sicherungsverwahrung und Rückwirkungsverbot-Gesetzesdefinitorische oder wirkungsorientierte Betrachtung? In: KritV, S. 137–152.
Mushoff, Tobias (2008): Strafe - Maßregel - Sicherungsverwahrung. Frankfurt am Main: Lang.
Mushoff, Tobias (2008): Verwahrvollzug Light? In: NK, S. 67–71.
Naucke, Wolfgang (1962): Kant und die psychologische Zwangstheorie. Hamburg: Hansischer Gildenverlag.
Naucke, Wolfgang (1975): Tendenzen in der Strafrechtsentwicklung. Karlsruhe: C.F. Müller.
Naucke, Wolfgang (1979): Generalprävention und Grundrechte der Person. In: Hassemer, Winfried; Lüderssen, Klaus; Naucke, Wolfgang (Hg.): Hauptprobleme der Generalprävention. Frankfurt am Main: Metzner, S. 9–28.
Naucke, Wolfgang (1982): Die Kriminalpolitik des Marburger Programms. In: ZStW, Jg. 94, S. 525–564.
Naucke, Wolfgang (1982): Die Mißachtung des strafrechtlichen Rückwirkungsverbots 1933-1945. In: Horn, Norbert (Hg.): Europäisches Rechtsdenken in Geschichte und Gegenwart. Festschrift für Helmut Coing zum 70. Geburtstag. 2 Bände. München: Beck (1), S. 225–247.
Naucke, Wolfgang (1989): Gesetzlichkeit und Kriminalpolitik. In: JuS, S. 862–867.
Naucke, Wolfgang (1993): Schwerpunkverlagerungen im Strafrecht. In: KritV, S. 135–162.
Naucke, Wolfgang (1996): Die strafjuristische Privilegierung staatsverstärkter Kriminalität. Frankfurt am Main: Klostermann.
Naucke, Wolfgang (1999): Konturen eines nach-präventiven Strafrechts. In: KritV, S. 336–354.
Naucke, Wolfgang (2000): Über die Zerbrechlichkeit des rechtsstaatlichen Strafrechts. Baden-Baden: Nomos.
Naucke, Wolfgang (2002): Strafrecht. 10. Aufl. Neuwied: Luchterhand.
Naucke, Wolfgang (2010): Die robuste Tradition des Sicherheitsstrafrechts. In: KritV, S. 129–136.

Naucke, Wolfgang (2010): Schulenstreit? In: Herzog, Felix; Neumann, Ulfrid (Hg.): Festschrift für Winfried Hassemer. Heidelberg: C.F. Müller, S. 559–572.

Naucke, Wolfgang; Harzer, Regina (2005): Rechtsphilosophische Grundbegriffe. 5. Aufl. Neuwied: Luchterhand.

Nedopil, Norbert (1998): Folgen der Änderung des § 67 d II StGB für den Maßregelvollzug und die Begutachtung. In: MschKrim, S. 44–47.

Nedopil, Norbert (2002): Prognosebegutachtungen bei zeitlich begrenzten Freiheitsstrafen - Eine sinnvolle Lösung für problematische Fragestellungen? In: NStZ, S. 344–349.

Nedopil, Norbert (2002): Prognostizierte Auswirkungen der Gestzesänderungen vom 26.1.1998 auf dei Forensische Psychiatrie und was daraus geworden ist. In: MschKrim, S. 208–215.

Nemitz, Jan Christoph (2002): Finnland. In: Albrecht, Hans-Jörg; Kilchling, Michael (Hg.): Jugendstrafrecht in Europa. Freiburg i. Br.: iuscrim, S. 137–156.

Nestler, Nina; Wolf, Christian (2008): Sicherungsverwahrung gem. § 7 Abs. 2 JGG und der Präventionsgedanke im Strafrecht - kritische Betrachtung eines legislativen Kustgriffs. In: NK, S. 153–159.

Neubacher, Frank (2006): An den Grenzen des Strafrechts - Stalking, Graffitti, Weisungsverstöße. In: ZStW, Jg. 118, S. 855–877.

Neue Richtervereinigung (NRV) (2011): Stellungnahme der Fachgruppe Strafrecht der Neuen Richtervereinigung zum Entwurf eines Gesetzes zur bundesrechtlichen Umsetzung des Abstandsgebotes im Recht der Sicherungsverwahrung. Online verfügbar unter http://www.nrv-net.de/downloads _stellung/101.pdf, zuletzt geprüft am 01.05.2012.

Neumann, Ulfrid (1996): Vom normativen zum funktionalen Strafrechtsverständnis. In: Jung, Heike; Müller-Dietz, Heinz; Neumann, Ulfrid (Hg.): Perspektiven der Strafrechtsentwicklung. Baden-Baden: Nomos, S. 57–68.

Neumann, Ulfrid; Prittwitz, Cornelius (Hg.) (2005): Kritik und Rechtfertigung des Strafrechts. Frankfurt am Main: Lang.

Nowakowski, Friedrich (1963): Zur Rechtsstaatlichkeit der vorbeugenden Maßnahmen. In: Welzel, Hans v.; Hermann, Conrad; Kaufmann, Armin; Kaufmann, Hilde (Hg.): Festschrift für Hellmuth von Weber. Bonn: Röhrscheid, S. 98–120.

Nußstein, Karl (2011): Das Therapieunterbringungsgesetz – Erste Erfahrungen aus der Praxis. In: NJW, S. 1194–1197.

Nußstein, Karl (2011): (Kein) Anwendungsbereich des Therapieunterbringungsgesetzes nach dem Sicherungsverwahrungs-Urteil des BVerfG? In: StV, S. 633–635.

Obermöller, Bernd; Gosch, Mirko (1995): Kriminalitätsberichterstattung als kriminologisches Problem. In: KritJ, S. 45–59.

Ostendorf, Heribert (2005): Mehr Prävention und weniger Strafe, weniger Prävention und mehr Strafe oder mehr Prävention und mehr Strafe? In: BewHi, S. 57–66.

Ostendorf, Heribert (Hg.) (2009): Jugendgerichtsgesetz. 8. Auflage. Baden-Baden: Nomos-Verl.-Ges.

Ostendorf, Heribert; Bochmann, Christian (2007): Nachträgliche Sicherungsverwahrung bei jungen Menschen auf dem internationalen und verfassungsrechtlichen Prüfstand. In: ZRP, S. 146–149.

Osterheider, Michael (2002): Longstay-Abteilungen - Vorbedingungen, Möglichkeiten und Begrenzungen. In: R&P, S. 17–20.

Padfield, Nicola (2008): Text and materials on the criminal justice process. 4th ed. Oxford: Oxford Univ. Press.

Padfield, Nicola (2009): Parole and early release: the Criminal Justice and Immigration Act 2008 changes in context. In: Criminal Law Review, S. 166–187.

Parole Board (2010): Annual Report an Accounts 2009/2010. Online verfügbar unter www.justice.gov.uk/publications/corporate-reports/parole-board, zuletzt geprüft am 01.05.2012.

Parole Board (2011): About the Parole Board. Online verfügbar unter tna.europearchive.org/20110206085921/http://www.paroleboard.gov.uk/about/, zuletzt geprüft am 01.05.2012.

Parole Board (2011): How does the Board makes its decisions? Online verfügbar unter tna.europarchive.org/20110206085921/http://www.paroleboard.gov.uk/prisoners_and_families/life_licence_information_for_prisoners/how_the_parole_board_makes_its_decisions/, zuletzt geprüft am 01.05.2012.

Parole Board (2004): Directions to the Parole Board under Section 32(6) of the Criminal Justice Act 1991 - Issued August 2004. Online verfügbar unter tna.europarchive.org/20110206085921/paroleboard.gov.uk/policy_and_guidance/secretary_of_states_directions/directions_august_2004/, zuletzt geprüft am 01.05.2012.

Parole Board (2004): Parole Board Rules. Online verfügbar unter tna.europarchive.org/20110206085921/http://www.paroleboard.gov.uk/policy_and_guidance/parole_board_rules/, zuletzt geprüft am 01.05.2012.

Pawlik, Michael (1998): Verdeckte Ermittlungen und das Schweigerecht des Beschuldigten. In: GA, S. 378–389.

Pecher, Willi; Rappold, Günther; Schöner, Elsava, et al. (Hg.) (2005): "...die im Dunkeln sieht man nicht.". Festschrift für Georg Wagner. Herbolzheim: Centaurus.

Peglau, Jens (2000): "Nachträgliche Sicherungsverwahrung" - eine mögliche (strafrechtliche) Sanktion in Deutschland ? In: ZRP, S. 147–151.

Peglau, Jens (2001): Das baden-württembergische Straftäterunterbringungsgesetz - tatsächlich als Landesrecht unzulässig? In: NJW, S. 2436–2439.

Peglau, Jens (2007): Das Gesetz zur Reform der Führungsaufsicht und zur Änderung der Vorschriften über die nachträgliche Sicherungsverwahrung. In: NJW, S. 1558–1562.

Peglau, Jens (2011): Das BVerfG und die Sicherungsverwahrung - Konsequenzen für Praxis und Gesetzgebung. In: NJW, S. 1924–1927.

Peters, Karl (1942): Jugendgerichtsgesetz vom 16. Februar 1923. Berlin: de Gruyter.

Petersen, Helmut (1959): Die Jugendbewahrung. Dissertation. Göttingen. Georg-August-Universität.

Peukert, Wolfgang (2009): Art. 5 EMRK. In: Peukert, Wolfgang; Frowein, Jochen (Hg.): Europäische Menschenrechtskommission. 3. Aufl. Kehl: Engel .

Peukert, Wolfgang; Frowein, Jochen (Hg.) (2009): Europäische Menschenrechtskommission. 3. Aufl. Kehl: Engel.

Pfeiffer, Christian; Windzio, Michael; Kleimann, Matthias (2004): Die Medien, das Böse und wir. In: MschKrim, S. 415–435.

Pingel, Falk (1978): Häftlinge unter SS-Herrschaft. Hamburg: Hoffmann und Campe.

Pitsela, Angelika; Sagel-Grande, Irene (2004): Jugendstrafrechtliche Sanktionen mit Freiheitsentzug in Griechenland und in den Niederlanden. In: ZfStrVO, S. 208–217.

Pollähne, Helmut (2010): Europäische Rechtssicherheit gegen Deutsches Sicherheitsrecht. In: KritJ, S. 255–269.

Pollähne, Helmut (2011): Zur Erledigung der Sicherungsverwahrung gem. Art. 316e Abs. 3 EGStGB. In: ZJS, S. 216–221.

Prantl, Heribert (2010): Der Stein der Weisen? Eine Taube Nuss! Warum die neuen Gesetzespläne zur nachträglichen Sicherungsverwahrung untauglich sind. In: Süddeutsche Zeitung, 30.08.2010, S. 4.

Primoratz, Igor (1986): Banquos Geist. Bonn: Bouvier.

Prittwitz, Cornelius (1993): Strafrecht und Risiko. Frankfurt am Main: Klostermann.

Rabitsch, Gisela (1970): Das KL Mauthausen. In: Rothfels, Hans; Eschenburg, Theodor (Hg.): Studien zur Geschichte der Konzentrationslager, Instiut für Zeitgeschichte. Stuttgart: Deutsche Verlags-Anstalt, S. 50–92.

Radbruch, Gustav (1950): Elegantiae Juris Criminalis. 2. Aufl. Basel: Verlag für Recht und Gesellschaft.

Radtke, Henning (2010): Konventionswidrigkeit des Vollzugs erstmaliger Sicherungsverwahrung nach Ablauf der früheren Höchstfrist. In: NStZ, S. 537–546.

Radtke, Henning; Hohmann, Olaf (Hg.) (2011): Strafprozessordnung. München: Vahlen.

Rasch, Wilfried (1986): Forensische Psychiatrie. Stuttgart: Kohlhammer.

Rechea, Cristina; Fernandez, Esther; Benitez, Jose (2004): Tendencias sociales y delincuencia. Toldeo: Universidad de Castilla-La Mancha.

Renzikowski, Joachim (2004): Die nachträgliche Sicherungsverwahrung und die Europäische Menschenrechtskonvention. In: JR, S. 271–275.

Renzikowski, Joachim (2006): Anmerkung zu BGH Beschl. v. 12.01.2006 - 4 StR 485/05. In: NStZ, S. 280–284.

Renzikowski, Joachim (2010): Stellungnahme zum Entwurf eines Gesetzes zur Neuordnung des Rechts der Sicherungsverwahrung und zu begleitenden Regelungen (BT-Drs. 17/3403). Online verfügbar unter http://www.bundestag.de/bundestag/ausschuesse17/a06/anhoerungen/archiv/02_Sicherungsverwahrung/04_Stellungnahmen/Stellungnahme_Renzikowski.pdf , zuletzt geprüft am 01.05.2012.

Renzikowski, Joachim (2011): Das Elend mit der rückwirkend verlängerten und der nachträglich angeordneten Sicherungsverwahrung. In: ZIS, S. 531–543.

Renzikowski, Joachim (2011): Kein "Wegsperren für immer"- Zum Urteil des BVerfG vom 4. Mai 2011 zur Sicherungsverwahrung. In: Ad Legendum, S. 401–411.

Reuband, Karl-Heinz (2004): Konstanz und Wandel im Strafbedürfnis der Bundesbürger - 1970 bis 2003. In: Lautmann, Rüdiger; Klimke, Daniela; Sack, Fritz (Hg.): Punitivität. KrimJ, Sonderheft Nr. Sonderheft 8, S. 89–103.

Riedel, Eibe H. (1980): Die Habeas Corpus-Akte. In: EuGRZ, S. 192–200.

Rietzsch (1938): Die Anordnung der Sicherungsverwahrung. In: Freisler, Roland u. a. (Hg.): Dringende Fragen der Sicherungsverwahrung. Berlin: v. Decker, S. 25–67.

Rissing-van Saan, Ruth (2011): Neuere Aspekte der Sicherungsverwahrung im Kontext der Rechtsprechung des EGMR. In: Heinrich, Manfred; Achenbach, Hans; Amelung, Knut; Bottke, Wilfried; Haffke, Bernhard; Schünemann, Bernd; Wolter, Jürgen; Jäger, Christian (Hg.): Strafrecht als Scientia Universalis. Festschrift für Claus Roxin zum 80. Geburtstag am 15. Mai 2011. Berlin: de Gruyter, S. 1173–1191.

Robbers, Gerhard (1987): Sicherheit als Menschenrecht. Baden-Baden: Nomos.

Robles-Garcia, Elisabeth (2009): Sicherungsverwahrung. Möglichkeiten und Grenzen der Unterbringung von Jugendlichen und Heranwachsenden. Norderstedt: GRIN.

Römer, Hans-Jürgen (2006): Verwahrung gegen die nachträgliche Sicherungsverwahrung. In: JR, S. 5–8.

Rosenau, Henning; Peters, Meike (2007): Anmerkung zu BVerfG Beschl. v. 23.08.2006 - 2BvR 226/06. In: JZ, S. 584–587.

Rössner, Dieter; Best, Dominik (2011): § 66a StGB. In: Dölling, Dieter; Rössner, Dieter; Duttge, Gunnar (Hg.): Gesamtes Strafrecht. StGB - StPO - Nebengesetze, Handkommentar. 2. Aufl. Baden-Baden: Nomos.

Rothfels, Hans; Eschenburg, Theodor (Hg.) (1970): Studien zur Geschichte der Konzentrationslager, Instiut für Zeitgeschichte. Stuttgart: Deutsche Verlags-Anstalt.

Roxin, Claus (2005): Schlussbericht. In: Neumann, Ulfrid; Prittwitz, Cornelius (Hg.): Kritik und Rechtfertigung des Strafrechts. Frankfurt am Main: Lang, S. 175–193.

Roxin, Claus (2006): Strafrecht Allgemeiner Teil Band 1. 4. Aufl. 2 Bände. München: Beck.

Rüter, Alexander (2011): Nachträgliche Sicherungsverwahrung im Jugendstrafrecht. Marburg: Tectum.

Rzepka, Dorothea (2003): Sicherheits- statt Rechtsstaat - Überblick und Anmerkungen zu bundes- und landesrechtlichen Konzepten einer nachträglichen Sicherungsverwahrung - Teil 1. In: R&P, S. 127–144.

Rzepka, Dorothea (2003): Sicherheits- statt Rechtsstaat - Überblick und Anmerkungen zu bundes- und landesrechtlichen Konzepten einer nachträglichen Sicherungsverwahrung - Teil 2. In: R&P, S. 191–214.

Rzepka, Dorothea (2003): Zur aktuellen Verschärfung des Strafrechts. In: KrimJ, S. 234–237.

Rzepka, Dorothea (2004): Punitivität in Politik und Gesetzgebung. In: Lautmann, Rüdiger; Klimke, Daniela; Sack, Fritz (Hg.): Punitivität. KrimJ, Sonderheft Nr. Sonderheft 8, S. 136–151.

Sachs, Michael (Hg.) (2007): Grundgesetz Kommentar. 4. Aufl. München: Beck.

Sagel-Grande, Irene (2006): Longstay. In: Barton, Stephan (Hg.): "...weil er für die Allgemeinheit gefährlich ist!". Baden-Baden: Nomos, S. 187–204.

Sagel-Grande, Irene; Stando-Kawecka, Barbara (2006): Strafen und Strafvollzug in den Niederlanden und in Polen unter besonderer Berücksichtigung der im Strafvollzug angebotenen Bildungsmaßnahmen. In: ZfStrVO, S. 205–218.

Sanchez Lazaro, Fernando Guanarteme (2007): Zur neusten Reform des spanischen Jugendstrafrechts. In: ZIS, S. 62–68.

Sanchez Lazaro, Fernando Guanarteme (2008): Öffentliche Meinung und Strafrecht. In: ZIS, S. 195–205.

Sander, Lisa Kathrin (2007): Grenzen instrumenteller Vernunft im Strafrecht. Frankfurt a. M. u.a.: Lang.

Sax, Walter: Grundsätze der Strafrechtspflege. In: Bettermann, Karl August; Nipperdey, Hans Carl; Scheuner, Ulrich (Hg.): Die Grundrechte. Rechtspflege und Grundrechtsschutz. 2. Aufl. (3.Bd, Zweiter Halbband), S. 909–1014.

Schachert, Dieter G. (1963): Kriminologische Untersuchungen an Sicherungsverwahrten. Dissertation. Göttingen.

Schäfer, Leopold; Wagner, Otto; Schaffheutle, Josef (1934): Gesetz gegen gefährliche Gewohnheitsverbrecher und über Maßregeln der Sicherung und Besserung. Berlin: Vahlen.

Schaffstein, Friedrich (1936): Die Erneuerung des Jugendstrafrechts. Berlin.

Schaffstein, Friedrich; Beulke, Werner (2002): Jugendstrafrecht. 14. Aufl. Stuttgart: Kohlhammer.

Scharmer, Sebastian (2011): Gemeinsame Stellungnahme der Strafverteidigervereinigungen (Organisationsbüro) und des Republikanischen Anwältinnen- und Anwälteverein (RAV e.V.) zum Gesetzentwurf der CDU/CSU und FDP Fraktion zur Neuordnung des Rechts der Sicherungsverwahrung und zu begleitenden Regelungen vom 26.10.2010 (BT-Drs 17/3403) sowie zum Änderungsantrag der Fraktion BÜNDNIS 90/DIE GRÜNEN (Ausschuss-Drs 17(6)47). Online verfügbar unter http://www.rav.de/fileadmin/user_upload/rav/Stellungnahmen/101108_StN_ Gesetzentwurf_zur_Neuregelung_der_SV_u_Begleitgesetzen.pdf, zuletzt geprüft am 01.05.2012.

Scheerer, Sebastian (1978): Der politisch publizistische Verstärkerkreislauf. Zur Beeinflussung der Massenmedien im Prozeß strafrechtlicher Normgenese. In: KrimJ, S. 223–227.

Schewe, Jörg (1999): Die Geschichte der Sicherungsverwahrung. Hamburg.

Schmidt-Aßmann, Eberhard: Art. 103. In: Maunz, Theodor; Dürig, Günter u. a. (Hg.): Grundgesetz Kommentar. München: Beck.

Schneider, Hendrik (2006): Die Kriminalprognose bei der nachträglichen Sicherungsverwahrung. In: StV, S. 99–104.

Schneider, Ursula (2006): Nachträgliche Sicherungsverwahrung: Ein kriminalpolitischer Sündenfall? In: Feltes, Thomas; Pfeiffer, Christian; Steinhilper, Gernot (Hg.): Kriminalpolitik und ihre wissenschaftlichen Grundlagen. Festschrift für Professor Dr. Hans Dieter Schwind zum 70. Geburtstag. Heidelberg: C.F. Müller, S. 413–430.

Schönke, Adolf; Schröder, Horst; Eser, Albin (Hg.) (2010): Strafgesetzbuch. Kommentar. 28. Aufl. München: Beck.

Schreiber, Hans-Ludwig (1976): Gesetz und Richter. Frankfurt am Main: Metzner.

Schröder, Bernhard; Starke, Till (2011): Das Gesetz zur Therapierung und Unterbringung psychisch gestörter Gewalttäter - Ein Leitfaden für die Praxis - Teil 1. In: DRiZ, S. 254–258.

Schröder, Bernhard; Starke, Till (2011): Das Gesetz zur Therapierung und Unterbringung psychisch gestörter Gewalttäter - Ein Leitfaden für die Praxis - Teil 2. In: DRiZ, S. 284–288.

Schroth, Ulrich (1993): Die strafrechtliche Regelung der Unterbringung in einem psychiatrischen Krankenhaus. In: Albrecht, Peter-Alexis; Schwind, Hans-Dieter; Walter, Michael; Pfeiffer, Christian (Hg.): Festschrift Horst Schüler-Springorum zum 65. Geburtstag. Köln u.a.: Heymanns, S. 595–603.

Schubert, Werner (Hg.) (1995): Quellen zur Reform des Straf- und Strafprozessrechts. Protokolle der Strafrechtsausschüsse des Reichstags. Berlin u.a.: de Gruyter (3.1).

Schulze-Fielitz, Helmuth (2008): Art. 103 u. 104. In: Dreier, Horst (Hg.): Grundgesetz Kommentar. 2. Aufl. Tübingen: Mohr Siebeck (3).

Schumann, Karl F. (1989): Positive Generalprävention. Heidelberg: C.F. Müller.

Schwind, Hans-Dieter (Hg.) (1998): Festschrift für Hans Joachim Schneider zum 70. Geburtstag. Berlin: de Gruyter.

Secretary of State (2002): Justice for all. Online verfügbar unter www.cps.gov.uk/publications/docs/jfawhitepaper.pdf, zuletzt geprüft am 01.05.2012.

Seelmann, Kurt (1992): Risikostrafrecht. In: KritV, S. 452–471.

Seelmann, Kurt (2010): Rechtsphilosophie. 5. Aufl. München: Beck.

Sentencing Council: About the Sentencing Council. Online verfügbar unter sentencingcouncil.judiciary.gov.uk/about-us.htm, zuletzt geprüft am 01.05.2012.

Sentencing Council (2008): Dangerous Offenders, Guide for Sentencers and Practitioners. Online verfügbar unter sentencingcouncil.judiciary.gov.uk/docs/web_Dangerous_Offenders_Guide_for_Sentencers_and_Practitioners.pdf, zuletzt geprüft am 01.05.2012.

Sieckmann, Jan-Reinard (1990): Regelmodelle und Prinzipienmodelle des Rechtssystems. Baden-Baden: Nomos.
Singelnstein, Tobias; Stolle, Peer (2008): Die Sicherheitsgesellschaft. 2. Aufl. Wiesbaden: VS Verlag für Sozialwissenschaften (GWV).
Sofsky, Wolfgang (2005): Das Prinzip Sicherheit. Frankfurt a. M.: Fischer.
Soto, Susanna (2005): La influencia de los medios en la percepción social de la delincuencia. In: Revista Electrónica de Ciencia Penal y Criminología, H. 07, S. 1–46.
Sprung, Dagmar (2009): Nachträgliche Sicherungsverwahrung - verfassungsgemäß? Frankfurt a. M.: Lang.
Stehr, Johannes (1989): Strafe, Moral und Medien. In: NK, H. 3, S. 30–33.
Stelly, Wolfgang; Thomas, Jürgen (2006): Die Reintegration jugendlicher Mehfachtäter. In: ZJJ, S. 45–51.
Stratenwerth, Günter; Kuhlen, Lothar (2010): Strafrecht Allgemeiner Teil. 5. Aufl. München: Vahlen.
Stree, Walter (1960): Deliktsfolgen und Grundgesetz. Tübingen: Mohr.
Stree, Walter; Kinzig, Jörg (2010): § 66b. In: Schönke, Adolf; Schröder, Horst; Eser, Albin (Hg.): Strafgesetzbuch. Kommentar. 28. Aufl. München: Beck.
Streng, Franz (1999): Modernes Sanktionenrecht. In: ZStW, Jg. 111, S. 827–862.
Streng, Franz (2000): Die heranwachsende Juristengeneration und die Aufgabe des Strafrechts. In: BewHi, S. 422–435.
Streng, Franz (2002): Strafrechtliche Sanktionen. 2. Aufl. Stuttgart: Kohlhammer.
Streng, Franz (2003): Das Legitimationsdilemma sichernden Freiheitsentzuges - Überlegungen zur neueren Rechtsentwicklung. In: Dölling, Dieter (Hg.): Jus humanum. Grundlagen des Rechts und Strafrecht; Festschrift für Ernst-Joachim Lampe zum 70. Geburtstag. Berlin: Duncker & Humblot, S. 611–642.
Streng, Franz (2006): Erkennbar gewordene Tatsachen und rechtsstaatliche Anforderungen an nachträgliche Sicherungsverwahrung. In: StV, S. 92–98.
Streng, Franz (2008): Jugendstrafrecht. 2. Aufl. Heidelberg: Müller.
Streng, Franz (2009): Vom Zweckstrafrecht zum Feindstrafrecht? Überlegungen zu den Auswirkungen des Sicherheitsdenkens. In: Vormbaum, Thomas; Asholt, Martin (Hg.): Kritik des Feindstrafrechts. Münster, Westf.: LIT, S. 181–202.
Streng, Franz (2011): Die Zukunft der Sicherungsverwahrung nach der Entscheidung des Bundesverfassungsgerichts. In: JZ, S. 827–835.

Stübinger, Stephan (1999): Strafrecht - zwischen Wissenschaft und Politik. In: Institut für Kriminalwissenschaften und Rechtsphilosophie Frankfurt a.M. (Hg.): Irrwege der Strafgesetzgebung. Frankfurt a. M. u.a., S. 141–169.

Sturm, Dietrich (2010): Die Sicherungsverwahrung in Deutschland und England. Ein kriminologisch rechtsdogmatischer Vergleich. Holzkirchen: Felix.

Terhorst (1985): Polizeilich planmäßige Überwachung und polizeiliche Vorbeugungshaft im Dritten Reich. Heidelberg: Müller.

Thierack, Otto Georg (1975): Miiteilung des Reichministers der Justiz - Nr. 4. In: Boberach, Heinz (Hg.): Richterbriefe. Boppard am Rhein: Boldt, S. 51–65.

Thomé, Enrique I.; Torrente, Diego (2003): Cultura de la seguridad ciudadana en España. 1. ed. Madrid: Centro de Investigaciones Sociológicas.

Trechsel, Stefan (1980): Die Garantie der persönlichen Freiheit. In: EuGRZ, S. 514–532.

Trechsel, Stefan (2004): Nachträgliche Sicherungsverwahrung. In: Grafl, Christian; Medigovic, Ursula (Hg.): Festschrift für Manfred Burgstaller zum 65. Geburtstag. Wien: Neuer Wiss. Verl, S. 201–218.

Trenczek, Thomas (2001): Im Westen nichts Neues? In: DVJJ-Journal, S. 111–120.

Ullenbruch, Thomas (2011): § 275a. In: Radtke, Henning; Hohmann, Olaf (Hg.): Strafprozessordnung. München: Vahlen.

Ullenbruch, Thomas (1998): Verschärfung der Sicherungsverwahrung auch rückwirkend - populär, aber verfassungswidrig? In: NStZ, S. 326–330.

Ullenbruch, Thomas (2001): Nachträgliche „Sicherungsverwahrung" durch die „Polizei": Das StrUBG BW - (k)ein Modell für Deutschland? In: NStZ, S. 292–298.

Ullenbruch, Thomas (2005): Anmerkung zu BGH Urt. v. 11.05.2005 - 1 StR 37/05. In: NStZ, S. 563–566.

Ullenbruch, Thomas (2007): Nachträgliche Sicherungsverwahrung - ein legislativer "Spuk" im judikativen "Fegefeuer"? In: NStZ, S. 62–71.

Ullenbruch, Thomas (2008): Anmerkung zu BGH, Beschl. v. 5. 2. 2008 - 4 StR 314, 391/07. In: NStZ, S. 335–338.

Ullenbruch, Thomas (2008): Das „Gesetz zur Einführung der nachträglichen Sicherungsverwahrung bei Verurteilungen nach Jugendstrafrecht" – ein Unding? In: NJW, S. 2609–2615.

Ullenbruch, Thomas (2008): Vorbehaltene Sicherungsverwahrung noch eine "Norm ohne Land" ? In: NStZ, S. 5–12.

Ullenbruch, Thomas (2009): Anmerkung zu BGH Beschl. v. 7.10.2008-GSSt 1/08. In: NStZ, S. 143–145.

Ullenbruch, Thomas (2010): Sicherungsverwahrung - ein Verfassungsbruch. In: Frankfurter Rundschau/Online, 01.09.2010. Online verfügbar unter http://www.fr-online.de/politik/dokudebatte/sicherungsverwahrung /ullenbruch/, zuletzt geprüft am 01.05.2012.

Ullenbruch, Thomas (2010): Sicherungsverwahrung im Reformdilemma. In: StraFo, S. 438–445.

Ullenbruch, Thomas (2012): Walter H. in den Rückfängen des ThUG - aktuellster Spaltpilz zwischen EGMR und Bundesverfassungsgericht? In: StV, S. 44–51.

Ulsamer, Gerhard (Hg.) (1996): Lexikon des Rechts - Strafrecht, Strafverfahrensrecht. 2. Aufl. Neuwied: Luchterhand.

van der Laan, Peter H. (1996): Das neue niederländische Jugendstrafrecht. In: DVJJ-Journal, S. 119–126.

van Kalmthout, Anton (2002): Niederlande. In: Albrecht, Hans-Jörg; Kilchling, Michael (Hg.): Jugendstrafrecht in Europa. Freiburg i. Br.: iuscrim, S. 225–268.

van Kalmthout, Anton; Bahtiyar, Zarif (2010): The Netherlands. In: Dünkel, Frieder; Grzywa Johanna; Horsfield, Philip; Pruin, Ineke (Hg.): Juvenile justice systems in Europe. 4 Bände. Mönchengladbach: Forum, Bd. 2, S. 911–956.

Volckart, Bernd (2004): Die falschen Positiven und die Gerechtigkeit. In: Kammeier, Heinz; Michalke, Regina (Hg.): Streben nach Gerechtigkeit, Festschrift für Prof. Dr. Günter Tondorf zum 70. Geburtstag. Münster: LIT, S. 133–156.

Vormbaum, Thomas (2011): Einführung in die moderne Strafrechtsgeschichte. 2. Aufl. Berlin: Springer.

Vormbaum, Thomas; Asholt, Martin (Hg.) (2009): Kritik des Feindstrafrechts. Münster, Westf.: LIT.

Voß, Michael (1990): Staatsschutz statt Bürgerschutz. In: Albrecht, Peter-Alexis; Backes, Otto (Hg.): Verdeckte Gewalt. Frankfurt am Main: Suhrkamp, S. 138–150.

Wacker, Wolfgang (1966): Sicherungsverwahrung und Grundgesetz. Tübingen.

Waechter, Kay (2002): Die aktuelle Situation des Polizeirechts. In: JZ, S. 854–862.

Wahl, Rainer; Masing, Johannes (1990): Schutz durch Eingriff. In: JZ, S. 553–563.

Walter, Michael (1999): Kriminalpolitik im Zeichen der Verbrechensfurcht: von der Spezial- über General- zur "Ubiquitäts"prävention. In: Weigend, Thomas; Küpper, Georg (Hg.): Festschrift für Hans Joachim Hirsch zum 70. Geburtstag am 11. April 1999. Berlin: de Gruyter, S. 897–915.

Waterkamp, Stefan (2004): Anmerkung zu BVerfG, Urteil v. 10.02.2004-2 BvR 834/02 u. 1588/02. In: StV, S. 267–273.
Weber, Hartmut-Michael (1996): Lässt sich die lebenslange Freiheitsstrafe ohne Sicherheitseinbußen abschaffen? Rechtsvergleichendes Gutachten für den Justizminister des Landes Schleswig Holstein. Fulda. Fachochschule Fulda.
Weber, Hartmut-Michael (1999): Die Abschaffung der lebenslangen Freiheitsstrafe. Baden-Baden: Nomos.
Weber, Hartmut-Michael; Reindl, Richard (2001): Argumente zur Abschaffung eines umstrittenen Rechtsinstituts. In: NK, H. 1, S. 16–21.
Wehner, Bernd (1989): Vom Unrechtsstaat ins Desaster, Die Rolle der Kriminalpolizei im Dritten Reich. In: Kriminalistik, S. 665–669.
Weichert, Thilo (1989): Sicherungsverwahrung - verfassungsgemäß? In: StV, S. 265–274.
Weigend, Thomas; Küpper, Georg (Hg.) (1999): Festschrift für Hans Joachim Hirsch zum 70. Geburtstag am 11. April 1999. Berlin: de Gruyter.
Welzel, Hans (1967): Das Deutsche Strafrecht. 10. Aufl. Berlin: de Gruyter.
Welzel, Hans v.; Hermann, Conrad; Kaufmann, Armin, et al. (Hg.) (1963): Festschrift für Hellmuth von Weber. Bonn: Röhrscheid.
Werle, Gerhard (1989): Jusitz - Strafrecht und polizeiliche Verbrechensbekämpfung im Dritten Reich. Berlin: de Gruyter.
Windoffer, Alexander (2011): Die Maßregel der Sicherungsverwahrung im Spannungsfeld von Europäischer Menschenrechtskonvention und Grundgesetz. In: DÖV, S. 590–598.
Windzio, Michael; Pfeiffer, Christian; Kleimann, Matthias; Simonson, Julia (2007): Kriminalitätswahrnehmung und Punitivität in der Bevölkerung - Welche Rolle spielen die Massenmedien? Hannover: Kriminologisches Forschungsinstitut Niedersachsen.
Wolff, Jörg (1992): Jugendliche vor Gericht im Dritten Reich. München: Beck.
Würtenberger, Thomas; Sydow, Gernot (2001): Die nachträgliche Anordnung der Sicherungsverwahrung. In: NVwZ, S. 1201–1208.
Wüstenhagen, Peggy (2008): Sicherungsverwahrung gegen Heranwachsende und Jugendliche. Marburg: Tectum.
Youth Justice Board (2008): Accomodation - Key Elements of Effective Practice. Online verfügbar unter http://www.yjb.gov.uk/Publications/Scripts/prodView.asp?idproduct=383&eP=, zuletzt geprüft am 01.05.2012.
Zschieschack, Frank; Rau, Ingo (2008): Nachträgliche Sicherungsverwahrung nach Erledigung der Unterbringung in einem psychiatrischen Krankenhaus (§ 66b Abs. 3 StGB). In: StraFo, S. 372–375.

FRANKFURTER KRIMINALWISSENSCHAFTLICHE STUDIEN

Band 1 Peter Böning: Die Lehre vom Unrechtsbewußtsein in der Rechtsphilosophie Hegels 100 S., 1978.

Band 2 Wolfgang Schneider: Kriminelle Straßenverkehrsgefährdung (§ 315c Abs. 1 Ziff. 2, Abs. 3 StGB). Eine kriminologische und strafrechtliche Untersuchung zur Problematik dieser Verkehrsstraftaten unter Berücksichtigung ausländischer Rechte. 342 S., 1978.

Band 3 Lothar Kuhlen: Die Objektivität von Rechtsnormen. Zur Kritik des radikalen labeling approach in der Kriminalsoziologie. 178 S., 1978.

Band 4 Günther Grewe: Straßenverkehrsdelinquenz und Marginalität. Untersuchungen zur institutionellen Regelung von Verhalten. 148 S., 1978.

Band 5 Dieter Haberstroh: Strafverfahren und Resozialisierung. Eine Studie über Verstehen und Nicht-Verstehen, über Verstanden-Werden und Nicht-Verstanden-Werden und deren Bedingungen in der Hauptverhandlung. 202 S., 1979.

Band 6 Thomas Vogt: Die Forderungen der psychoanalytischen Schulrichtungen für die Interpretation der Merkmale der Schuldunfähigkeit und der verminderten Schuldfähigkeit (§§ 51 a.F., 20, 21 StGB). 182 S., 1979.

Band 7 Andreas Michael: Der Grundsatz in dubio pro reo im Strafverfahrensrecht. Zugleich ein Beitrag über das Verhältnis von materiellem Recht und Prozeßrecht. 214 S., 1981.

Band 8 Ilias G. Anagnostopoulos: Haftgründe der Tatschwere und der Wiederholungsgefahr (§§ 112 Abs. 3, 112 a StPO). Kriminalpolitische und rechtssystematische Aspekte der Ausweitung des Haftrechts. 1984.

Band 9 Helga Müller: Der Begriff der Generalprävention im 19. Jahrhundert. Von P.J.A. Feuerbach bis Franz v. Liszt. 1984.

Band 10 Frowin Jörg Kurth: Das Mitverschulden des Opfers beim Betrug. 1984.

Band 11 Martin J. Worms: Die Bekenntnisbeschimpfung im Sinne des § 166 Abs. 1 StGB und die Lehre vom Rechtsgut. 1984.

Band 12 Jong-Dae Bae: Der Grundsatz der Verhältnismäßigkeit im Maßregelrecht des StGB. 1985.

Band 13 Helmut Fünfsinn: Der Aufbau des fahrlässigen Verletzungsdelikts durch Unterlassen im Strafrecht. 1985.

Band 14 Christoph Krehl: Die Ermittlung der Tatsachengrundlage zur Bemessung der Tagessatzhöhe bei der Geldstrafe. 1985.

Band 15 Walter-Hermann Kiehl: Strafrechtliche Toleranz wechselseitiger Ehrverletzungen - Zur ratio legis der §§ 199, 233 Strafgesetzbuch -. 1986.

Band 16 Matthias Krahl: Die Rechtsprechung des Bundesverfassungsgerichts und des Bundesgerichtshof zum Bestimmtheitsgrundsatz im Strafrecht (Art. 103 Abs. 2 GG). 1986.

Band 17 Patrick Carroll Campbell: § 220a StGB. Der richtige Weg zur Verhütung und Bestrafung von Genozid? 1986.

Band 18 Winfried Hassemer (Hrsg.): Strafrechtspolitik. Bedingungen der Strafrechtsreform. 1987.

Band 19 Felix Herzog: Prävention des Unrechts oder Manifestation des Rechts. Bausteine zur Überwindung des heteronom-präventiven Denkens in der Strafrechtstheorie der Moderne. 1987.

Band 20 Astrid Michalke-Detmering: Die Mindestanforderungen an die rechtliche Begründung des erstinstanzlichen Strafurteils. Zur Auslegung des § 267 StPO. 1987.

Band 21 Lothar Kuhlen: Die Unterscheidung von vorsatzausschließendem und nichtvorsatzausschließendem Irrtum. 1987.

Band 22 Michael Buttel: Kritik der Figur des Aufklärungsgehilfen im Betäubungsmittelstrafrecht (§ 31 BtMG). 1988.

Band 23 Matthias Kögler: Die zeitliche Unbestimmtheit freiheitsentziehender Sanktionen des Strafrechts. Eine vergleichende Untersuchung zur Rechtslage und Strafvollstreckungspraxis in der Bundesrepublik Deutschland und den USA. 1988.

Band 24 Klaus Lüderssen / Cornelius Nestler-Tremel / Ewa Weigend(Hrsg.): Modernes Strafrecht und ultima-ratio-Prinzip. 1990.

Band 25 Jürgen Taschke: Die behördliche Zurückhaltung von Beweismitteln im Strafprozeß. 1989.

Band 26 Daniela Westphalen: Karl Binding (1841-1920). Materialien zur Biographie eines Strafrechtsgelehrten. 1989.

Band 27 Sigrid Jans: Die Aushöhlung des Klageerzwingungsverfahrens. 1990.

Band 28 Dimitris Spirakos: Folter als Problem des Strafrechts. Kriminologische, kriminalsoziologische und (straf-)rechtsdogmatische Aspekte unter besonderer Berücksichtigung der Folterschutzkonvention und der Pönalisierung der Folter in Griechenland. 1990.

Band 29 Stephan Moll: Strafrechtliche Aspekte der Behandlung Opiatabhängiger mit Methadon und Codein. 1990.

Band 30 Stefan Werner: Wirtschaftsordnung und Wirtschaftsstrafrecht im Nationalsozialismus. 1991.

Band 31 Xanthi Bassakou: Beiträge zur Analyse und Reform des Absehens von Strafe nach § 60 StGB. 1991.

Band 32 Rainer Runte: Die Veränderung von Rechtfertigungsgründen durch Rechtsprechung und Lehre. Moderne Strafrechtsdogmatik zwischen Rechtsstaatsprinzip und Kriminalpolitik. 1991.

Band 33 Olaf Hohmann: Das Rechtsgut der Umweltdelikte. Grenzen des strafrechtlichen Umweltschutzes. 1991.

Band 34 Klaus Jochen Müller: Das Strafbefehlsverfahren (§§ 407 ff. StPO). Eine dogmatisch-kriminalpolitische Studie zu dieser Form des schriftlichen Verfahrens unter besonderer Berücksichtigung der geschichtlichen Entwicklung – zugleich ein Beitrag zum StVÄG 1987. 1993.

Band 35 Sang-Don Yi: Wortlautgrenze, Intersubjektivität und Kontexteinbettung. Das strafrechtliche Analogieverbot. 1991.

Band 36 Birgit Malsack: Die Stellung der Verteidigung im reformierten Strafprozeß. Eine rechtshistorische Studie anhand der Schriften von C. J. A. Mittermaier. 1992.

Band 37 Rüdiger Schäfer: Die Privilegierung des "freiwillig-positiven" Verhaltens des Delinquenten nach formell vollendeter Straftat. Zugleich ein Beitrag zum Grundgedanken des Rücktritts vom Versuch und zu den Straftheorien. 1992.

Band 38 Cornelius Nestler-Tremel: AIDS und Strafzumessung. 1992.

Band 39 Christine Gutmann: Freiwilligkeit und (Sozio-)Therapie – notwendige Verknüpfung oder Widerspruch? 1993.

Band 40 Walter Kargl: Der strafrechtliche Vorsatz auf der Basis der kognitiven Handlungstheorie. 1993.

Band 41 Jürgen Rath: Zur strafrechtlichen Behandlung der aberratio ictus und des error in objecto des Täters. 1993.

Band 42 Martin Fischer: Wille und Wirksamkeit. Eine Untersuchung zum Problem des *dolus alternativus*. 1993.

Band 43 Regina Harzer: Der Naturzustand als Denkfigur moderner praktischer Vernunft. Zugleich ein Beitrag zur Staats- und Rechtsphilosophie von Hobbes und Kant. 1994.

Band 44 Helmut Pollähne: Lockerungen im Maßregelvollzug. Eine Untersuchung am Beispiel der Anwendung des nordrhein-westfälischen Maßregelvollzugsgesetzes im Westfälischen Zentrum für Forensische Psychiatrie (Lippstadt). 1994.

Band 45 Hans-Joachim Leonhardt: Rechtsmittelermessen der Staatsanwaltschaft. Eine Gegenüberstellung von § 296 StPO mit Nummern 147 und 148 Richtlinien für das Strafverfahren und das Bußgeldverfahren (RiStBV). 1994.

Band 46 Rolf Grünebaum: Zur Strafbarkeit des Therapeuten im Maßregelvollzug bei fehlgeschlagenen Lockerungen. 1996.

Band 47 Barbara Bialas: Promille-Grenzen, Vorsatz und Fahrlässigkeit. 1996.

Band 48 Christine Pott: Die Außerkraftsetzung der Legalität durch das Opportunitätsdenken in den Vorschriften der §§ 154, 154a StPO. Zugleich ein Beitrag zu einer kritischen Strafverfahrensrechtstheorie. 1996.

Band 49 Wolfgang Köberer: *Iudex non calculat*. Über die Unmöglichkeit, Strafzumessung sozialwissenschaftlich-mathematisch zu rationalisieren. 1996.

Band 50 Institut für Kriminalwissenschaften Frankfurt a.M. (Hrsg.): Vom unmöglichen Zustand des Strafrechts. 1995.

Band 51 Petra Kamberger: Treu und Glauben (§ 242 BGB) als Garantenstellung im Strafrecht? 1996.

Band 52 Anastassios Triantafyllou: Das Delikt der gefährlichen Körperverletzung (§ 223a StGB) als Gefährdungsdelikt. (Zugleich ein Beitrag zur Dogmatik der Gefährdungsdelikte). 1996.

Band 53 Norbert Kissel: Aufrufe zum Ungehorsam und § 111 StGB. Grundrechtlicher Einfluß bei der Feststellung strafbaren Unrechts. 1996.

Band 54 Susanne Ehret: Franz von Liszt und das Gesetzlichkeitsprinzip. Zugleich ein Beitrag wider die Gleichsetzung von Magna-charta-Formel und Nullum-crimen-Grundsatz. 1996.

Band 55 Stefan Braum: Geschichte der Revision im Strafverfahren von 1877 bis zur Gegenwart. Zugleich eine Kritik der Kontinuität politischer Macht im Recht. 1996.

Band 56 Katja Diel: Das Regreßverbot als allgemeine Tatbestandsgrenze im Strafrecht. 1997.

Band 57 Christoph Koller: Die Staatsanwaltschaft – Organ der Judikative oder Exekutivbehörde? Die Stellung der Anklagebehörde und die Gewaltenteilung des Grundgesetzes. 1997.

Band 58 Frank Schößler: Anerkennung und Beleidigung. Rechtsgut und Strafzweck des § 185 StGB. 1997.

Band 59 Regina Engelstädter: Der Begriff des Unfallbeteiligten in § 142 Abs. 4 StGB. Zugleich eine Kritik an aktuellen Zurechnungslehren. 1997.

Band 60 Jörg Reinhardt: Der Ausschluß und die Ablehnung des befangen erscheinenden Staatsanwaltes. 1997.

Band 61 Jens Christian Müller-Tuckfeld: Integrationsprävention. Studien zu einer Theorie der gesellschaftlichen Funktion des Strafrechts. 1998.

Band 62 Peter Maria Rohe: Verdeckte Informationsgewinnung mit technischen Hilfsmitteln zur Bekämpfung der Organisierten Kriminalität. Zugleich eine rechtsvergleichende Analyse der polizeilichen Abhörbefugnisse in den U.S.A. 1998.

Band 63 Dirk Fabricius: Was ein Lehrbuch lehrt ... Eine exemplarische Untersuchung von Jakobs *Strafrecht – Allgemeiner Teil*. 1998.

Band 64 Stefan Sinner: Der Vertragsgedanke im Strafprozeßrecht. 1999.

Band 65 Sebastian Schattenfroh: Die Staatsphilosophie Giovanni Gentiles und die Versuche ihrer Verwirklichung im faschistischen Italien. 1999.

Band 66 Athanassia Dionyssopoulou: Der Tatbestand der Geldwäsche. Eine Analyse der dogmatischen Grundlagen des § 261 StGB. 1999.

Band 67 Klaus von Lampe: *Organized Crime*. Begriff und Theorie organisierter Kriminalität in den USA. 1999.

Band 68 Christian Hanssen: "Trennung der Märkte". Rechtsdogmatische und rechtspolitische Probleme einer Liberalisierung des Drogenstrafrechts. 1999.

Band 69 Institut für Kriminalwissenschaften und Rechtsphilosophie Frankfurt a.M. (Hrsg.): Irrwege der Strafgesetzgebung. 1999.

Band 70 Konstantinos Chatzikostas: Die Disponibilität des Rechtsgutes Leben in ihrer Bedeutung für die Probleme von Suizid und Euthanasie. 2000.

Band 71 Bettina Wirmer-Donos: Die Strafrechtstheorie Karl Christian Friedrich Krauses als theoretische Grundlage des spanischen Korrektionalismus. 2001.

Band 72 Christine Löw: Die Erkundigungspflicht beim Verbotsirrtum nach § 17 StGB. 2001.

Band 73 Florian Ufer: Der Verwertungswiderspruch in Theorie und Praxis. Prozessuale Obliegenheiten des Verteidigers und ihre Bedeutung für die Rechtsposition des Beschuldigten. 2002.

Band 74 Katja Melzer: Psychisch kranke Straftäterinnen. Frauen im Maßregelvollzug. 2001.

Band 75 Gregor Kuntze-Kaufhold: Lebenswelt und Unparteilichkeit. Kriterien für eine Rechtsanwendungslehre am Beispiel der Analyse von fünf Hauptverhandlungen in Strafverfahren. 2002.

Band 76 Iris Kristina Passek: Die erstinstanzliche Zuständigkeit der Oberlandesgerichte in Staatsschutzstrafsachen. Historische Entwicklung und aktuelle Probleme. 2002.

Band 77 Michael Krebs: Die Weisungsgebundenheit des Staatsanwalts unter besonderer Berücksichtigung des rechtstatsächlichen Aspekts. 2002.

Band 78 Kerstin Degenhardt: Europol und Strafprozeß. Die Europäisierung des Ermittlungsverfahrens. 2003.

Band 79 Domenico Siciliano: Das Leben des fliehenden Diebes: Ein strafrechtliches Politikum. 2., überarbeitete und ergänzte Auflage. 2013.

Band 80 Marc Colussi: Produzentenkriminalität und strafrechtliche Verantwortung. 2003.

Band 81 Thilo Lars Hild: Grenzen einer strafrechtlichen Regulierung des Kapitalmarktes. Eine kriminalrechtliche Untersuchung von Börsengängen und Aktienhandel in Deutschland und den USA. 2004.

Band 82 Philipp Rau: Schweigen als Indiz der Schuld. Ein Vergleich des deutschen und englischen Rechts zur Würdigung des Schweigens des Beschuldigten. 2004.

Band 83 Alexandra Pfeiffer: Die Regelung der Lebendorganspende im Transplantationsgesetz. 2004.

Band 84 Elena Fischer: Recht auf Sterben?! Ein Beitrag zur Reformdiskussion der Sterbehilfe in Deutschland unter besonderer Berücksichtigung der Frage nach der Übertragbarkeit des Holländischen Modells der Sterbehilfe in das deutsche Recht. 2004.

Band 85 Jörg Ziethen: Grundlagen probabilistischer Zurechnung im Strafrecht. 2004.

Band 86 Stefanie Schork: Ausgesprochen schuldig. Dogmatische und metadogmatische Untersuchungen zum Schuldspruch. 2005.

Band 87 Claudia Schubert: Verbotene Worte? Versuch einer Neubestimmung im Umgang mit rassistischen Äußerungen jenseits des Strafrechts. 2005.

Band 88 Ulfrid Neumann / Cornelius Prittwitz (Hrsg.): Kritik und Rechtfertigung des Strafrechts. 2005.

Band 89 Denis Basak: Die Zuständigkeitsregeln internationaler Strafgerichte und Art. 101 GG. Zum Verhältnis der deutschen Strafgerichtsbarkeit zu den Internationalen Tribunalen für Jugoslawien und Ruanda sowie zum Ständigen Internationalen Strafgerichtshof. 2005.

Band 90 Hsiao-Wen Wang: Der universale Strafanspruch des nationalen Staates. Eine Untersuchung über das Weltrechtsprinzip im Internationalen Strafrecht. 2005.

Band 91 Leonie Frenz: Faktizität des Rechts in der forensischen Psychiatrie. Eine Untersuchung im LKH Moringen. 2005.

Band 92 Eva-Maria Unger: Schutzlos ausgeliefert? Der Europäische Haftbefehl. Ein Beispiel für die Missachtung europäischer Bürgerrechte. 2005.

Band 93 Marcus Bastelberger: Die Legitimität des Strafrechts und der *moralische Staat*. Utilitaristische und retributivistische Strafrechtsbegründung und die rechtliche Verfassung der Freiheit. 2006.

Band 94 Marc Reiß: Rechtliche Aspekte der Präimplantationsdiagnostik. Unter besonderer Berücksichtigung der Rechte der von einem Verbot betroffenen Paare. 2006.

Band 95 Alexander Kolz: Einwilligung und Richtervorbehalt. 2006.

Band 96 Vasco Reuss: Eine Kritik der juristischen Vernunft. Rezeptionsversuche der Negativen Dialektik Adornos für die Dogmatik des Strafrechts. 2007.

Band 97 Lutz Eidam: Die strafprozessuale Selbstbelastungsfreiheit am Beginn des 21. Jahrhunderts. 2007.

Band 98 Christiane Rüdiger: Schutzinteresse und Deliktsstruktur der „Bestechungsdelikte" (§§ 331 ff. StGB). 2007.

Band 99 Urte Eisenhardt: Das nemo tenetur-Prinzip: Grenze körperlicher Untersuchungen beim Beschuldigten. Am Beispiel des § 81a StPO. 2007.

Band 100 Institut für Kriminalwissenschaften und Rechtsphilosophie Frankfurt a. M. (Hrsg.): Jenseits des rechtsstaatlichen Strafrechts. 2007.

Band 101 Nils Möckelmann: Die rechtliche, psychiatrische und gesellschaftliche Beurteilung jugendlicher Straftäter in der jüngeren deutschen Geschichte. Eine Analyse anhand zweier Strafverfahren mit Gutachten des Psychiaters Ernst Rüdin aus den Jahren 1915/1917 unter Berücksichtigung der Entwicklungen bis zur Gegenwart. 2007.

Band 102 Alexa Albrecht: Zur Erosion der Menschenrechte im demokratischen Rechtsstaat. Reaktionen der Systeme und der Zivilgesellschaft. 2007.

Band 103 Dirk Lange: Die politisch motivierte Tötung. 2007.

Band 104 Ulfrid Neumann / Cornelius Prittwitz (Hrsg.): „Personale Rechtsgutslehre" und „Opferorientierung im Strafrecht". 2007.

Band 105 Lisa Kathrin Sander: Grenzen instrumenteller Vernunft im Strafrecht. Eine Kritik der Präventionsdoktrin aus strafrechtsgeschichtlicher und empirischer Perspektive. 2007.

Band 106 Stephan Werner: Zur Notwendigkeit der Verteidigeranwesenheit während der polizeilichen Beschuldigtenvernehmung. 2008.

Band 107 Inti Schubert: Europol und der virtuelle Verdacht. Die Suspendierung des Rechts auf informationelle Selbstbestimmung. 2008.

Band 108 Bong-Jin Ko: Menschenwürde und Biostrafrecht bei der embryonalen Stammzellenforschung. 2008.

Band 109 Wanja Andreas Welke: Die Repersonalisierung des Rechtskonflikts. Zum gegenwärtigen Verhältnis von Straf- und Zivilrecht. 2008.

Band 110 Jan Helmrich: Die Berufung gewerblicher Sicherheitskräfte auf Notwehr und Nothilfe. Zugleich ein Beitrag zu den Grundlagen des Notwehr- und Nothilferechts. 2008.

Band 111 Alexander Köstler-Loewe: Strafrecht US-Style: „Three Strikes and You're Out!" Baseball, Rückfall und Kriminalpolitik? 2008.

Band 112 Christina Bott: Die Medienprivilegien im Strafprozess. Zeugnisverweigerungsrecht und Beschlagnahmeverbot zum Schutz der Medien im Strafverfahren. 2009.

Band 113 Mario Riechmann: Organisierte Kriminalität und Terrorismus. Zur Funktionalisierung von Bedrohungsszenarien beim Abbau eines rechtsstaatlichen Strafrechts. 2009.

Band 114 Dirk Simon: Präzeptoraler Sicherheitsstaat und Risikovorsorge. 2009.

Band 115 Stefan Kirsch: Der Begehungszusammenhang der Verbrechen gegen die Menschlichkeit. 2009.

Band 116 Heng-da Hsu: Zurechnungsgrundlage und Strafbarkeitsgrenze der Fahrlässigkeitsdelikte in der modernen Industriegesellschaft. 2009.

Band 117 Dennis Teschner: Die soziale Kontrolle im virtuellen Raum. Eine juristische, soziologische und soialpsychologische Untersuchung der Instrumentalisierbarkeit von Internetkriminalität. 2009.

Band 118 Daniel Schilling: Fragmentarisch oder umfassend? Wege strafrechtlichen Zugriffs bei der Veruntreuung fremden Vermögens am Beispiel des deutschen und des italienischen Untreuestrafrechts. 2009.

Band 119 Andreas Stüdemann: Die Entwicklung der zwischenstaatlichen Rechtshilfe in Strafsachen im nationalsozialistischen Deutschland zwischen 1933 und 1945. Kontinuität und Diskontinuität im Auslieferungsrecht am Beispiel der Rechtsentwicklung im NS-Staat. 2009.

Band 120 Matthias Achenbach: Strafrechtlicher Schutz des Wettbewerbs? Eine kritische Analyse von Sinn und Zweck der Straftatbestände zum Schutz des Wettbewerbs. 2009.

Band 121 Vera Backhaus: Der gesetzliche Richter im Staatsschutzstrafrecht. Zur Verfassungsmäßigkeit des § 120 Abs. 2 GVG. 2010.

Band 122 Verena Maria Brenneis: Rechtspolitische Implikationen von Gefährlichkeitsprognosen im Vollzug von Maßregeln nach § 63 StGB. Zum Subjektstatus von Eingewiesenen. 2010.

Band 123 Maike Hoenigs: Zur Existenzberechtigung des Straftatbestandes der Rechtsbeugung. Korrelat oder Widerspruch zur richterlichen Unabhängigkeit. 2010.

Band 124 Christine Würfel: Freiheit als Grundlage der Schuld. 2012.

Band 125 Charlotte Rau: Compliance und Unternehmensverantwortlichkeit. Materiellrechtliche Fragen der sanktionsrechtlichen Unternehmensverantwortlichkeit unter Berücksichtigung von Compliance-Maßnahmen. 2010.

Band 126 Marc Fornauf: Die Marginalisierung der Unabhängigkeit der Dritten Gewalt im System des Strafrechts. 2010.

Band 127 Sabine Benthin: Subventionspolitik und Subventionskriminalität. Zur Legitimität und Rationalität des Tatbestandes zum Subventionsbetrug (§ 264 StGB). 2011.

Band 128 Philipp Horrer: Bestechung durch deutsche Unternehmen im Ausland. Strafrechtsentwicklung und Probleme. 2011.

Band 129 Marianne Varwig: Zum Tatbestandsmerkmal des Vermögensschadens (§ 263 StGB). Eine kritische Untersuchung mittels der vier klassischen Auslegungsmethoden. 2011.

Band 130 Alexander Rieger: Verfassungsrechtliche Legitimationsgrundlagen richterlicher Unabhängigkeit. Zugleich eine Auseinandersetzung mit der Debatte um eine Selbstverwaltung der Justiz. 2011.

Band 131 Moritz von Schenck: Pönalisierung der Folter in Deutschland – de lege lata et ferneda. 2011.

Band 132 Kerstin Bohn: Der gesetzliche Richter als rechtsstaatstragendes Prinzip in europäischen Staaten. Eine Untersuchung der Fallzuteilung unter besonderer Berücksichtigung Englands. 2011.

Band 133 Cornelius Trendelenburg: Ultima ratio? Subsidiaritätswissenschaftliche Antworten am Beispiel der Strafbarkeit von Insiderhandel und Firmenbestattungen. 2011.

Band 134 Susana Campos Nave: Rechtsstaatliche Regeltreue? Corporate Compliance als zwingende Antwort des freiheitsliebenden Unternehmens im Wirtschaftsstrafrecht. 2012.

Band 135 Christine Ditscher: Europäische Beweise. Der Rahmenbeschluss über die Europäische Beweisanordnung zur Erlangung von Sachen, Schriftstücken und Daten zur Verwendung in Strafsachen. 2012.

Band 136 Fedor Brunner: Das Phänomen des Mietnomaden in der Rechtspraxis. Strukturelle Hintergründe, zivilrechtliche Mechanismen und Perspektiven. 2012.

Band 137 Konstantinos Diakonis: Die Geringfügigkeitsvorschriften als Teil der Problematik der Kollision zwischen primären und sekundären Prinzipien des Rechts. 2012.

Band 138 Gustavo Chan Mora: Kritik des Schuldbegriffs im Jugendstrafrecht. Eine metadogmatische Begründung des Schuldfähigkeits- und Verbotsirrtumsbegriffs. 2012.

Band 139 Julia Anna Bargenda: *Australian Law Reform Commission.* Ein Modell für Deutschland? 2012.

Band 140 Katharina Schermuly: Grenzen funktionaler Integration. Anforderungen an die Kontrolle europäischer Strafgesetzgebung durch den EuGH. 2013.

Band 141 Florian Conradi: Die Sicherungsverwahrung – Ausdruck einer zunehmenden Sicherheitsorientierung im Strafrecht? Die Entwicklung der Sicherungsverwahrung im Kontext des Spannungsverhältnisses von Freiheit und Sicherheit. 2013.

www.peterlang.de